浙江省普通高校"十三五"新形态教材

# 职业规划与创业就业指导

方志勇　邵天舒　金伟林　主编
蒋　超　杨荧彬　任本燕　吴画斌　副主编

中国财经出版传媒集团
经济科学出版社
Economic Science Press

图书在版编目（CIP）数据

职业规划与创业就业指导/方志勇，邵天舒，金伟林主编.—北京：经济科学出版社，2021.11（2022.12 重印）

浙江省普通高校"十三五"新形态教材

ISBN 978-7-5218-3076-7

Ⅰ.①职…　Ⅱ.①方…②邵…③金…　Ⅲ.①大学生-职业选择-高等学校-教材　Ⅳ.①G647.38

中国版本图书馆 CIP 数据核字（2021）第 232892 号

责任编辑：李　雪　高　波
责任校对：隗立娜
责任印制：邱　天

## 职业规划与创业就业指导

方志勇　邵天舒　金伟林　主编
蒋　超　杨荧彬　任本燕　吴画斌　副主编

经济科学出版社出版、发行　新华书店经销
社址：北京市海淀区阜成路甲 28 号　邮编：100142
总编部电话：010-88191217　发行部电话：010-88191522
网址：www.esp.com.cn
电子邮箱：esp@esp.com.cn
天猫网店：经济科学出版社旗舰店
网址：http://jjkxcbs.tmall.com
北京季蜂印刷有限公司印装
787×1092　16 开　17.75 印张　320000 字
2021 年 11 月第 1 版　2022 年 12 月第 2 次印刷
ISBN 978-7-5218-3076-7　定价：46.00 元
（图书出现印装问题，本社负责调换。电话：010-88191510）
（版权所有　侵权必究　打击盗版　举报热线：010-88191661
QQ：2242791300　营销中心电话：010-88191537
电子邮箱：dbts@esp.com.cn）

# 参 编 人 员

方志勇　　邵天舒　　金伟林

蒋　超　　杨荧彬　　任本燕　　吴画斌
张　渊　　胡叶帅

# 前 言
PREFACE

习近平总书记指出:"学到的东西,不能停留在书本上,不能只装在脑袋里,而应该落实到行动上,做到知行合一、以知促行、以行求知,正所谓'知者行之始,行者知之成'。每一项事业,不论大小,都是靠脚踏实地、一点一滴干出来的。'道虽迩,不行不至;事虽小,不为不成。'这是永恒的道理。做人做事,最怕的就是只说不做,眼高手低。①"

诚如习总书记所言,每位青年成长都要经历从无到有、从小到大,把理想变为现实的过程。但是现实中,青年大学生在象牙塔中难免远离社会,难以在工作、实践中锻炼自己,明确目标,实现报国理想。因此,有部分人变得懈怠,并出现"慢就业"的现象。在求学期间,如何把知识技能学习同初心使命相结合,是需要指导和训练的。大学生职业生规划就是帮助大学生确立理想目标促进其采取行动的一门课程。

进入新时代,高等教育更加强调专业实践能力的培养和创新素质的培育。这就需要大学生不仅具备规划能力,同时,还要积极参与社会实践,离开实践的规划容易脱离社会,往往是闭门造车。我们不赞成青年大学生脱离实际,抽象地谈论自己的理想抱负,也不主张脱离具体的国情和责任孤立的进行自我规划。因此,作为一门通识课教程,需要将职业生涯规划、就业指导和创业指导结合起来。通过指导大学生在实践中锻炼、磨砺,来激发大学生职业生涯规划的自觉意识,树立正确的创业就业观,让生涯管理变成一种自觉的、自然而然的行动。我们认为,青年大学生的成长成才离不开自身的主观能动性,但更需要科学合理地把职业生涯规划过程与社会调研、考察、思考、讨论等结合起来,这样才更有利于培养大学生爱国主义精神、社会责任感,更有利于激发大学生积极向上、奋发有为的人生态度。一本新形态职业规划与创业就业指导教材,在内容编辑、编写体例、功能合成等方面,应该能够给大学生以思想理念的启迪,以及方法和技能上的培养、训练,以帮

---

① 习近平. 在北京大学师生座谈会上的讲话 [M]. 北京:人民出版社,2018.

助大学生全面认识自我，明确奋斗目标，从而更好地成长为新时代党的事业的合格接班人。我们在这方面希望能做出积极的探索和尝试。

本书坚持"以人文本"的理念，贯彻实践是最好的学习方法，在编写理念、内容架构和可读性等方面进行了新的尝试，采取独特的编写体例，将教材与训练相结合，将纸质书本与电子教程相结合，将内容阅读与课堂互动相结合，力图通过教材编写的新形态、新体例，实现以学生为主体、学做一体的教学新模式。教材正文内容第一部分即安排"概括本书要义"的任务，引导学生深入学习领会本书的内涵，并进行一次"原创"，明确学习收获，课程学习过程中要求学生建立小组，实施团队训练，每节还会安排若干具体任务，课堂或课下完成，任务注重社会实践，如通过职场访谈或体验认识职业世界，注重学生表达能力培养，如小组代表陈述任务完成情况等，避免了脱离实际、照本宣科，以及重理论说教的误区。我们也期待有更多的一线教师在教学实践中不断尝试新理念、新方法，让我们能够学习借鉴，共同为我国高校职业生涯规划教育水平的进一步提高奉献自己的力量。

本书由方志勇、邵天舒、金伟林担任主编，蒋超、杨荧彬、任本燕和吴画斌担任副主编，参加本教材编写的人员分工如下：第一章，由方志勇执笔；第二章，由邵天舒执笔；第三章，由杨荧彬执笔；第四章，由任本燕执笔；第五章，由张渊执笔；第六章，由蒋超执笔；第七章，由胡叶帅执笔；第八章，由吴画斌执笔；方志勇、金伟林负责全书的统稿并定稿。

为编好本书，编写组付出了辛勤的劳动，在编写本书的过程中，参考和借鉴了国内外部分专家、学者的研究成果，在此特向他们一并表示感谢。由于编写时间仓促且水平有限，书中尚存不完善之处，恳请广大教师、同学和读者批评指正。

编者

2021 年 11 月

# 目 录

## 第一章　大学生职业生规划导论 …………………………………… 1
　　第一节　职业生涯的内涵及相关概念 ………………………… 1
　　第二节　职业生涯规划的意义和步骤 ………………………… 5
　　第三节　职业生涯发展的理论与步骤 ………………………… 10

## 第二章　认识职业世界 …………………………………………… 24
　　第一节　职业与专业 …………………………………………… 24
　　第二节　职业分类 ……………………………………………… 32
　　第三节　职业对人才素质的要求 ……………………………… 40
　　第四节　职业制度与政策 ……………………………………… 43

## 第三章　如何自我评估 …………………………………………… 56
　　第一节　自我认知概述 ………………………………………… 56
　　第二节　兴趣与职业 …………………………………………… 62
　　第三节　性格与职业 …………………………………………… 75
　　第四节　能力与职业 …………………………………………… 84
　　第五节　价值观与职业 ………………………………………… 91
　　第六节　自我评估的方法 ……………………………………… 99

## 第四章　职业生涯决策 …………………………………………… 114
　　第一节　职业生涯决策类型 …………………………………… 114
　　第二节　职业生涯决策流程和方法 …………………………… 121
　　第三节　提高职业生涯管理效能 ……………………………… 131

## 第五章　制订行动计划 …………………………………………… 154
　　第一节　职业生涯设计的原则 ………………………………… 154

第二节　行动计划的设计……………………………………………156
　　第三节　行动计划的实施……………………………………………159
　　第四节　行动反馈与调整……………………………………………171

## 第六章　就业指导与求职目标的实现……………………………………178
　　第一节　职业价值观澄清测量表……………………………………178
　　第二节　就业信息获取途径与方法…………………………………182
　　第三节　求职就业材料准备…………………………………………185
　　第四节　笔试和面试…………………………………………………196
　　第五节　劳动权益保护………………………………………………199

## 第七章　职业生涯规划书、职业素质培养………………………………203
　　第一节　职业生涯规划书概述………………………………………203
　　第二节　职业生涯规划书正文的撰写………………………………207
　　第三节　职业素质培养………………………………………………216

## 第八章　创业指导…………………………………………………………230
　　第一节　创业概述……………………………………………………230
　　第二节　创业精神与创业特质………………………………………243
　　第三节　如何创办企业………………………………………………254

**参考文献**……………………………………………………………………273

# 第一章

## 大学生职业生规划导论

```
┌─────────────────────────────────────────┐
│                                         │
│                                         │
│                                         │
│                                         │
│                          签名：          │
│                                         │
└─────────────────────────────────────────┘
```

＊请用一句话写下你学习本章的收获或者感悟。

## 第一节　职业生涯的内涵及相关概念

视频 1.1
生涯与职业生涯

### 一、职业生涯规划的内涵

要理解职业生涯规划，就必须先了解什么是职业生涯。职业生涯的英文是"career"，在日常翻译过程中，大家习惯称其为"职业"或"职业生涯"，往往被理解成个人所从事的工作。实际上，"career"翻译成为"生涯"更为贴切，"生"即"活着"，而"涯"即为"边界"，因此"career"应该被理解成为贯穿个人一生的各种活动。

为了加深对"career"的理解，我们将对一些与工作相关的概念进行区分。

首先，"job"是指在一个组织结构中，一群类似的、有薪资的职位

（position），且要求工作者具有类似的特性，如工程师、教育工作者、医护人员、公务员等。其次，"work"是指个人全力以赴追求，并且受到别人仰慕的一些目标。这一类的追求，可能需要获得相应的报酬。例如，是有收入的特定工作，也可能并没有报酬，如志愿者等。个人所追求的目标可能是工作本身所带来的内在愉悦感、工作角色所赋予生活的结构、工作所提供的经济支持，或者是其所伴随来的休闲心态等。再次，是"occupation"，指的是在许多工商事业或机构中的一群类似的工作（相当于jobs），如医生、律师、会计师等。occupation在某种程度上与job概念相一致。最后，是"position"，这是一个最不容易混淆的概念，因为我们一般将它翻译成为"职位"，指个人在机构中特定的职务，而且会有相应的薪资收入。有时候，个人有可能同时担任不同的职位，如工会委员、办公室主任、教师等。

职业生涯不仅仅局限于"工作"或"职业"，还包含了个人的"生活风格"，即包含一个人在其一生中所从事的所有活动。生涯的定义要比这两者都宽泛得多，除了工作和职业之外，它还涵盖了人一生所从事的各种活动的集合。人的一生，扮演着不同的角色，从孩童、学生、上班族直到为人父母，不同社会角色的组合就形成了人的"生活风格"，这样的发展过程就构成了"生涯"。

那么，什么是职业生涯规划呢？

一般而言，职业生涯规划是指个人结合自身情况、眼前的机遇及制约因素，为自己确立职业方向、职业目标、选择职业道路，确定教育计划、发展计划，为实现职业生涯目标而确定行动时间和行动方案。

## 【案例分析1-1】

### 陈＊阳学长的故事

陈＊阳学长是浙江财经大学东方学院2009届金融学专业毕业生，目前是广州恒晟有限公司董事长，浙江财经大学广州校友会副会长。他高中阶段一直成绩优秀，一直以211、985大学为目标。后来高考因为各种因素影响，录取在东方学院。经过第一学期的摸索后，积极奋发，专业学习、社团锻炼都取得了长足发展，多次荣获一、二等奖奖学金，是学校创业实践园学生机构的创始人，在校期间的创业行动受到时任杭州市组织部部长蔡奇的接见。

下面记录的是学长谈及的不同阶段的职业目标。

大二：我要成为一名创业者，一名成功的创业家。

大三：我要努力进入金融行业发展，经过一段时间的努力，经济、经验和人脉都有所积累后再创业。

大四：随着金融行业蓬勃发展，结合自己所学专业知识和技能，我要先进入金融私募行业，为自己的职业开启一个好的开端，为未来发展目标积累第一桶金。

毕业前：因为私募行业对学历、能力、经验的要求很高，作为普通高校本科毕业生很难进入这个行业发展，我先进入银行工作。

毕业后一年：在所任职的银行即将提拔自己为最年轻的中层干部时提交了辞呈。虽然一年银行工作付出很多，收获也很多，但是我一直放不下的还是创办属于自己的事业，我决定到广州市去创业。

【体验互动】

1. 学长的目标确立过程你似曾相识吗？
2. 是什么影响学长的目标走向的？
3. 这个故事对你有何启示？

分小组讨论后发言。教师点评。

职业生涯规划是一个人尽其可能地规划未来生涯发展的历程，在考虑个人的智能、性向、价值，以及阻力、助力的前提下，做好妥善的安排，并借此调整，摆正自己在人生中的位置，以期自己能适得其所。

从定义可以看出，职业生涯规划是一个人主动的、有意识的行为。"尽可能地规划未来……"的意义在于：对于我们所能做到的，要全力以赴；至于生命中诸多个人无法掌握的因素，如飓风、地震、突如其来的天灾人祸等，我们必须冷静面对。简单地来讲，生涯规划就是找到引领自己坚定前进的方向！

当我们考虑职业生涯规划的时候，我们必须要考虑我们需要什么样的人生。不同的价值取向和人生目标必须需要不同的职业来实现。同时，当我们规划好职业生涯时，就必须要考虑为成功实现职业生涯目标做准备。也就是说，为了实现成功的职业生涯，我们必须通过学习和实践来获得职业生涯所需的知识、技能和经验。我们从小接受的教育、训练和各种社会学习，都是为未来职业成功做准备，进而实现我们的人生目标和人生理想。

## 二、大学生职业生涯规划

视频 1.2
大学与职业阶段

【体验互动】

请同学代表发言,讲述自己入大学校园以来的学习成长历程。分小组讨论并互相点评。老师点评。

大学生职业生涯规划可定义为:大学生在大学生活阶段通过对自身和外部环境的了解,为自己确立职业方向、职业目标,选择职业道路,确定教育计划(特别是大学阶段的学习计划)、发展计划,为实现职业生涯目标而确定行动时间和行动方案。

一年级为试探期:要适应大学生活,包括心理、环境等的适应及准确的自我定位;初步了解职业,特别是自己未来想从事的职业或自己所学专业对口的职业需要哪些能力和证书;为自己建立一份职业生涯规划档案,随时记录自己的特点、兴趣、职业能力倾向等内容;提高人际沟通能力,多与同学特别是学长、学姐进行交流。

二年级为定向期:明确自己将来是出国留学、就业还是创业,并为实现目标做好相关的准备工作;通过各种渠道,如社团活动、创业活动、学生会活动、班级活动等一切可能的机会锻炼自己的各种能力;通过社会兼职、工学结合、社会实践活动等提高自己的知识与技能。同时在各种活动中提高自己的责任感、抗挫折能力等。

三年级为冲刺期:首先检验自己已确立的职业目标是否明确,然后为自己的职业目标做最后的冲刺。准备考研的同学要做好两手准备,在准备考试的同时也别忘记找工作;准备就业的同学则应把目标锁定在提高求职技能、搜集招聘信息上;准备创业的同学则要了解大学生创业的相关政策,尽早明确创业的项目、筹集资金和组建团队。

四年级为实践期:在与用人单位的频繁互动中,在实际的工作实习过程中体验自己的规划是否真的适合自己,并及时做出相应的调整。

当然,职业生涯规划需要经由实践的检验而不断完善,由于每个人在制定职业生涯规划的同时,很难对外部环境有全面的认识,也不能完全了解自己的各项潜能,所以根据自身因素及外部环境的不断变化,需要对职业生涯规划进行不断的评估和调整,这本身也是一个实践的过程。不断的实践才能保证我们职业生涯规划的有效性与合理性,也才能保证生涯目标的最终实现。

大学生是一个较为特殊的青年群体,经过大学阶段的学习和生活后,他们掌握了一定的专业技能,身心得到了进一步的发展,为大学毕业后的工作和生活打下了基础。大学时代是一个人职业生涯规划中的黄金时段。一方面,在校大学生都是 20 岁左右的青年,有充沛的体力和很强的学习能力,而且职业观念、职业理想、人生观、世界观等方面都有很强的可塑性,因而有很好的职业生涯可规划性;另一方面,大学为青年学子提供了学习基本职业技能和本领的良好条件,大学生可以为自己成功的职业生涯打好基础、做好准备。因此,及时和科学的职业生涯规划不仅会使大学生渡过一个完美充实的大学时代,而且还会影响他们的一生。

【任务布置】

课后通过各种途径搜集职业生涯规划理论,可以是教材中所列,鼓励介绍教材以外的理论成果,课堂上进行分享。每个小组罗列自己搜集的理论种类,教师给每组分别确定其中一种进行介绍。

## 第二节 职业生涯规划的意义和步骤

视频 1.3
生涯设计理念

### 一、职业生涯规划的意义

职业生涯规划不仅具有很大的理论价值,同时还具有很强的现实意义。大学生进行职业生涯规划的现实意义体现在以下五个方面。

第一,帮助大学生充分认知自我。很多大学生能够充分了解自己的个性、兴趣和能力,而对自己喜欢的职业和不喜欢的职业却很少有人能够清楚地知道。因此通过职业生涯规划,大学生能够充分认知自我,正确合理地认识自己,并通过科学的方法来对自己进行评估,从而实现自我定位和职业定位,选择自己喜欢并适合自己的职业。

第二,进一步增强大学生应对社会竞争的能力。当今社会,在市场经济条件下,各种竞争日益激烈,要想在竞争中占据有利的位置,就需要找到一个适合于自己发展的平台。

第三,激励大学生合理安排大学的学业。大学生的学业规划应该以职业为导向,也就是说,你选择什么样的职业,就应该有一种对应模式的学业规划,每个人的学业规划都不是完全相同的,多多少少会存在一些差异。

第四,合理配置就业市场中的各种人才。职业生涯规划把毕业生引导到了人职匹配的良性择业道路上,为人才市场的供求理顺了秩序,从而为社会发展带来勃勃生机。

第五,提升大学生的职业能力。进入职场系统的职业生涯规划教育可以使大学生找到适合自己的就业方向,还能有意识地提高自己的综合素质,锤炼自身的综合能力,进而对相关的社会实践活动进行不断的尝试,提高自己的社会责任感和受挫能力,最终使自己的综合职业能力得到较大的提升,得到用人单位的认可并顺利地进入职场,完美地实现自己的人生价值。

## 二、生涯规划的基本步骤

【体验互动】

分组讨论:如何制定规划
1. 计划未来是否越长越好?
2. 制订计划的首要关键是确定什么?
3. 回忆自己的过去曾经做过的计划,你的计划是如何形成的?

我们先来看看一位来自美国弗吉尼亚州欧多明尼大学本科生大学四年的职业发展计划(见表1-2-1)。

表1-2-1　　欧多明尼大学学生职业发展计划(本科四年)

| 阶段 | 职业发展计划内容 |
| --- | --- |
| 大学一年级新生 | 辅导部门帮助新生适应大学的学习与生活,学会如何平衡学业上的要求与社会生活之间的关系<br>走访职业辅导中心,了解中心的资源,以及各种活动与工作的时间安排,并与咨询师接触<br>通过一些测试与问卷,了解自己的兴趣所在<br>了解学校的一些相关机构、可利用的资源,以及学生组织与社团,参与一些学生社团,参加学生活动<br>与高年级学生顾问及学校顾问谈话;到学校就业办寻找临时工作,参与有关简历、职业兴趣的讲座,学习如何制订职业计划<br>利用职业辅导中心的在线服务,寻找假期工作<br>初步确定自己的职业兴趣,阅读相关的书籍、杂志<br>选择自己的专业 |

续表

| 阶段 | 职业发展计划内容 |
| --- | --- |
| 大学二年级 | 与顾问、老师一起评估学习成绩，继续研究自己的职业兴趣和职业选择，计划下年度专业学习目标<br>利用中心的资源与服务，寻找与自己职业发展密切相关的组织、公司与机构<br>在校内学生社团或组织中担任领导或管理职务<br>在顾问、老师帮助下准备简历，通过网络等渠道，开始寻找与职业目标有关的学习和假期工作锻炼的机会<br>与家长、朋友、专业人士讨论自己的职业<br>参加与职业发展有关的各种讲座，增加实习机会，了解求职方法、面试技巧、简历和求职信写作技巧等<br>确保一个假期的工作，以便加深对未来职业的认识和理解 |
| 大学三年级 | 更新在线简历<br>每学期至少与学术顾问见面一次，以确认学习成绩，达到学校基本要求<br>在高年级学生顾问和学校顾问的帮助下评估职业发展方向，并准备与专业直接相关的实习机会<br>参加职业辅导部门组织的实习前培训，了解如何找到有学分的实习或定向培训机会<br>在校内的学生社团或组织中担任重要领导职务或负责重要项目<br>参加与职业发展有关的各种讲座，增加实习机会、求职方法、面试技巧、简历和求职信写作技巧等<br>访问就业信息中心，与顾问探讨毕业后工作计划和继续深造机会<br>参加"考研""继续深造"之类的讲座<br>收集研究生院的信息，参加美国研究生入学考试（GRE）或研究生管理科学入学考试（GMAT）等考试 |
| 毕业班学生 | 更新在线简历<br>继续参加实习工作<br>参加中心组织的简历写作/考研/面试技巧等讲座<br>与高年级学生顾问和学校顾问一起制定求职策略<br>参与中心组织的校园招聘面试或与未来雇主面谈<br>与家人或朋友/专业人士讨论自己的职业，模拟并改进面谈技巧，或参与大规模求职活动<br>申请研究生院并让顾问评估申请信<br>评估工作或升学邀请，或走访公司/学校，向顾问或专家请教接受工作/升学机会的谈判技巧 |

从上述案例中，我们可以看到生涯规划是一个连续不断的历程，是一个系统化的"从内而外"的过程。根据职业生涯发展领域专家的观点，一个完整有效的职业生涯规划应包括觉醒与承诺、自我探索、探索工作世界、决策与行动、评估与反馈五个步骤。

### （一）觉醒与承诺

职业生涯规划是一种建立在现实、理想和梦想之上的自我管理艺术。职业就像生命的台阶，需要在不同的时期、站在不同的高度来审视自己。一个人要想获得成功，仅有远大的理想是不够的，还必须将职业目标与人生理想有机地统一起来。觉醒与承诺是指，我们了解了职业生涯规划的重要性和作用，并认识到职业规划是个过程，是一种面对生涯发展的态度，从而唤醒个人职业生涯规划意识，愿意花时间来规划自己的生涯。职业生涯规划能帮你走出发展的瓶颈，让自己活出快乐人生。

### （二）探索自我

人的一生是设计、雕琢的一生。由别人设计，也由自己设计；由别人雕琢，也由自己雕琢。有的，呱呱坠地之前就被画定了蓝图；有的，叩开世界精彩大门之后再构思描绘；有的，认识了自己才精心设计、雕琢自己。玉经雕琢才成器。雕琢的目的远胜过雕琢的技巧。如果用心去雕琢自己，终能雕琢出一个屹立大地、笑傲苍穹的"人"字来。自我探索即认识自己，了解自己的性格、兴趣，自己所具有的技能、价值观等。探索自我是为了更好地认识自我、了解自我，通过科学认知的方法和手段，如借助于职业兴趣测验和性格测验，以及周围人对你的评价等，对自己的职业兴趣、性格、能力、价值观等进行全面认识，清楚自己的优势与特长、劣势与不足。在生涯规划中自我探索是关键，因为这直接影响你的目标。我是什么样的人？我喜欢做什么？我能做什么？我最在乎什么？只有明确地回答了这些问题，才能避免规划中的盲目性，从而对自己所适合的职业和职业生涯目标做出合理的抉择。

### （三）探索工作世界

工作世界是一个人实现其生涯理想的外部平台，在进行了自我探索之后，还需要了解工作世界。知己知彼，方能百战不殆。大学生在探索工作世界时，应首先认识探索工作世界的重要性，了解和自己专业相关的职业有哪些，并开阔思维，多角度、多途径获取工作信息，了解当前工作世界的大趋势，掌握多种获取和研究职业信息的方法，学会有效管理职业信息，以积极的心态面对工作世界，消除对工作世界的刻板印象。在我们每个人的心目中都有理想的职业，可以通过头脑风暴的形式把它们一一列出来，这样就获得了一个职业清单。看看这些职业有什么共同点，可能会启发你想到更多值得探索的职业，结合你的能力和价值观，再次对职业清单进行筛选，最终就会得到你预期的职业库。当我们用更广阔的思路来看工作世界时，会更容易理解一些基本事实，即什么是自己真正需要的，从而调整自己的行动，走出属于自己的生涯道路。

### （四）决策与行动

在人生的旅途上，以为设定方向、设定目标就能达到目标，却不衡量自己的实力，或者不付出相应的努力，极可能遭到失败的命运。

职业生涯规划实际就是人生战略设计，战略就是对未来的发展做出的一种安排，成功的人生需要正确规划。职场人常说："你今天站在哪里并不重要，但是你下一步迈向哪里却很重要。"大学生应该清楚自己要成为什么样的人，要从事什么样的职业，为实现这样的人生目标需要怎样安排好自己的学习生活。要在分析自我、了解工作世界的基础上，对自己的生涯规划进行决策，并着手行动来实现自己设立的工作目标。

为了完成自己设定的职业目标，我们需要制订行动的计划：它应该是一个分阶段实现的计划，也就是给自己设立几个可以顺利达到最终目的的短期计划。对应自己的行动计划，可将职业目标进行分解，即分解为短期目标（一般1～3年）、中期目标（一般3～5年）和长期目标（一般5～10年），其中，短期目标可分为日目标、周目标、月目标和年目标。分解目标有利于跟踪检查，同时，可以根据环境变化制订和调整短期行动计划，并针对具体计划目标采取有效措施。行动计划要对应相关的措施，层层分解、具体落实，细致的计划与措施便于进行定时检查和及时调整。

### （五）评估与反馈

俗话说："计划赶不上变化"，尤其在高科技信息时代，变化更是永恒的主题。由于影响职业生涯规划的因素很多，有的变化是无法预测的，在实施规划的过程中也有可能发现过去的规划不适合自己，或者发现过去的规划并不尽如人意。这就需要时刻关注环境的变化，从而不断对职业生涯规划进行评估与修订。首先，要对年度目标的执行情况进行总结，确定哪些目标已按计划完成，哪些目标未完成。其次，对未完成目标进行分析，找出未完成的原因及发展障碍，制定相应的对策及方法。最后，依据评估结果对下年的计划进行修订与完善。职业生涯规划的评估与反馈过程是个人对自己不断加深认识的过程，也是对社会不断加深认识的过程，是使职业生涯规划更加有效的有力手段。

【练习一下】

我也来尝试写下自己大学四年的成长规划路线图。

相见欢_____

_____

满庭芳_____

_____

蝶恋花_____

_____

长相思_____

_____

## 第三节　职业生涯发展的理论与步骤

【体验互动】

小组分享搜集到的各类职业生涯规划理论成果，教师分配任务，小组派代表发言3分钟。教师点评，对同学所做的理论了解进行必要的补充。

视频1.4
生涯理论沿革

### 一、生涯发展基本理论

#### （一）帕森斯的特质因素理论

帕森斯的特质因素理论（trait factor theory）又称帕森斯的人职匹配理论，特质因素论是最早的职业辅导理论，1908年，美国波士顿大学教授弗兰克·帕森斯（Frank Parsons）在波士顿设立职业局，在职业指导过程中，他提出了职业设计的三要素模式：第一，清楚地了解自己，包括性向、能力、兴趣、自身局限和其他特质等方面；第二，了解各种职业必备的条件及所需的知识，在不同工作岗位上所占有的优势、不足和补偿、机会、前途；第三，上述两者的平衡。特性因素理论的核心是人与职业的匹配，其理论前提是：每个人都有一系列独特的特性，并且可以客观而有效地进行测量；为了取得成功，不同职业需要配备不同特性的人员；选择一种职业是一个相当易行的过程，而且人职匹配是可能的；个人特性与工作要求之间配合得越紧密，职业成功的可能性越大。1909年帕森斯在他的著作《选择一个职业》中提出了"人与职业相匹配是职业选择的焦点"的观点，他认为，个人都有自己独特的人格模式，每种人格模式的个人都有其相适应的职业类型。所谓"特质"就是指：个人的人格特征，包括能力倾向、兴趣、价值观和人格等，这些都可以通过心理测量工具来加以评量。所谓"因素"则是指：在工作上要取得成功必须具备的条件或资格，这可以通过对工作的分析而了解。

步骤：

第一步是评价求职者的生理和心理特点（特性）。通过心理测试及其他测评手段，获得有关求职者的身体状况、能力倾向、兴趣爱好、气质与性格等方面的个人资料，并通过会谈、调查等方法获得有关求职者的家庭背景、学业成绩、工作经历等情况，并对这些资料进行评价。

第二步是分析各种职业对人的要求（因素），并向求职者提供有关的职业信息，包括：

（1）职业的性质、工资待遇、工作条件，以及晋升的可能性；

（2）求职的最低条件，诸如学历要求、所需的专业训练、身体要求、年龄、各种能力以及其他心理特点的要求；

（3）为准备就业而设置的教育课程计划，以及提供这种训练的教育机构、学习年限、入学资格和费用等；

（4）就业机会。

第三步是人职匹配。指导人员在了解求职者的特性和职业的各项指标的基础上，帮助求职者进行比较分析，以便选择一种既适合其个人特点，又有可能得到并能在职业上取得成功的职业。

人职匹配分为两种类型：

（1）因素匹配（活儿找人）。例如，需要有专门技术和专业知识的职业与掌握该种技能和专业知识的择业者相匹配；或脏、累、苦劳动条件很差的职业，需要有吃苦耐劳、体格健壮的劳动者与之匹配。

（2）特性匹配（人找活儿）。例如，具有敏感、易动感情、不守常规、个性强、理想主义等人格特性的人,宜从事审美性、自我情感表达的艺术创作类型的职业。

特性因素理论强调个人所具有的特性与职业所需要的素质与技能(因素)之间的协调和匹配。为了对个体的特性进行深入详细的了解与掌握,特性因素论十分重视人才测评的作用,可以说,特性因素理论进行职业指导是以对人的特性的测评为基本前提。它首先提出了在职业决策中进行人职匹配的思想。故这一理论奠定了人才测评理论的理论基础,推动了人才测评在职业选拔与指导中的运用和发展。

特性与因素匹配理论产生近百年来,经久不衰。其中,三要素模式被认为是职业设计的至理名言,并得到不断的发展和完善,形成职业选择和职业指导过程的三个步骤:第一步,进行人员分析,评价个体的生理和心理特征;第二步,分析职业对人的要求,并向求职者提供有关的职业信息;第三步,人职匹配,个人在了解自己的特点和职业要求的基础上,借助职业指导者的帮助,选择一项既合适自己特点,又有可能获得的职业。

总体上看,特性因素理论为人们的职业设计提供了最基本的原则,各种心理测试工具和出版的大量有关职业信息的书刊为之提供了良好的支持。由于该理论具有较强的可操作性,使之被人们广为采用。但也应该看到理论中的静态观点和现代社会中的职业变动规律不相吻合,它也忽视了社会因素对职业设计的影响和制约作用。

### (二) 霍兰德兴趣与职业匹配理论

## 【案例分析1-2】

### 职—趣不符换工作

上海一所高校的会计学专业属全国重点学科,其中,国际会计专门化方向是与国外大学合办教学,该专业方向的主要专业课程直接使用国外原版教材,旨在培养一批国际公认的外向型高级会计人才。由于是国家重点学科,且有独特严格的教学方法,该专业的人才在相关行业内具有良好的口碑。故不少学生毕业后大多在外资企业或会计师事务所、大型中资企业、国内外各大银行从事会计与财务管理工作。正因为社会影响大,就业出路好,每年被优秀高中毕业生和其家长视为热门专业。某同学家住该校附近,对该校情况比较了解,早在高中读书期间,就将升学和专业选择目标锁定在该校国际会计专业上。因目标明确，学习勤奋，终于如愿以偿地成为该校国际会计专业的一名学生。转眼四年的学习即将结束，在面临就业选择时，作为国际会计专业的毕业生，她和许多同学一样，将当时的五大国际会计师事务所作为自己应聘工作岗位的首选。经过精心准备和严格的层层筛选，结果她被其中一家国际会计师事务所录用。毕业后，她身着笔挺的工作套装，手拎黑色皮包，进出公司大楼做审计工作，成为他人眼里令人羡慕的白领。但是，这项工作主要是从事各类公司会计报表等的项目审计，整日与数字打交道，渐渐地她感到工作时提不起精神，开始怀疑自己的性格是否与目前从事的职业岗位相匹配。经过一段时间的痛苦思考，一年后她终于下定决心，毅然放弃月薪上万的工作，跳槽投奔另一家单位，月薪只有4000元，从事Flash多媒体制作工作。

分析：该同学原工作要求的人格类型实际上是六边形中的常规型，而现在从事的工作可以认为是六边形中的艺术型。霍兰德（John L. Holland）的六边形理论就十分直观地说明了这些，即它们是六边形中相对立的两个角。于是我们能体会到该同学在会计师事务所的感受，也很能理解她做出的选择。

【小贴士】

如果你视工作为一种乐趣，人生就是天堂；如果你视工作为一种义务，人生就是地狱。

——洛克菲勒

每个人对感兴趣的职业存在着相同程度的渴望。问题在于你感兴趣的职业是什么？回答这样的问题，我们先要面对的是更为基础的问题：由于我们不可能在数以千计的职业中，去找寻自己所感兴趣的职业，首先，须将庞杂的职业归为数量有限、适合操作的职业群（这种归类与国家公布的职业分类不同）；其次，再去发现自己感兴趣的职业群。对于职业归类的研究由来已久，所划分的类别当然也是众说纷纭。对我们影响比较大，且有配套的兴趣量表的，当属美国心理学家、职业指导专家霍兰德的相关理论。霍兰德职业理论的核心假设是：人可以分为六大类，即现实型、研究型、艺术型、社会型、企业型、传统型（见图1-3-1），职业环境也可以分成相应的同样名称的六大类，人格与职业环境的匹配是形成职业满意度、成就感的基础。各个兴趣类型的特点及较为适宜的职业环境如表1-3-1所示：

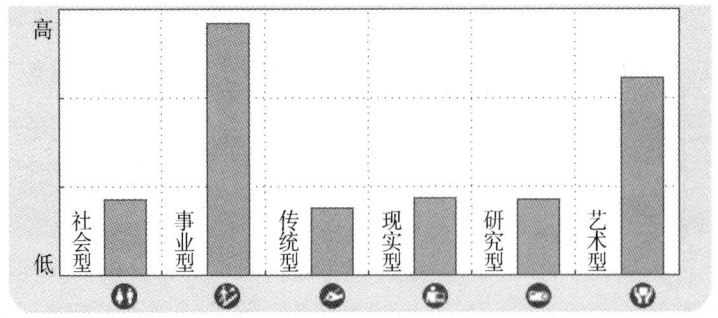

图 1-3-1 职业兴趣分类

表 1-3-1 劳动者类型与职业类型

| 类型 | 劳动者 | 职业 |
| --- | --- | --- |
| 现实型 | ①愿意使用工具从事操作性工作；<br>②动手能力强，做事手脚灵活，动作协调；<br>③不善言辞，不善交际 | 主要是指各类工程技术工作、农业工作。通常需要一定体力，需要运用工具或操作机器<br>主要职业有：工程师、技术员；机械操作、维修、安装工人，矿工，木工，电工，鞋匠等；司机，测绘员、描图员；农民、牧民、渔民等 |
| 探索型（研究型） | ①抽象思维能力强，求知欲强，肯动脑，善思考，不愿动手；<br>②喜欢独立的和富有创造性的工作；<br>③知识渊博，有学识才能，不善于领导他人 | 主要是指科学研究和科学实验工作<br>主要职业：自然科学和社会科学方面的研究人员、专家；化学、冶金、电子、无线电、电视、飞机等方面的工程师、技术人员；飞机驾驶员、计算机操作员等 |
| 艺术型 | ①喜欢以各种艺术形式的创作来表现自己的才能，实现自身的价值；<br>②具有特殊艺术才能和个性；<br>③乐于创造新颖的、与众不同的艺术成果，渴望表现自己的个性 | 主要是指各类艺术创作工作<br>主要职业：音乐、舞蹈、戏剧等方面的演员、艺术家编导、教师；文学、艺术方面的评论员；广播节目的主持人、编辑、作者；绘画、书法、摄影家；艺术、家具、珠宝、房屋装饰等行业的设计师等 |
| 社会型 | ①喜欢从事为他人服务和教育他人的工作；<br>②喜欢参与解决人们共同关心的社会问题，渴望发挥自己的社会作用；<br>③比较看重社会义务和社会道德 | 主要是指各种直接为他人服务的工作，如医疗服务、教育服务、生活服务等<br>主要职业：教师、保育员、行政人员；医护人员；衣食住行服务行业的经理、管理人员和服务人员；福利人员等 |
| 企业型（事业型） | ①精力充沛、自信、善交际，具有领导才能；<br>②喜欢竞争，敢冒风险；<br>③喜爱权力、地位和物质财富 | 主要是指那些组织与影响他人共同完成组织目标的工作<br>主要职业：经理企业家、政府官员、商人、行业部门和单位的领导者、管理者等 |
| 传统型 | ①喜欢按计划办事，习惯接受他人指挥和领导，自己不谋求领导职务；<br>②不喜欢冒险和竞争；<br>③工作踏实，忠诚可靠，遵守纪律 | 主要是指各类与文件档案、图书资料、统计报表之类相关的科室工作<br>主要职业：会计、出纳、统计人员；打字员；办公室人员；秘书和文书；图书管理员；旅游、外贸职员、保管员、邮递员、审计人员、人事职员等 |

霍兰德所划分的六大类型,并非是并列的、有着明晰的边界的。他以六边形标示出六大类型的关系,如图1-3-2所示:

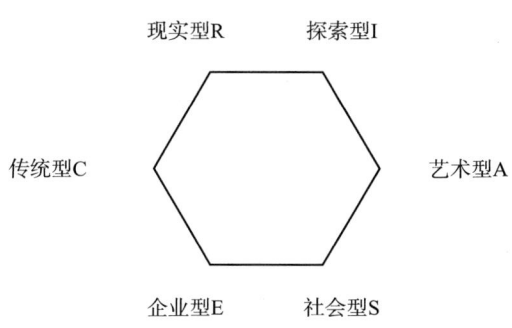

图1-3-2 霍兰德职业兴趣关系

从图1-3-2中可以看出:每一种类型与其他类型之间存在不同程度的关系,大体可描述为三类:

(1)相邻关系,如RI、IR、IA、AI、AS、SA、SE、ES、EC、CE、RC及CR。属于这种关系的两种类型的个体之间共同点较多,如现实型R、探索型I这两种类型的人就都不太偏好人际交往,这两种职业环境中也都较少有机会与人接触。

(2)相隔关系,如RA、RE、IC、IS、AR、AE、SI、SC、EA、ER、CI及CS,属于这种关系的两种类型个体之间共同点较相邻关系少。

(3)相对关系,在六边形上处于对角位置的类型之间即为相对关系,如RS、IE、AC、SR、EI及CA,相对关系的人格类型共同点少,因此,一个人同时对处于相对关系的两种职业环境都兴趣很浓的情况较为少见。

人们通常倾向选择与自我兴趣类型匹配的职业环境,如具有现实型兴趣的人希望在现实型的职业环境中工作,可以最好地发挥个人的潜能。但职业选择中,个体并非一定要选择与自己兴趣完全对应的职业环境。一是因为个体本身常是多种兴趣类型的综合体,单一类型显著突出的情况不多,因此,评价个体的兴趣类型时,也时常以其在六大类型中得分居前三位的类型组合而定,组合时根据分数的高低依次排列字母,构成其兴趣组型,如RCA、AIS等;二是因为影响职业选择的因素是多方面的,不完全依据兴趣类型,还要参照社会的职业需求及获得职业的现实可能性。因此,职业选择时会不断妥协,寻求与其相邻的职业环境,甚至相隔的职业环境,在这种环境中,个体需要逐渐适应工作环境。但如果个体寻找的是相对的职业环境,意味着所进入的是与自我兴趣完全不同的职业环境,则其工作起来可能难以适应,或者难以做到工作时觉得很快乐,甚至可能会每天工作得很痛苦。

### (三) 萨柏(Donald E. Super)职业生涯发展阶段理论

萨柏是美国的一位有代表性的职业管理学家。他把人的职业生涯发展划分为5个主要的阶段。

1. 成长阶段(0~14岁)

属于认知阶段。在这一阶段,个人通过对家庭成员、老师、朋友的认同即相互作用,逐步建立起自我概念,并经历对职业从好奇、幻想到兴趣,再到有意识培养职业能力的逐步成长过程。这一阶段,又具体分为3个成长期:

(1) 幻想期(10岁及以下):儿童从外界感知到许多职业,对于自己觉得好玩和喜爱的职业充满幻想,并进行模仿。

(2) 兴趣期(11~12岁):以兴趣为中心。理解、评价职业,开始作职业选择。

(3) 能力期(13~14岁):开始考虑自身条件与喜爱的职业是否相符合,并有意识地进行能力培养。

2. 探索阶段(15~24岁)

属于学习打基础阶段。这一阶段,个人将认真地探索各种可能的职业选择,对自己的天资和能力进行现实性评价,并根据未来的职业选择做出相应的教育决策,完成择业及初就业。具体可分为3个时期:

(1) 试验期(15~17岁):综合认识和考虑自己的兴趣、能力与职业社会价值、就业机会,开始对未来职业进行尝试性选择。

(2) 转变期(18~21岁):正式进入劳动力市场,或者进行专门的职业培训,由有一般性的职业选择转变为特定目标的选择。

(3) 尝试期(22~24岁):选定工作领域,开始从事某种职业,对职业发展目标的可行性进行实验。

3. 确立阶段(25~44岁)

属于选择、安置阶段。这一年龄段,经过早期的试探与尝试后,最终确立稳定职业,并谋求发展的阶段。此阶段是大多数人职业生涯周期中的核心部分,一般又分为3个时期。

(1) 尝试期(25~30岁):对初就业选定的职业和目标进行检讨,如有问题则需重新选择、变换职业。变换次数每个人不等,重点是寻求职业及生活上的稳定。

（2）稳定期（31～44岁）：最终确定稳定的职业目标，并致力于实现这些目标。

（3）职业中期危机阶段：在30～40岁中的某一时期可能会发现自己并没有朝着自己的职业目标靠近或发现了新的目标，因而需要重新评价自己的需求和目标。

4. 维持阶段（45～64岁）

属于升迁和专精阶段。这一阶段的劳动者长时间内从事某一职业工作，在该领域已达到常言所说的"功成名就"，已不再考虑变换职业，只力求保住这一位置，维持已取得的成就和社会地位。重点是维持家庭和工作间的和谐关系，传承工作经验，寻求接替人选。

5. 衰退阶段（65岁及以上）

属于退休阶段。人达到65岁以上，临近退休时，其健康状况和工作能力逐步衰退，即将退出工作，结束职业生涯。因此，这一阶段要学习接受一种新的角色，适应退休后的生活。

### （四）施恩的职业锚理论

职业锚是由美国著名的职业指导专家施恩教授提出的。1978年，他在《职业动力论》一书中第一次使用"职业锚"这一概念。这一概念的产生，源于他领导的美国麻省理工学院斯隆管理学院专门小组的一个实验。1961～1963年，斯隆研究院的44名毕业生，自愿形成了一个专门小组，配合和接受施恩教授所开展的关于个人职业发展和组织职业管理的研究与调查，施恩在他们毕业半年和1年后分别进行了面谈，在他们毕业5年后进行了问卷调查，并在1973年请他们返回麻省理工学院，就他们演变中的职业和生活接受面谈和调查。施恩在对他们的跟踪调查和对许多公司、个人及团队的调查中，逐渐形成了自己关于职业定位的看法，并提出了职业锚概念。

职业锚是指当一个人不得不做出选择的时候，他无论如何都不会放弃的职业中的那种至关重要的东西或价值观。正如"职业锚"这一名词中"锚"的含义一样，职业锚实际上就是人们选择和发展自己的职业时所围绕的中心。一个人对自己的天资和能力、动机和需要，以及态度和价值观有了清楚的了解之后，就会意识到自己的职业锚到底是什么。有些人也许一直都不知道自己的职业锚是什么，直到他们不得不做出某种重大选择的时候，才会将一个人过去的所有工作经历、兴趣、资质、性向等集合成一个富有意义的职业锚，这个职业锚会告诉他，到底什么东西对他个人是最重要的。

可见，职业锚是"自省的才干、动机和价值观的模式"，是自我意识的一个习得部分。具体而言，是个人进入职业生涯早期工作情境后，有习得的实际工作经验所决定，并在经验中与自省的才干、动机、需要和价值观相符合，逐渐发展出的更清晰、全面的职业自我观，以及达到自我满足和补偿的一种长期稳定的职业定位。

正确理解职业锚，还应注意以下几点：

第一，职业锚产生于早期职业生涯，以员工习得的工作经验为基础。

员工的工作经验，产生、演变和发展了职业锚。因为个人在面临各种各样的实际工作生活环境之前，不可能真正地了解自己的能力、动机和价值观之间将如何相互利用，以及在多大程度上是适应所做的职业选择。只有在雇员工作了若干年，习得工作经验后，方能够选定自己稳定的长期贡献区。就某种程度而言，职业锚是由雇员实际工作经验所决定的，而不是取决于个人潜在的才干和动机。

第二，职业锚强调个人能力、动机和价值观三方面的相互作用与整合。

职业锚是雇员自我观中的才干、动机、需要、价值观和态度等相互作用和逐步整合的结果。在实际工作中，新雇员重新审视自我，逐步明确个人的需要与价值观，明确自己的优势及今后发展的重点，并且针对符合个人需要与价值观的工作，自觉地改善、增强和发展自身的才干。

第三，职业锚是不可能根据各种测试提前进行预测的。

职业锚是个人同工作环境互动作用的产物，而在实际的工作中，偶然性广泛存在，所以不可能根据各种测试出来的能力、才干或者动机、价值观等来预测它。它是新雇员在工作实践中，根据自省的和已被证明的才干、动机、需要和价值观，现实地选择和确定的职业定位。

职业锚不是固定不变的。一个人的职业锚是在不断发生着变化的，它实际上是一个在不断探索过程中产生的动态结果。雇员个人及其职业锚不是固定不变的。职业锚是个人稳定的职业贡献区和成长区。但是，这不意味着个人将停止变化和发展。雇员以其职业锚为其稳定源，可以获得该职业工作的进一步发展。

1. 职业锚对个人的帮助

经过 30 多年的发展，职业锚已经成为职业发展、职业生涯规划的重要工具。国外很多大公司均将职业锚作为员工职业发展、职业生涯规划的重要参考点。同时，职业锚作为一个人自省的才干、动机与价值观的模式，在个人的职业生涯与工作生命周期中，在个人与组织的事业发展过程中，发挥着重要的功能与作用：

（1）选择自己的职业发展道路，为雇员中后期职业生涯发展奠定基础。职业锚是在获取工作经验过程中习得的，通过工作经验的积累产生并形成的职业锚，能够清楚地反映个人进入成年期的潜在需要和动力。个人抛锚于某一职业的工作过程，实际上就是个人自我真正认知的过程，认识自己具有什么样的能力、才干，需要什么。通过对职业锚的认识，找到自己长期稳定的职业贡献区，从而决定自己将来的主要生活和职业选择。有助于识别个人的职业抱负模式和职业成功标准。

（2）确定职业目标，完善职业角色形象。职业锚清楚地反映出个人的职业追求与抱负。例如，技术/功能型职业锚的雇员，其志向和抱负在于专业技术方面的事业有成，有所贡献。同时，根据职业锚可以判断个人达到职业成功的标准，例如，抛锚对于管理型的雇员来说，其职业成功在于升迁至最高的职位，获得更大的管理机会。因此，明确自己的职业锚，可以帮助确定自己职业成功的标准、职业成功要求的环境，从而确定职业目标及职业角色。

（3）有助于提高个人的工作技能，提高自己的职业竞争力。职业锚是个人经过长期寻找所形成的职业工作的定位。职业锚形成后，个人便会相对稳定地从事某种职业。这样必然会累积工作经验、知识与技能，随着个人工作经验的丰富和累积，个人知识的扩展和深化，个人的职业技能将不断增强，个人职业竞争力也随之增加。

2. 职业锚的类型

不同的人，有各自不同的动机、追求、需要和价值观，所以各自的职业锚会有所不同。施恩根据自己对麻省理工学院毕业生的研究，提出了以下五种职业锚，即技术职能能力型、管理能力型、创造型、安全型和自主型（独立型）。

（1）技术职能能力型职业锚。他们有特有的职业工作追求、需要和价值观，表现出如下特征：

①强调实际技术或某项职能业务工作。他们热爱自己的专业技术或职能工作，注重个人专业技术发展，其成长和获得成功注重的主要不是等级地位的大幅度提升，而是专业地位的提高和技术领域的扩大。一般多从事工程技

术、营销、财务分析、系统分析、企业规划等工作。

②他们不愿意选择那些带有一般管理性质的职业。因为那将意味着他们放弃在技术职能领域的成就，是一种不让他们施展技术才能的工种，但对其技术职能方面的职能管理并不拒绝，因为这是他们施展技能必不可少的，也是一种进步的方式。

（2）管理能力型的职业锚。他们表现出成为管理人员的强烈动机，"他们的职业经历使他们相信，自己具备被提升到那些一般管理性职位上去所需要的各种必须能力，以及相关的价值倾向"，其最终目标是必须承担较高职位的管理职位。管理能力型职业锚呈现如下特点：

①愿意担负管理责任，且责任越大越好。管理权力是此类型雇员的追逐目标，他们倾心于全面管理，掌握更大权力，肩负更大责任。具体的技术工作或职能工作被他们看作是通向更高、更全面管理层的必经之路，仅仅只是为了更好地展现自己的能力。

②具有强有力的升迁动机和价值观，以提升等级和收入作为衡量成功的标准。他们权欲旺，升迁动机盛，追求并致力于等级的上升。

③具有分析能力、人际沟通能力和情感能力的强强组合。虽然其他职业类型职业锚的人也都具有这些能力，甚至有的人其中的一两个方面的能力比管理锚的人能力更强，但是，他们没有这些能力的强强组合。管理型职业锚的人正是将三种能力组合的最佳者，所以表现出卓越的管理才能。

④对组织有很大的依赖性。因为管理型职业锚的人，其认同感和成功感均来自其所在的组织，其个人在公司的职位、公司规模的大小、公司的活动域及其未来发展等组织因素对其个人来说，都具有特别重要的意义。

（3）创造型职业锚。他们要求有自主权、管理能力，能施展自己的才干。但是，这不是他们的主动权与价值观，有创造空间才是他们追求的主要目标。创业型职业锚具有独特的特征，他们有特有的职业工作追求、需要和价值观，表现出如下特征：

①有强烈的创造需求和欲望。对于创造型职业锚的人来说，发明创造是他们自我扩充的核心，也是他们工作的强大驱动力。他们具有一种一以贯之的追求，即"建立或创造某种完全属于自己的东西——一件冠以他们名字的产品或工艺、一家他们自己的公司或一笔反映他们成就的个人财富等"。

②意志坚定，敢于冒险。他们有极强烈的创造欲望，使他们强烈要求标新立异、有所创造，并做好了冒险的准备。所以，他们总是力图以坚韧不拔的精神、百折不挠的行动去赢得成功。

（4）安全型（稳定型）职业锚。职业的稳定和安全，是这一类人的追求、驱动力和价值观。他们比较愿意去从事能够提供有保障的工作、体面的收入，以及可靠的未来生活的职业。他们的安全取向有两类：一种追求职业安稳，这种安稳和安全感主要源自既定组织中稳定的成员资格，例如，大公司组织安全性高，其成员的稳定系数也高；另一种注重情感的安全稳定，例如，使自己融入团队而获得的安全感。其特点为：

①对组织具有较强的依赖性。他们一般不愿意离开一个既定的组织，愿意让他们的上级来决定他们去从事何种职业，倾向于根据指示行事，不越雷池半步。他们相信组织会根据他们的情况做出可能的最佳安排。

②职业生涯的开发与发展会受限制。他们对组织的依赖性强，使个人缺乏职业生涯开发的驱动力和主动力，从而不利于自我职业生涯的发展。过高的感情安全要求，限制了他们的职业运动。如果经济危机迫使其所在的组织裁员，安全型职业锚的雇员由于在开发个人职业方面缺乏训练，加之不能自主和顺从的个性，常常会使他们处于被动的境地。

（5）自主型（独立型）职业锚。施恩的研究还发现，有的人在选择职业时似乎被一种自己决定自己命运的需要所驱使着，他们希望摆脱那种因在大企业中工作而依赖别人的境况。这些毕业生中，有许多人还有着强烈的技术或功能导向。但他们却不是到某一个企业中去追求这种职业导向，而是决定成为一位咨询专家，要么是自己独立工作，要么是作为一个相对较小的企业中的合伙人来工作。

这种职业锚的特点是：希望随心所欲地安排自己的工作方式、工作习惯、时间进度和生活方式，追求能施展个人职业能力的工作环境，最大限度地摆脱组织的限制和约束。此类雇员认为，组织生活是非理性的，太限制个人自由，甚至侵犯个人私生活。他们追求自由自在、不受约束或少受约束的工作生活环境。宁可放弃提升或工作扩展机会，也不会放弃自由和独立。

上述五种职业锚类型彼此之间可能存在交叉，但是每一种都有一个最突出、最强烈、最明显的特性，便于识别。如自主独立型职业锚的人可能同时是技术功能能力型职业锚，或者同时是创造型职业锚。但追求技术功能型职业锚的人，往往将其追求的职业也看作是一种向较高层面位置的过渡，他们很少为了自由的需要而放弃晋升的机会。自主独立型的人与创造型的人也共同享有某些认知，如创造型的人（企业家）一旦成功，便也享有了自主权和自由。然而二者又不相同，企业家会全力以赴要追求、创造和建立某种东西。

 【体验互动】

### 个人职业锚的确定

为了帮助你确定自己的职业锚，可以找几张空白纸写下你对以下几个问题的答案：

你在高中时期主要对哪些领域比较感兴趣（如果有的话）？为什么会对这些领域感兴趣？你对这些领域的感受是怎样的？

你在大学时期主要对哪些领域比较感兴趣？为什么会对这些领域感兴趣？你对这些领域的感受是怎样的？

你毕业之后所从事的第一份工作是什么？你期望从这种工作中得到些什么？

当你开始自己的职业生涯的时候，你的抱负或长期目标是什么？这种抱负或长期目标是否曾经出现过变化？如果有，那么是在什么时候？为什么会变化？

你第一次换工作或换公司的情况是怎样的？你希望下一个工作能给你带来什么？

你后来换工作、换公司或换职业的情况是怎样的？你为什么会做出变动决定？你所追求的是什么（请根据你每一次更换工作、公司或职业的情况来回答这几个问题）？

当你回首自己的职业经历时，你觉得最让自己感到愉快的是哪些时候？你认为这些时候的什么东西最令你感到愉快？

当你回首自己的职业经历时，你觉得最让自己感到不愉快是哪些时候？你认为这些时候的什么东西最令你感到不愉快？

你是否曾经拒绝过从事某种工作的机会或晋升机会？为什么？

现在请你仔细检查自己的所有答案，并认真阅读关于五种职业锚（技术职能能力型、管理能力型、创造型、安全型、自主型或独立型）的描述。根据你对上述这些问题的回答，分别将每一种职业锚赋予1~5分，其中，1分代表重要性最低，5分代表重要性最高。计算总分之后就可以发现你的职业锚了。

【思考习题】

1. 大学生职业生涯规划对你的成长和发展有什么重要意义？
2. 联系实际，谈谈影响职业生涯规划的因素有哪些？
3. 大学生职业生涯规划常用的方法有哪些？
4. 大学生职业生涯规划中存在哪些问题？你是如何应对的？

# 第二章

## 认识职业世界

\* 请用一句话写下你学习本章的收获或者感悟。

### 第一节 职业与专业

胡萍萍（化名）2008年从浙江财经大学东方学院法学专业毕业后，工作初期入职了某县的司法局，从事的是与专业相关的工作。说起了自己最初选择法学的缘由是"香港的影视作品看得比较多，觉得律师是冷静的、睿智的，受这些作品的感染，觉得学法是一件很酷的事情，所以在报考志愿的时候就选择了这个专业。"而让她想不到的是自己有一天也会离开司法系统，接触新的事务。工作过程中在社区治理和服务方面的深入探索和取得的突出业绩，让她找到了新的职业发展方向，现在胡萍萍是在县团委工作，从2019年开始挂职发展和改革局接触重大项目推进工作，也逐渐走上了领导岗位。

超10年的工作经历给胡萍萍的收获是，社会是多元的，不能墨守成规地把自己框定在一个区域内，要学会不断尝试、不断积累、不断突破自我。

寻找适合自己的职业方向不是一蹴而就的事。胡萍萍经历的职业发展变化说明，在工作之初，她对工作世界的了解尚不够，对职业认知不够深入，真实的体验也不多。职业认知是指个人对职业世界的认识与了解。在校大学生在就业前一定要了解职业与职位，只有提前熟悉了职业世界，才有可能寻找到适合自己的企业和职业。

**【体验互动】**

**我心目中理想的职业**

要求：把小组调研、数据收集、思考讨论等，按小组为单位发言，发言不超过3分钟。教师点评。

## 一、职业的定义及含义

### （一）职业定义

"职业"作为名词在《现代汉语词典（第7版）》中的解释是："个人在社会中所从事的作为主要生活来源的工作。"从社会学和经济学的角度来理解，职业是指人们参与社会分工，用专业的技能和知识创造物质或精神财富，以获得合理报酬来满足自己物质和精神生活需求的专门工作；是对特征相同或性质相近的一类工作的统称，以国家的职业分类大典为标准。

汉语"职业"一词，早在两千多年前荀子的著作中就已出现，随历史的发展，这个词也出现在其他众多典籍中，具有"职位""职务""事业"等含义。更像是英文 occupation、career、job 等单词词义的组合。在英文中，occupation 一词是指占据了岗位和时间的具体职业活动，例如，企业会计、体育记者等职业；而 career 则有事业和职业生涯的含义，例如，财务、新闻职业；而 job 一词则有指具体工作内容的含义，如核算工作或采访工作。因此，从词汇含义来理解，职业问题不是简单的工作问题，职业生涯规划，也不是找一份满意的工作的问题。在德语中，职业一词为"beruf"，是"天职"之意。它意味着个人毕生应当为之而不懈奋斗的目标。因此，职业本身已经包含了职业精神和职业道德的内容，它是一种具有高尚性的事业。

职业一词的本义至少包含了两个方面的含义：首先，职业体现了专业的分工，没有高度的分工，就不会有现代意义上的职业观念，职业化意味着专门从事某项事务；其次，它体现了一种精神追求，职业发展的过程也是个人价值不断实现的过程，职业要求个人对它的忠诚。

职业主要由以下五个要素构成：

职业名称：职业名称是职业的符号特征，它一般由社会通用称谓来命名。

职业主体：职业主体指的是从事一定社会分工活动，具有承担该执业活动所需的资格和能力的劳动者。

职业客体：职业客体指的是执业活动的工作对象、内容、劳动方式和场所等。

职业报酬：职业报酬指的是通过职业活动所取得的各种报酬。

职业技术：职业技术指的是劳动者在从事执业活动中所运用的自然技术、社会技术与思维技术的总和。它体现在人们从事职业活动时使用工具、材料、工艺方法，以及材料、工艺方法的发展和应用，也包括尚未形成系统的经验。

### （二）职业的特征

社会分工的发展极大地促进了职业的细分，根据职业产生的发展历史及其对人类社会发展的影响，总结出了职业具有以下特征：

1. 产业性

一个国家，一个社会，就大的方面可以分为三类产业。第一产业和第二产业都是物质生产部门，第三产业虽然并不生产物质财富，但却是社会物质生产和人民生活必不可少的部门。在传统农业社会，农业人口比重最大；在工业化社会，工作领域中的职业数量和就业人口显著增加；在科学技术高度发达和经济发展迅速的社会，第三产业职业数量和就业人口显著增加。

2. 行业性

行业是根据生产工作单位所生产的物品或提供服务的人不同而划分，它是按企业、事业单位、机关团体和个体从业人员所从事的生产或其他社会经济活动性质的同一性来分类。某行业的职业内部，其劳动条件、工作对象、生产工具、操作内容相同或相近。由于环境的同一，人们就会形成同一的行为模式，有共同的语言习惯和道德规范。不同职业间存在着很大的差异，劳动条件、工作对象、工作性质等都不相同。随着社会的进步和发展，新的职业（如经纪人等）将会不断涌现，各种职业间的差异也会不断变化。

3. 职位性

所谓职位是一定的职权和相应责任的集合体。职权和责任是组成职位的两个基本要素。职权相同，责任一致，就是同一职位。在职业分类中每一种职业都含有职位的特性。从社会需要角度来看，职业并没有高低贵贱之分，但是，现实生活中由于对从事职业的素质要求不同，以及人们对职业的看法或舆论的评价不同，职业便有了层次之分，这种职业的不同层次往往是由于不同职业体力、脑力劳动的付出、收入水平、工作任务的轻重、社会声望、权力地位等因素决定的。

4. 组群性

无论以何种依据来划分职业，都带有组群特点。如科学研究人员中包含哲学、社会学、经济学、理学、工学、医学等，再如咨询服务事业包括科技咨询工作者、心理咨询工作者、职业咨询工作者等。

5. 时代性

随着社会的发展和进步，职业变化迅速，除了弃旧更新外，同一种职业的活动内容和方式也会发生变化，所以职业的划分带有明显的时代性，不同时代有不同的热门职业。如我国曾出现过的"当兵热""从政热"，后又发展到"下海热""外企热"，再到"网店热""直播热"等，都反映出特定时期人们对某种职业的热衷程度。

### （三）职业的功能

如同舒伯生涯彩虹图中描绘的一样，工作者虽不是时间跨度最长，但一般情况下却是一个时间、精力等投入最多的一个生涯角色。职业生活在人们社会生活中是居首要地位的活动，解决好职业问题对人的一生发展具有重大的意义。

1. 社会功能

从社会角度来看，职业的存在和职业活动构成了人类社会的存在和社会活动；职业劳动创造出社会财富，从而为社会的存在和发展奠定了物质基础；职业的分工是构成社会经济制度运行的主体；职业也是维持社会稳定，实现社会控制的手段；职业的运动如职业结构的变化、职业层次间的矛盾的解决也是推动社会进步的一种动力。就社会功能而言，职业是社会存在的内容，是社会发展的动力，也是社会控制的手段。

2. 个人功能

从个人角度来说，职业具有以下功能：职业是个人获得经济收入的来源，是个人维持家庭生活的手段；职业是促进个性发展的手段，当个人从事的职业能使个人的特长、兴趣得到充分发挥时，也就促进了个性的充分发展；职业还是个人在社会劳动中从事具体劳动的体现，是个人贡献社会的途径；职业也是个人获得名誉、权力、地位和金钱的来源。

## 二、职业与专业的区别与联系

视频2.1
专业与职业

【体验互动】

你的专业是你自己选择的吗？请同学们对自己的专业选择和专业认识发言，时间为2分钟左右；小组代表发言，时间为3分钟。教师点评。

### (一) 专业及对专业的认识

1. 专业

广义的专业是指人类社会科学技术进步、生活生产实践中，用来描述职业生涯某一阶段、某一人群，用来谋生，长时期从事的具体业务作业规范。本书中专业主要是指高等学校或中等专业学校根据社会专业分工的需要设立的学业类别。各专业都有独立的教学计划，以实现专业的培养目标和要求。

2. 专业的分类

现行的《普通高等学校本科专业目录》（以下简称《本科专业目录》），是1984年以来由教育部分科类先后公布实施的。各科类的专业目录，经过几次调整和修改，在一定程度上拓宽了专业的口径、增强了适应性，对加强专业设置管理、提高办学水平起到了积极作用。

到2020年，《本科专业目录》已分设了哲学、经济学、法学、教育学、文学、历史学、理学、工学、农学、医学、管理学、艺术学共12大学科门类，下设92个一级学科，专业数量已扩充到637个。例如，2018年新增了人工智能、计算金融等；2019年新增了老年学、养老服务管理、跨境电子商务、虚拟现实技术、区块链工程等许多符合社会需求与科技发展的新专业。

另外，2021年，为加强职业教育国家教学标准体系建设，落实职业教育专业动态更新要求，推动专业升级和数字化改造，教育部组织对职业教育专业目录进行了全面修（制）订，形成了《职业教育专业目录（2021年)》。这个专业目录按照"十四五"国家经济社会发展和2035年远景目标对职业教育的要求，在科学分析产业、职业、岗位、专业关系基础上，对接现代产业体系，服务产业基础高级化、产业链现代化，统一采用专业大类、专业类、专业三级分类，一体化设计中等职业教育、高等职业教育专科、高等职业教育本科不同层次专业，共设置 19 个专业大类、97 个专业类、1349个专业，其中，中职专业 358 个、高职专科专业 744 个、高职本科专业 247个，全面覆盖了国际通行的 41 个工业门类及我国最新发布的新职业。

3. 对专业的认识

有两种观点需要纠正，一种是认为专业不重要，大学主要是对综合素质和学习能力的培养，所以专业的选择对个人发展并无大的影响，只要综合素质强，随便什么专业都可以成功，这是许多职业规划专家都认同的看法。职业规划专家说得并没有错，条条道路通罗马，成功的道路千万条，但须知其间必然有最短的一条，那么学业规划就是寻找这最短的一条，即以最小的代价和投入实现自身的职业理想。而职业规划也并不是只有职业目标（理想）就行了，如果没有从现实到理想那切实可行的路线支撑，这种职业规划很容易流于形式，理想也将成为空中楼阁。在许多情况下，从现实至理想的路线也并不是笔直的、可以一步跨越的，这时，就需要考虑每一个步骤或阶段性目标如何实现，为了实现这阶段性目标或步骤，当然就需要针对阶段性的职业目标而选择合适的学业（专业）。比如，有学生的理想是成为企业家，创建自己的实业，但在初始阶段可能缺乏一些关键资源。这时，他就需要先成为雇员，那么就要考虑首先成为什么行业、单位内的雇员，然后再选择相应的学业，毕业后用自己的专业知识去获取职位。等自己在雇员的职位上有了一定的经验积累后，可以开辟自己事业的时候，再来考虑向职业理想（企业家）迈进。那么，要成为雇员，你就必须要考虑在现有条件下，选择什么样的专业进行学习，才相对比较容易就业？而不是盲目地随便选什么专业都行。另一种观点是对热门专业从一而终，认为只要选择了好专业，将来能投身于热门行业，也就别无所求，这样容易丧失奋斗目标和人生理想，是一种机会主义的观点，持这样的观点在进行职业实践时，一旦个人特性与职业要求不够匹配，或者行业发生变化与个人利益追求产生落差，就容易遭遇职业发展挫折，也终将难以实现自身的职业理想和人生理想。

**（二）职业与专业的区别与联系**

一个专业可以对应一个职业群，甚至是几个相关的职业群，例如，建筑专业对应的职业群为：建筑师（建筑设计、地板规划和详细结构）、土木工程师（设计和管理建筑物、道路等的建设）、制图员（根据工程师和建筑师的设计说明准备草图)、机械工程师(计划和设计工具、机器和发动机)、测量员(为建筑物场所和地图绘制收集和测量数据)。职业群一般由基本操作技能相通，工作内容、社会作用及从业者所应该具备的素质相接近的若干个职位所构成。职业群横向划分，是相同的职业存在于不同的产业和行业之中，如人力资源专业所对应的职业群广泛分布于国民经济的各个产业和行业之中。纵向划分，是同一职业存在于同一行业若干个不同的岗位及其可能晋升的职务上。例如，人力资源专业的职业发展路线为：人力资源助理→人力资源专员→人力资源主管→人力资源经理→人力资源总监。无数的事实证明：一个人无论是由于主动还是盲从而选择了某一学科，他都无法保证这个专业一定是自己将来要从事的职业或事业。

通过对许多具有大专以上学历的人员进行调查分析之后，归纳出所学专业与从事职业之间的五种关系，如表 2-1-1 所示。

表 2-1-1　　　　　　　　职业与专业的关系

| 特征及图形 | 基本解释 | 专业技能的重要性 | 特点 | 建议 |
| --- | --- | --- | --- | --- |
| 专业包容职业 | 在专业的领域内发展职业。一生的职业发展基本上限制在专业领域内 | 本专业的专业技能在职业发展中的重要性≥80% | 自己选择的职业与所修专业高度一致 | 学精专业 |
| 专业与职业交叉 | 以专业为基础发展职业。一生的职业发展是在专业基础上，有重点地沿着某些方向拓展 | 本专业的专业技能在职业发展中的重要性≥40% | 个人选择的职业与所修专业部分一致，重点掌握某些专业技能的同时，注意其他专业技能学习 | 学好专业，辅修其他喜欢的专业 |
| 职业包容专业 | 以专业为核心发展职业。一生的职业发展以专业为核心，有较大扩展 | 本专业的专业技能在职业发展中的重要性≥60% | 个人选择的职业与所修专业较一致，但职业发展明显超越专业领域 | 学好专业，选修与职业发展一致的课程 |
| 专业与职业相切 | 一生的职业发展与专业基本无关或在专业边缘发展职业 | 本专业的专业技能在职业发展中的重要性约为 10%~20% | 个人选择的职业与所修专业基本不一致 | 保证专业合格，辅修其他适合的专业，若有可能，可做专业调整 |

续表

| 特征及图形 | 基本解释 | 专业技能的重要性 | 特点 | 建议 |
| --- | --- | --- | --- | --- |
| 专业与职业分离 ○ ● | 一生的职业发展与专业完全无关 | 本专业的专业技能在职业发展中的重要性<10% | 个人选择的职业与所修专业很不相符 | 尽量调整专业,若不能,则辅修其他专业 |

资料来源:张文勇,马树强. 大学生职业规划与就业指导 [M]. 北京:科学出版社,2006.

## 三、职业与就业的区别与联系

### (一) 就业与职业的区别

就业不等于找到了职业,就业只是得到工作机会,参加工作;就业强调通过合理合法的劳动获得经济收入。职业则是长久乃至终身所从事的,要求具有专门知识和技能,具有从中获得人生价值和社会地位的出发点。职业强调的是持久性、专业性、社会性。

### (二) 就业与职业的关系

就业与职业之间有着必然的联系。要找到理想的职业不是一次就行,要在不断的就业过程中获得。社会上普遍认为,大学生毕业就应该找到终身所从事的职业,特别是一些大学毕业生受到传统观念的影响,不愿轻易就业,怕别人瞧不起自己所从事的工作。毕业就失业的现象并不鲜见,一些大学生在毕业后待在家里靠父母供养,成了"啃老族"。新时期大学生通过自己合理合法的劳动,能解决自身的衣、食、住、行等最基本的生存需要,就应该认定为就业,就应该得到社会的认可。所以,区分开就业和职业,能帮助大学生减轻寻找职业的心理压力,愿意"先就业、后择业",然后再创业。

**【任务布置】**

1. 行业调查。行业调查方法:互联网、行业杂志报纸。行业研究包括:行业简介、行业现状、行业发展趋势、岗位设置、主要公司、行业证书等。

2. 课下收集你知道的有哪些职业,自己周围都能碰到什么职业? 自己父母是做什么职业的? 能说说这些职业的特点吗?

## 第二节 职业分类

**【体验互动】**

按小组为单位,展示行业调查结果。学生代表发言3分钟,教师点评。

社会分工是职业分类的依据。在分工体系的每一个环节上,劳动对象、劳动工具以及劳动的支出形式都有特殊性,这种特殊性决定了各种职业之间的区别。世界各国国情不同,其划分职业的标准也有所区别。

### 一、产业与行业

产业是国民经济活动最基本的类型。1985年,国家统计局根据联合国的划分标准,把我国产业分为三大产业:第一产业、第二产业、第三产业。2003年,印发了《三次产业划分规定》;2012年和2017年,根据国家质检总局和国家标准委颁布的《国民经济行业分类》,对《三次产业划分规定》分别进行了修订和调整。

2012年版的分类规定中,第一产业是指农、林、牧、渔业(不含农、林、牧、渔服务业)。广义上讲,农业包括采集、种植、狩猎、捕鱼、畜牧在内。农业部门的职责包括农林牧渔劳动者、管理人员、专业技术人员、技术工人等。第二产业是指采矿业(不含开采辅助活动),制造业(不含金属制品、机械和设备修理业),电力、热力、燃气及水生产和供应业,建筑业。按照产品的经济用途,可将整个工业分为两大类:生产生产资料的工业和生产消费资料的工业。前者称"重工业",包括机械、冶金、电力、煤炭、石油、燃料、化工等工业;后者称"轻工业",包括纺织、造纸、食品、皮革等工业。根据工业的供求关系及按照劳动对象的性质不同,重工业又可分为采掘工业和加工工业。轻工业也可以分为以农产品为原料的轻工业,以非农产品为原料的轻工业,如日用化工品、化学纤维、陶瓷等工业在国民经济中起着主导作用。随着生产的发展和科学技术的进步,一方面,使工业部门越分越细,新的工业不断出现,例如,电子工业从机械工业中分离出来，高分子合成工业从石油、化学工业中分离出来；另一方面，也使工业部门之间的生产联系和交换关系更加复杂起来。工业生产部门之间必须保持一定的比例关系，才能使整个工业协调、高速地发展。第三产业即服务业，是指除第一产业、第二产业以外的其他行业。第三产业包括：批发和零售业，交通运输、仓储和邮政业，住宿和餐饮业，信息传输、软件和信息技术服务业，金融业，房地产业，租赁和商务服务业，科学研究和技术服务业，水利、环境和公共设施管理业，居民服务、修理和其他服务业，教育，卫生和社会工作，文化、体育和娱乐业，公共管理、社会保障和社会组织，国际组织，以及农、林、牧、渔业中的农、林、牧、渔服务业，采矿业中的开采辅助活动，制造业中的金属制品、机械和设备修理业。

第一产业和第二产业都是物质生产部门，第三产业是流通和服务部门，它的发展是建立在第一产业和第二产业劳动生产率提高基础之上的，并受第一产业和第二产业发展水平的制约。社会的存在、发展依赖于这三大产业保持合理的结构，第一产业是基础产业，关系到人类生存的基本需要，关系到国家的稳定；第二产业的发展水平是国家工业化与现代化程度的重要标志；第三产业虽然不直接从事物质生产，但它可以促进整个社会和经济的发展。

行业是指从事相同性质的经济活动的所有单位的集合。行业是采用经济活动的同质性原则划分的，即每一个行业类别都按照同一种经济活动的性质划分。行业的分类标准是由国家计划委员会、国家经济委员会、国家统计局、国家标准局批准，于 1984 年颁布，并于 1985 年实施的，即《国民经济行业分类和代码》，把我国国民经济分为 13 个门类，其后经过多次修订。根据 2017 年修订颁布的《国民经济行业分类》（GB/T 4754—2017）国家标准。按企业、事业单位、机关团体和个体从业人员所从事的生产或其他社会经济活动性质的同一性分类，即按其所属行业分类，将国民经济行业划分为门类、大类、中类、小类四级，共有 20 个行业门类，97 个大类，473 个中类，1380 个小类。20 个行业门类包括：

（1）农林牧渔业；

（2）采矿业；

（3）制造业；

（4）电力、热力、燃气及水生产和供应业；

（5）建筑业；

（6）批发和零售业；

（7）交通运输、仓储和邮政业；

（8）住宿和餐饮业；

（9）信息传输、软件和信息技术服务业；

（10）金融业；

（11）房地产业；

（12）租赁和商务服务业；

（13）科学研究和技术服务业；

（14）水利、环境和公共设施管理业；

（15）居民服务、修理和其他服务业；

（16）教育；

（17）卫生和社会工作；

（18）文化、体育和娱乐业；

（19）公共管理、社会保障和社会组织；

（20）国际组织。

职业分类与职业选择、就业咨询、就业指导之间却有着密切的联系。高校毕业生与用人单位在就业市场进行"双向选择"，实际上就是求职者选择职业和职业选择求职者的过程。因此，对于高校毕业生来说，不了解职业的种类及分类的依据，不了解职业对于劳动者素质的不同要求，就很难作出正确的择业决策。

## 二、国际职业分类

【体验互动】

小组代表回答：

课下收集你知道的有哪些职业，自己周围都能碰到什么职业？自己父母是做什么职业的？能说说这些职业的特点吗？教师点评，并介绍"家族职业树"，方法，澄清自己的职业取向。

根据西方国家的一些学者提出的理论，在国外一般将职业分为三种类型：（1）按脑力劳动和体力劳动的性质、层次进行分类。这种分类方法把工作人员划分为白领工作人员和蓝领工作人员两大类。白领工作人员包括：专业性和技术性的工作，农场以外的经理和行政管理人员、销售人员、办公室人员。蓝领工作人员包括：手工艺及类似的工人、非运输性的技工、运输装置机工人、农场以外的工人、服务性行业工人。这种分类方法明显地表现出职业的等级性。(2) 按心理的个别差异进行分类。这种分类方法是根据美国著名的职业指导专家霍兰德创立的"人格—职业"类型匹配理论，把人格类型划分为六种，即现实型、研究型、艺术型、社会型、企业型和常规型。与其相对应的是六种职业类型。(3) 依据各个职业的主要职责或"从事的工作"进行分类。这种分类方法较为普遍，以两种代表示例：一是国际标准职业分类。1958 年，国际劳工组织制定了《国际标准职业分类》并出版，之后在 1968 年、1988 年和 2008 年又经过三次修订，版本为《国际标准职业分类（2008）》（简称 ISCO-08）。它的出版，为各国编制或修订本国的职业分类提供了一个样板。《国际标准职业分类（2008）》把职业由粗到细分为四个层次，即 10 个大类、43 个中类、125 个小类和 436 个细类、1506 个职业项目，总共列出职业 1881 个。其中 10 个大类是：(1) 管理者；(2) 专业人员；(3) 技术人员和专业人员助理；(4) 办事员；(5) 服务人员及销售人员；(6) 农业、林业和渔业技术员；(7) 工艺及有关人员；(8) 机械机床操作员和装配工；(9) 非技术工人；(10) 军人。这种分类方法便于提高国际职业统计资料的可比性和交流。二是加拿大《职业岗位分类词典》的分类。它把分属于国民经济中主要行业的职业划分为 23 个主类，主类下分 81 个子类，489 个细类，7200 多个职业。

加拿大《职业岗位分类词典》中把分属于国民经济中主要行业的职业划分为 23 个主类，下分 81 个子类，489 个细类，7200 多个职业基本名称。23 个主类是：

(1) 管理行政及有关职业；

(2) 自然科学工程和数学方面的职业；

(3) 社会科学及有关领域的职业；

(4) 宗教方面的职业；

(5) 教学及有关职业；

(6) 医疗和保健方面的职业；

(7) 艺术、文学、表演艺术及有关职业；

(8) 体育及娱乐方面职业；

(9) 文书事务性工作及有关职业；

(10) 销售职业；

(11) 服务职业；

(12) 农业、园艺和畜牧职业；

（13）渔业、捕捉及有关职业；

（14）林业和采伐职业；

（15）采矿和采石职业；

（16）加工职业；

（17）机械加工及有关职业；

（18）产品的制造、组装和修理职业；

（19）土建行业的职业；

（20）运输设备操作职业；

（21）材料搬运及有关职业；

（22）其他手工工艺和设备操作职业；

（23）未归他类的职业。

此种分类对每种职业都有定义，逐一说明了各种职业的内容及从业人员在普通教育程度、职业培训、能力倾向、兴趣、性格，以及体质等方面的要求，有较大的参考价值。

## 三、我国职业分类

我国是世界上最早出现职业和职业活动的国家之一。早在2500年前的儒学经典就记录过当时的职业和职业活动。《春秋·谷梁传》中写道："古者有四民，有士民，有商民，有农民，有工民。"中华人民共和国成立以来，社会主义现代化建设的发展，促进了我国现代职业的发展。

1995年，劳动和社会保障部联合中央各部委成立了国家职业分类大典和职业资格工作委员会，经过4年时间编制完成《中华人民共和国职业分类大典》（以下简称《大典》）并于1999年5月向社会发布。2010年底，人力资源和社会保障部会同国家质检总局、国家统计局牵头，成立了国家职业分类大典修订工作委员会及专家委员会，启动《大典》修订工作，2015年修订完成。与1999年版相比，新版《大典》增加了9个中类和21个小类，新增347个职业，取消894个职业，合计共减少了547个职业。新增职业包括：快递员、网络与信息安全管理员、文化经纪人等，取消职业包括：平炉炼钢工、收购员等。同时新版《大典》还对部分类别名称、职业信息描述等内容进行了修订，以适应经济社会发展和科技进步带来的职业变化。

2015版的《大典》中，我国职业分类结构为8个大类、75个中类、

434个小类，共1481个职业，如表2-2-1所示。

表2-2-1　　　　　　　　中华人民共和国职业分类

| 类别 | 中类 | 小类 | 细类（职业） |
| --- | --- | --- | --- |
| 第一大类：<br>党的机关、国家机关、群众团体和社会组织、企事业单位负责人 | 6 | 15 | 23 |
| 第二大类：<br>专业技术人员 | 11 | 120 | 451 |
| 第三等大类：<br>办事人员和有关人员 | 3 | 9 | 25 |
| 第四大类：<br>社会生产服务和生活服务人员 | 15 | 93 | 278 |
| 第五大类：<br>农、林、牧、渔业生产及辅助人员 | 6 | 24 | 52 |
| 第六大类：<br>生产制造及有关人员 | 32 | 171 | 650 |
| 第七大类：<br>军人 | 1 | 1 | 1 |
| 第八大类：<br>不便分类的其他从业人员 | 1 | 1 | 1 |

例如：①高等学校校长这一职业。它属于第一大类——党的机关、国家机关、群众团体和社会组织、企事业单位负责人；中类——企事业单位负责人；小类——事业单位负责人。其他如各级各类学校校长、卫生及科研单位负责人都属于这一类。②高等学校教师这一职业。它属于第二大类——专业技术人员；中类——教学人员；小类——高等教育教师。这一职业指在高等学校专门从事教育教学及科研工作的人员。③导游这一职业。它属于第四大类——社会生产服务和生活服务人员；中类——租赁和商务服务人员；小类——旅游及公共游览场所服务人员；细类——导游，这一职业指为中外游客组织安排旅行和游览事项，提供向导、讲解和旅途服务的人员。

在八个大类中，第一、第二大类主要是脑力劳动者，第三大类包括部分脑力劳动者和部分体力劳动者，第四~第七大类主要是体力劳动者，第八类是不便分类的其他劳动者。这种分类方法符合我国国情，简明扼要，具有实用性，也符合我国的职业现状。

2021年，我国又启动了新一轮修订《中华人民共和国职业分类大典》

的工作，以进一步健全、完善符合中国国情的现代职业分类。

## 四、我国职业变迁及发展趋势

1. 影响职业变化发展的因素

职业的变化和发展主要是由以下因素驱动的：（1）社会及管理的变革；（2）技术变革；（3）经济发展；（4）产业及行业的演变。以上因素同时存在又相互影响，导致和形成了明显的职业变迁和发展，表现为传统职业的消失或更新，现代职业的形成和发展。

20世纪末期，我国社会经济发展进入了转折性的历史时期。新型社会主义市场经济体制的建立，为我国经济的发展注入了新的活力与生机。许多计划经济时代的职业处于变革之中，如传统的人事管理职业更新为现代的人力资源管理职业；再如，由于人事制度的改革，由原来传统的政府安排转变为自由择业和就业。而随着劳动力市场的出现，产生了职业指导师、职业信息分析师、劳动保障协管员等新兴职业。

随着先进科学技术的广泛应用，企业生产工艺不断创新，形成了以IT产业为代表的高科技产业，还出现了专业技术人员的职业细化，它标志着我国职业类别又有了新的发展与变迁。随着IT技术的发展，出现了许多新的职业，如网络工程师、网管员等。

随着经济的发展，服务业也呈现出快速发展态势，从而形成了新的社会分工和新的职业，如送水工、宠物护理师、色彩顾问、会展员等。

伴随着传统产业的更新及科学技术的发展，现代服务业快速诞生，新的社会分工和职业生产者不断涌现，促使我国的职业领域不断拓宽。数控机械制造、现代生物、电子商务与现代金融业的兴起，职业劳动者队伍迅速扩大，形成了不同职业类别的劳动大军。具有代表性的是被称为"灰领"的高技能操作工人，如数控机床操作技师、高级技师。

2. 人工智能对行业和职业的影响

从发展态势看，我国未来职业变迁出现以下的发展态势：

（1）由单一基础向跨专业、复合型转化。从目前招工、就业的情况分析，职业岗位的要求和劳动方式逐步由简单向复杂方面转化，过去单一技能就能胜任的工作，现在职业内涵发展扩大了，往往需要跨专业和复合型人才。例如，许多职业的从业人员都要求具备一定的英语能力和计算机技能。

（2）由封闭型向开发型转化。随着改革开放的深入，职业岗位工作的范围和面向的服务对象越来越广泛，接收信息的渠道也必须加大，人们相互之间的交往和协作大大加强，所以要求人们具有开放的观念和心态，彻底摆脱封闭的状态。另外，开放型体现在职业岗位工作的性质上，也增加了一些以人与人之间联络、沟通、信息咨询和交易为表现形式的内容。例如，许多职业都需要借助互联网从事职业活动。

（3）由传统工艺型向信息化、智能化转变。传统工艺型职业在科技含量上相对滞后，在技术更新速度方面比较缓慢，甚至有些跟不上时代进步的步伐。生产力发展的关键之一是增加职业岗位科技含量，改善劳动组织和生产手段，提高劳动生产率。能熟练应用信息管理方法的智能型操作人员是今后职业岗位更新、工作内容更新需要的新型人才。例如，传统的仓库管理工作，由于需要及时提供库存信息而向物流师方向发展。

（4）由继承型向知识创新型转化。知识经济的到来，要求社会成员不断树立创新意识，在自己的职业岗位上进行创造性劳动。今后，只有创造型人才才能更好地胜任岗位职责。例如，舞台灯光设计师、个人形象设计师等职业，这些工作中大部分都具有创造性。

（5）服务性职业向知识技能化发展。社会生产力的提高，解放了劳动力，人们越来越多地需要社会服务行业为他们排忧解难、提供方便。第三产业在劳动者数量增加的同时，对从业人员质量的要求也在不断提高，产生了知识型服务性职业，而且是吸纳社会劳动力的主要渠道。如传统的职业介绍演变为职业指导或猎头服务，实际上，是由原先的简单提供信息或中介活动发展为利用知识提供信息咨询服务。

劳动力市场预测专家认为，未来的新职业会越来越多地出现在服务部门，特别是与健康、通信和计算机相关的行业。

上述谈到的职业变迁趋势，反映了我国时代变化的特征，把握职业发展趋势，对职业指导人员及劳动者本人都是非常重要的。对职业发展趋势的把握，能够对个人职业目标的选择提供思路和对职业生涯发展提供方向；否则，有可能导致择业的盲目性。职业指导人员应关注职业变迁和发展趋势，帮助求职者更好地适应变革中的社会职业环境。

【任务布置】

在家族职业中调查，他们的职业需要哪些素质要求？结合招聘信息中的要求，看看与他们的描述是否一致，并作简要分析。

视频2.2
诚信意识

## 第三节 职业对人才素质的要求

职业素质包含很多方面，首先是要熟练地掌握所学的专业技能，同时要具备良好的职业素养，了解企业的需求，根据现代企业的需求来提升自己的专业素质，因为企业需要的人才，不仅要具备专业技能和工作经验，还要懂得职场的规范、企业的规章制度、企业的规矩；要知道企业工作流程，还要具备良好的商务礼仪和职场形象。一般来说，大学生能否顺利就业并取得成就，在很大程度上取决于本人的职业素质，职业素质越高的人，获得成功的机会就越多。因此，多去企业走走，了解一下企业文化，或者参加一些企业实训，了解一下企业经营管理模式，提前给自己积累一些职场从业资质，对今后的就业会有很大的帮助。

随着高等学校的不断扩招，毕业生人数逐年增多，作为买方市场的用人单位，对毕业生的素质提出了更高的要求，人才之间和就业岗位之间的竞争更加激烈。大学生在就业过程中，既要了解自己，又要了解市场，这样才能给自己定好位，选择职业才能"对号入座"。下面就各类职业对人才素质的要求进行一些探讨。

### 一、职业对人才素质的总体要求

21世纪人才能力的标准是：处理信息的能力、处理人际关系的能力、系统看待事物的能力、处理好人与资源关系的能力、运用技术的能力。这些标准值得人们借鉴和思考。

1. 有主见且善于沟通，适应能力强

凡事都向上司请示、不负责任或害怕负责人的人，通常都缺乏创造性，所以他们对于企业的发展没有促进作用，如不能为老板分担工作，不能做一些富有建设性或创造性的事情。而那些在工作中有主见、善于开拓创新、善于沟通和交流的人，才有可能为公司创造更多的财富。老板、领导也应采取相应的策略，让他们了解企业的发展方针、规章制度，要权力下放，留给他们发挥创造力的空间。有主见且善于沟通的人是具有创造潜能的人，他们给企业带来的收益是高附加值的。

大学生的适应能力是用人单位最看重的，适应能力包括用所学的书本知识适应工作实际的主动性,也包括能融洽地协调人际关系和生存环境。深圳市一家药剂集团的副总经理说得很形象:"刚毕业的大学生就好像是草莓,漂亮、耐看、好吃,但就是碰不得,谁先能在现实工作中磨成椰子——果壳、果皮、果肉、椰汁都有用,谁就会被企业所认同,也容易成功。"

2. 踏实自信

近年来,毕业生面对日趋激烈的竞争,在面试时总显得有些急躁,刚与企业接触就想着能尽快签约,给人草率的感觉,他们认为,"只要能早点定下来,工资待遇不是个问题"。对此,人事经理提醒毕业生,"千万不要着急,用人单位不会轻易录用初次见面就愿意'托付终身'的毕业生,因为在双方没有完全了解的情况下,毕业生的草率容易让人怀疑其学识能力和对承诺的忠诚度"。

一家大型港资企业的人事经理说:"企业非常希望毕业生能全面、均衡、踏实地考虑问题。在选择企业的时候,不要只看到一个月能拿到多少薪水,而是要将薪酬福利、培训机会、发展目标等结合起来。像技术含量高的企业,将对新员工花费相当多的时间和成本进行培训,从中获得的知识和技能将是毕业生的最大'资本'"。

## 二、具体职业的人才素质要求

【体验互动】

把家族职业要求和招聘要求对照后进行分析的结果,由小组代表予以发言。教师点评。

不同职业对人的要求主要表现在对人的适应力的特殊要求,也就是对其素质优势的特殊要求。

知己知彼,方能百战不殆。从长远观点看,企业对人才的要求是不仅要懂技术,还要善经营、会管理。企业家最看好的人才主要是:胆识卓越,思维敏捷,善于综合,长于用人的领导型人才;知识渊博,视野广阔,善于思考,甘为人梯的导师型人才;眼光敏锐,胆大心细,善于开拓,精于市场的经营型人才;治学严谨,勇于探索,敢于创新,专于发明的专家型人才;不辞劳苦,遵章守纪,善当参谋,精于理财的管家型人才。

你要准备去应聘一个职位,前提是要考虑自身素养是否与此职位相适应，即你对用人单位的招聘条件是否心知肚明，你的专业技能、业务特长或潜能与应聘职位是否吻合。

下面列举一些具体类型的职业对人才素质的要求。

1. 国家机关公务员

该岗位对政治素质的要求特别高，一般要求应聘者对党和国家的方针政策必须具有一定的把握度，对时事政治和国家大事必须具有一定的关心度，还应具有高度的政治敏锐力和洞察力。

2. 技术主管部门的职员

该职位特别注重专业水准，一般要求应聘者通晓本部门的业务知识，具有较好的文字处理能力、外界沟通能力和独立工作能力。

3. 涉外单位的工作人员

除了具有较高的外语水平之外，还应具备智力，具有自我激励的习惯、接受新事物的能力，在此基础上，要有创新精神、机遇。另外，还需具有与涉外工作的具体业务相应的政治、经济、科技、文化等广博的知识，具备热爱祖国、自尊自信、不亢不卑、严守机密的基本品行。

4. 科研单位的研究人员

应该具有相应学科扎实的专业基础；具有站在本学科最前沿探求未知领域的能力；具有熟练运用外语工具的基本功；具有严谨的治学态度和甘于吃苦、勇于创新的精神。

5. 新闻出版界

应考虑自己对捕捉新闻信息的独特性是否敏感；是否具有高度的政治热情、强烈的责任意识和正直的个人品格；是否具有与各种人打交道的活动能力和吃苦耐劳的精神；是否既是采访或编辑方面的"专才"，又是具有广博知识的"通才"。

6. 公关人员

广泛的社交能力、适时的策划能力、干练的办事能力和随机应变能力是公关人员基本的素质要求。此外，端庄大度、诚信热情、口齿伶俐、能言善辩、能写会画、善于创新、勤于思考、善抓机遇也是必备的条件。

7. 财会人员

熟悉财会业务知识当然是必备条件，对财经政策及规章制度的掌握也是基本要求。除此以外，还需具有坚持原则、大公无私、严守财经纪律、保守财经机密的基本素质；具有一定的经济学、营销学、采购学方面的知识；具有在经营决策的关键时刻当好领导参谋的能力。

8. 私营企业的工作人员

必须具备冷静、自信、应变能力、读写能力、与人沟通的能力、协作精神和协调能力。

9. 企业白领

必须具有高尚的品格，坚持诚信、正直的原则；要有良好的团队精神；做一个主动的人；挑战自我，开发自身的潜力；客观、直截了当地进行沟通。

此外，职业选择要切合自己的个性。在选择职业之前，你需要对自己的气质和性格有一个基本的了解。此点在后面有专章论述。

【任务布置】

按小组为单位，课下分别收集国家、省或县市的就业创业政策、法律法规、规定等。将与我们大学生需要注意的要点制作成PPT，下节课展示。

## 第四节 职业制度与政策

【体验互动】

分配小组，分别介绍国家、省（区市）和县市就业创业政策和法律法规。小组代表展示准备好的PPT，并作简要讲解。教师点评。

在新形势下，毕业生自主择业权利日益加大，国家出台了一系列有关就业及劳动保护的法律、法规。毕业生要在遵纪守法的前提下，避免或正确处理就业和劳动方面的争议，合理运用这些法律法规维护自身的合法权益。

### 一、中华人民共和国就业促进法

2007年8月30日，第十届全国人大常委会第二十九次会议表决通过了《中华人民共和国就业促进法》（以下简称《就业促进法》）。该法于2008年1月1日起实施。作为一部与民众利益密切相关的法律，《就业促进法》在起草之初就受到社会各界的广泛关注，人们期待这部法律的制定和实施能为扩大就业、发展和谐劳动关系带来福音。历经三次审议，反复修改，《就业促进法》正式出台。禁止就业歧视、扶助困难群体、规范就业服务和管理……诸多人们关心的就业问题在这部法律中都有体现。

2015年4月24日，第十二届全国人民代表大会常务委员会第十四次会议对该法进行了修订。

### （一）促进就业政策法律化

1. 就业被视为民生之本和安国之策

我国的就业工作面临着十分严峻的形势，就业压力越来越大。虽然，随着经济的发展和就业政策的大力推进，我国的就业形势整体是趋向平稳，但就业总量压力和结构性矛盾依然较大。据国家统计局数据显示，截至2020年，全国劳动力总量约为7.84亿人，城乡就业总人数为7.5亿人，城镇登记失业人数达1160万人。

2. 促进就业离不开政策的支持

为了切实解决劳动力供求总量矛盾和劳动力结构性矛盾突出的问题，充分发挥国家宏观经济社会政策在促进就业工作中的重要作用，法律对促进就业的政策扶持做出了明确规定。

3. 就业促进法建立了促进就业的长效机制

我国以前实行的是有期限的、短期的促进就业政策。比如，三年、五年，再根据情况进行调整。在制定《就业促进法》时，把这些有期限的政策、在实践中行之有效的政策规范化、制度化、法律化了，建立起促进就业的长效机制。此外，还制定了有利于促进就业的金融政策、信贷政策、税收优惠政策，以及财政政策。

### （二）反对就业歧视专章规定

近年来，反对就业歧视的呼声不断高涨。在《就业促进法（草案）》向社会全文公布征求意见的过程中，要求细化公平就业条款、消除就业歧视的意见和建议占了不小的比例。人们希望通过这部法律的出台，能为公平就业创造一个良好的环境。

在就业领域，就业歧视已形成了一个社会问题，立法机关对这一问题非常重视。

《就业促进法（草案）》一次审议稿中没有专门的章节规定公平就业问题。一些常委会委员、专家提出，实行公平就业，反对就业歧视，保障劳动者的平等就业权利，是就业促进工作的一项重要原则，也是社会关注的一个重要问题。因此，建议法律专门的章节集中规定这部分内容。

在最终出台的《就业促进法》中，公平就业被作为第三章出现在法律条文中。总则中也明确规定，"劳动者享有平等就业和自主择业的权利。劳动者就业，不因民族、种族、性别、宗教信仰等不同而受歧视。"

而在公平就业一章中，则针对妇女、少数民族、残疾人、传染病病原携带者，以及农村劳动者这些人群的公平就业问题作了有针对性的规定："国家保障妇女享有与男子平等的劳动权利""用人单位招用人员时，除国家规定的不适合妇女的工种或者岗位外，不得以性别为由拒绝录用妇女或者提高对妇女的录用标准""用人单位招用人员时，不得歧视残疾人""农村劳动者进城就业享有与城镇劳动者平等的权利，不得对农村劳动者进城就业设置歧视性限制"等。

针对乙肝病毒携带者就业受到歧视的问题，《就业促进法》特别规定，用人单位招用人员时，不得以是传染病病原携带者为由拒绝录用。但是，经医学鉴定传染病病原携带者在治愈前或者排除传染嫌疑前，不得从事法律、行政法规和国务院卫生行政部门规定禁止从事的易使传染病扩散的工作。

为了加大保障公平就业力度，就业促进法还在法律责任一章中明确规定，劳动者受到就业歧视后，可以向人民法院提起诉讼。

**（三）针对困难群体实行就业援助**

《就业促进法》加大了对困难群体的扶持力度。

对于因身体状况、技能水平、家庭因素、失去土地等原因难以实现就业，以及连续失业一定时间仍未能实现就业的人员，就业促进法将其界定为就业困难群体。对这部分群体和"零就业家庭"，法律特别规定了就业援助制度。

经过反复修改，就业促进法中关于就业援助的规定逐步得到细化。

法律规定，各级人民政府建立健全就业与再就业援助制度，将就业援助与解决就业困难人员的生产生活结合起来，采取税费减免、贷款贴息、社会保险补贴、岗位补贴等办法，通过公益性岗位安置等途径，对就业困难人员实行优先扶持和重点帮助；政府投资开发的公益性岗位，应当优先安排符合岗位要求的就业困难人员。被安排在公益性岗位工作的，按照国家规定给予岗位补贴。

对于"零就业家庭"，法律规定，法定劳动年龄内的家庭人员均处于失业状况的城市居民家庭，可以向住所地街道、社区公共就业服务机构申请就业援助。街道、社区公共就业服务机构经确认属实的，应当为该家庭中至少一人提供适当的就业岗位。

### （四）职业中介机构要经行政许可

针对人才和劳动力市场中存在的一些非法中介机构提供虚假信息，损害劳动者权益的现象，就业促进法对职业中介机构的设立规定了准入门槛。

除对工作场所、工作人员等方面有要求外，法律还规定，设立职业中介机构，应当依法办理行政许可。经许可的职业中介机构，应当向工商行政部门办理登记。未经依法许可和登记的机构，不得从事职业中介活动。

## 二、《中华人民共和国劳动合同法》

### （一）《中华人民共和国劳动合同法》概述

《中华人民共和国劳动合同法》（以下简称《劳动合同法》）是为了完善劳动合同制度，明确劳动合同双方当事人的权利和义务，保护劳动者的合法权益，构建和发展和谐稳定的劳动关系，制定本法。由第十届全国人民代表大会常务委员会第二十八次会议于 2007 年 6 月 29 日修订通过，自 2008 年 1 月 1 日起施行。

2012 年 12 月 28 日第十一届全国人民代表大会常务委员会第三十次会议提出关于修改《中华人民共和国劳动合同法》的决定。

1. 《劳动合同法》的主要内容

《劳动合同法》对劳动合同的订立、履行、解除或终止、监督检查、法律责任，以及特别规定等方面都作出了规定。

例如，《劳动合同法》规定了劳动合同应当具备以下条款：

（1）用人单位的名称、住所和法定代表人或者主要负责人；

（2）劳动者的姓名、住址和居民身份证或者其他有效身份证件号码；

（3）劳动合同期限；

（4）工作内容和工作地点；

（5）工作时间和休息休假；

（6）劳动报酬；

（7）社会保险；

（8）劳动保护、劳动条件和职业危害防护；

（9）法律、法规规定应当纳入劳动合同的其他事项。

劳动合同除以上规定的必备条款外，用人单位与劳动者可以约定试用期、培训、保守秘密、补充保险和福利待遇等其他事项。

关于劳动合同的解除，对劳动者，《劳动合同法》中有规定：用人单位有下列情形之一的，劳动者可以解除劳动合同：

（1）未按照劳动合同约定提供劳动保护或者劳动条件的；

（2）未及时足额支付劳动报酬的；

（3）未依法为劳动者缴纳社会保险费的；

（4）用人单位的规章制度违反法律、法规的规定，损害劳动者权益的；

（5）因本法第二十六条第一款规定的情形致使劳动合同无效的；

（6）法律、行政法规规定劳动者可以解除劳动合同的其他情形。

用人单位以暴力、威胁或者非法限制人身自由的手段强迫劳动者劳动的，或者用人单位违章指挥、强令冒险作业危及劳动者人身安全的，劳动者可以立即解除劳动合同，不需事先告知用人单位。

2. 合同的形式

我国《劳动合同法》规定，建立劳动关系，应当订立书面劳动合同。已建立劳动关系，未同时订立书面劳动合同的，应当自用工之日起一个月内订立书面劳动合同。

《劳动合同法》中还有规定：劳动合同分为固定期限劳动合同、无固定期限劳动合同和以完成一定工作任务为期限的劳动合同。

3. 合同的订立

《劳动合同法》中规定：用人单位自用工之日起即与劳动者建立劳动关系。用人单位应当建立职工名册备查。

用人单位与劳动者在用工前订立劳动合同的，劳动关系自用工之日起建立。

### （二）违约责任

违约责任也称违反合同的民事责任，是指合同当事人因违反合同义务所承担的责任。我国《劳动合同法》在多项条款中均有规定，用人单位因为违反本法的一些行为，对劳动者造成损害的，应当承担赔偿责任。也规定了对用人单位一些违法行为相应的处罚内容，有罚款、赔偿、对责任人员的刑事处罚等。

## 三、就业中常见法律问题

【体验互动】

不履行"全国普通高等学校毕业生就业协议书"（以下简称"就业协议"或"三方协议"）造成的违约有哪些方面？违约方应承担哪些责任？订立劳动合同时应注意哪些法律问题？

由学生代表发言，不超过2分钟。教师点评。

### （一）签订就业协议中的法律问题

1. 就业协议的法律效力

就业协议的法律效力是指依法成立的协议对当事人（大学毕业生、用人单位、学校）所产生的约束力。当事人所订立的就业协议能否发生法律效力，其内容应首先符合国家的法律规定，法律才赋予其法律效力。如果当事人的就业协议违反了国家法律，则就业协议将会被宣告无效，自然也就不会产生法律后果。

（1）就业协议的法定效力。就业协议依法签订后，尽管协议当事人的权利义务是自行设定的，但由于是依法约定，当事人即享有协议中约定的权利并应承担协议中约定的义务。

毕业生要如实地向用人单位介绍情况，在规定的时间内，到用人单位报到，若遇到特殊情况不能按时报到，需征得用人单位的同意。用人单位也要向毕业生和学校如实介绍本单位的情况，凡取得毕业资格的毕业生，用人单位不得以学习成绩为由提出违约。学校也要向用人单位介绍毕业生的情况，做好推荐工作；用人单位同意录用后，经学校审核列入建议就业计划，报教育部或主管部门批准，学校负责办理就业手续。学校应在学生毕业前安排体检，不合同者不派遣，就业协议自行取消，学校有通知用人单位的义务。

（2）就业协议的履行效力。就业协议成立后，当事人应当全面、正确地履行协议所约定的义务。任何一方都不得擅自变更或解除协议。如果要变更或解除协议，就必须有双方约定且认可的事由，通过法定程序办理。如毕业生想更换用人单位可以经三方协商解除原就业协议。

（3）就业协议的责任效力。就业协议的效力是保证就业协议履行效力得以实现的重要保证。就业协议成立后,如果任何一方当事人没有按照就业协议的约定全面地、正确地履行自己的义务,就应当承担对自己不利的后果,即承担法律规定的和当事人约定的责任。

(4) 就业协议的证据效力。就业协议依法成立后,协议就是证明权利义务关系存在和处理双方协议纠纷的依据。一方面,当事人之间是否存在权利义务关系,就业协议就是证明的依据;另一方面,当事人就其权利和义务发生争议时,协议是最有力的证据。

毕业生就业协议经毕业生、用人单位、学校三方签字、盖章后生效。

2. 相关法律问题

(1) 协议条款内容是否明确具体。毕业生与用人单位对有关条款可以协商,还可以增加新条款。在签订协议书时,尽量采用示范条款。如确有必要变更或增加新条款,内容必须明确具体,不要产生歧义,尤其是涉及工资、福利待遇、工作期限和违约责任等问题时更应明确,否则一旦发生争议,由于条款不明确具体,将会出现不利于自身合法权益的保护。

(2) 协议主要内容是否与劳动合同衔接。由于毕业生就业协议签订在先,为避免日后签订劳动合同时产生争议,尽可能地将劳动合同的主要内容体现在就业协议的条款之中,明确今后在签订劳动合同时应予以确认。否则双方日后就劳动合同有关内容无法达成一致意见时,若毕业生表示不愿意在该单位工作,用人单位会追究毕业生的违约责任。因而毕业生应就劳动合同的主要内容,如劳动报酬、试用期、工作岗位、服务期限、劳动保护和福利待遇等方面的内容与用人单位协商好,不应只作口头约定,而应体现在就业协议中。

(3) 是否对合同的终止或解除条件做事先约定。毕业生一旦签订就业协议,就会在当事人之间产生约束力,任何一方均不得随意解除,否则应承担相应的违约责任。若毕业生出现对用人单位不甚了解,担心市场变化,或本人考研、准备出国等不确定的情况时,毕业生可与用人单位在就业协议中就终止和解除条款作出约定。约定的条款一旦成立,毕业生可依约定的条款终止或解除协议,而无须承担违约责任,避免产生经济损失或争议。

3. 违约责任

(1) 用人单位违约要承担的违约责任。毕业生与用人单位协商意见一致后,就要以就业协议的形式固定下来。国家为了维护广大毕业生的利益,要求用人单位维护毕业生就业计划的严肃性,就业计划一旦形成,用人单位不得拒收毕业生。否则,按违约处理,用人单位要交纳违约金,给予毕业生一定的经济补偿。

（2）毕业生违约要承担的违约责任。就业协议一经签订，毕业生也不能擅自违约，随意更换用人单位。倘若毕业生单方擅自违约，更换用人单位，学校应视情况给予批评和教育，并征求用人单位的意见，毕业生要承担违约责任。

（3）办理违约手续。毕业生就业涉及学校的发展，涉及学校和用人单位的友好关系，也涉及毕业生和家庭的切身利益，涉及国家和社会的稳定大局，因此，毕业生更换用人单位要十分慎重，同时，要严格履行下列手续和程序：

①向学校呈交原单位同意改派的公函（简称"退函"），这体现了对原接收毕业生单位知情权的尊重。

②向学校呈交新单位同意接收的公函。

③向学校呈交变更用人单位申请书，要写明本人的基本情况、违约事由和如何承担违约责任等内容，连同退函、接收函一并报学校主管毕业生就业部门审批。

④学校同意变更用人单位的，由学校主管就业部门办理相关报批手续。

特别提醒毕业生：要慎重选择用人单位，慎重签订就业协议，慎重考虑违约事宜。变更协议必然会给各方带来很多的麻烦，特别是经济困难的毕业生会给父母、家庭带来沉重的经济负担，自己也将承受巨大的心理压力。

4. 就业协议争议的解决途径

解决毕业生就业方面的纠纷主要有以下途径。

（1）毕业生与用人单位协商解决。

（2）学校出面与用人单位协商解决。

（3）请求当地省级主管毕业生就业工作的部门协商解决。

（4）如果通过以上途径协商不成，可按民事诉讼法的规定直接向人民法院起诉，通过法律程序解决。

### （二）签订劳动合同中的法律问题

1. 相关法律问题

（1）用人单位拒不签订劳动合同。用人单位招聘劳动者，应当与其签订劳动合同，明确双方的权利和义务。但是，如果用人单位回避劳动合同的责任，故意拖延或拒绝签订劳动合同，劳动行政部门应予纠正。在事实劳动关系存续期间给劳动者造成损失的，就按劳动部《违反〈劳动法〉有关劳动合同规定的赔偿办法》的规定进行赔偿。

（2）违约金和服务期限的约定。在毕业生和用人单位建立的劳动关系中，最具有直接利益的法律风险就是违约金的约定问题，而违约金的约定又与服务期限直接相关。刚参加工作的毕业生，经过用人单位费时费力的实践工作培养，才具有一定的工作经验和劳动熟练度。当毕业生对现有工作不满意，往往选择跳槽，甚至有些单位部门出现集体跳槽的现象。因此，一些用人单位在与毕业生签订《劳动合同》时往往约定了高额违约金和较长的服务期限。

《中华人民共和国劳动合同法》（以下简称《劳动合同法》）规定，只有两类劳动者可以在劳动合同中约定违约金：一类是用人单位利用专项培训费用、提供专业技术培训并约定服务期的；另一类是对负有保守商业秘密和知识产权义务的高级管理人员、高级技术人员和其他负有保密义务的人员，如劳动者违反竞业限制的约定，应当按照约定支付违约金。用人单位如果没有对毕业生提供专项培训和约定竞业限制，就没有权利要求毕业生的违约金和服务期限。同时，《劳动合同法》还规定了违约金的上限，即不能超过为培训所支付的实际费用。

（3）试用期的确定。试用期是指用人单位和劳动者为相互了解、选择而约定的一定期限的考察期。一般适用于初次就业或再次就业时改变劳动岗位或工种的劳动者。我国《劳动合同法》规定："劳动合同可以约定试用期。试用期不得超过六个月。"试用期是包括在劳动合同期限之内的，只有存在劳动合同，才有试用期的问题。劳动者在试用期内享有同正常劳动关系中或者劳动合同正常履行期内的全部劳动和社会保险权利。

试用期双方都具有较为自由的解除合同的方式。根据《中华人民共和国劳动法》（以下简称《劳动法》）第二十五条规定，劳动者在试用期间被证明不符合录用条件的，用人单位可以解除劳动合同，但必须举证证明劳动者在试用期期间不符合录用条件。举证责任在用人单位，如果没有证据就不能解除劳动合同，否则，用人单位需承担因违法解除劳动合同所带来的法律后果。

（4）合同中包含不平等的格式条款。格式条款在劳动合同中屡见不鲜，用人单位在劳动合同订立中居主导地位，在劳动合同订立时，多使用预先拟定好的合同文本，毕业生面对格式条款只有签与不签的选择，使劳动合同事实上成为格式条款。用人单位还会注明劳动合同条款的最终解释权归其所有，一旦发生争议，毕业生往往处于不利地位。

（5）对用人单位收取抵押金、扣押个人证件的处理。

《劳动法》规定，订立劳动合同，用人单位不得以任何形式收取抵押金、抵押物、保证金、定金及其他费用，也不得扣押劳动者的身份证和其他证件。如果用人单位有这种行为，劳动者可向劳动和社会保障部门举报，劳动和社会保障部门可责令其改正，并可处以罚款。

（6）无效劳动合同。

无效劳动合同是指劳动关系双方当事人所订立的劳动合同不符合法定条件，不能发生当事人预期的法律后果的劳动合同。

我国《劳动法》规定，无效劳动合同的表现形式有三种情况：一是以欺诈、胁迫的手段订立或者变更劳动合同的；二是用人单位免除自己的法定责任、排除劳动者权利的；三是违反法律、行政法规强制性规定的。无效的劳动合同从订立时起，就没有法律约束力。确认劳动合同部分无效的，如果不影响其余部分的效力，其余部分仍然有效。因订立、履行无效劳动合同给当事人造成经济损失的，由有过错的一方负责赔偿；如果双方当事人都有过错，则各自承担相应的责任。无效劳动合同的确认权只能由劳动争议仲裁委员会或者人民法院行使，不得由双方当事人来确定。

### 2. 解决劳动争议的途径

大学毕业生持报到证去用人单位报到后，在工作的过程中与用人单位产生纠纷，要依据劳动法的规定来处理劳动过程中发生的纠纷。劳动争议又称劳动纠纷，在国外称劳资纠纷或劳资争议，是指劳动关系当事人或其团体间发生的关于劳动关系的权利和义务的纠纷。

（1）劳动争议调解的范围。

①因开除、除名、辞退劳动者及劳动者辞职、自动离职发生的争议。

②因执行国家有关工资、保险、福利、培训、劳动保护的规定发生的争议。

③因履行劳动合同发生的争议。包括因履行、变更、解除、终止劳动合同发生的争议。

④法律、法规规定应当处理的其他劳动争议。

（2）解决途径。

①劳动争议的调解。调解是由第三者居间调和，通过疏导、说服，促使当事人双方互谅互让，从而解除就业纠纷的方法。《劳动法》规定："在用人单位内，可以设立劳动争议调解委员会。劳动争议调解委员会由职工代表、用人单位代表和工会代表组成。"用人单位可以由职工大会推荐的职工

代表、用人单位法定代表人指定的代表和工会指定的代表组成调解委员会，解决本单位的劳动争议。劳动争议调解委员会调解的原则是自愿原则和民主说服原则。

调解协议制定后，要求双方当事人自觉遵守调解协议，同时，调解委员会可检查和督促当事人执行，但是应当注意，在企业劳动争议调解委员会主持下达成的协议并不具有强制执行的效力，在当事人一方不履行调解协议时，另一方当事人不能申请强制执行，只能在仲裁期限内申请仲裁。

②劳动争议仲裁。劳动仲裁是指劳动争议仲裁机构依据劳动争议当事人的请求，对于劳动争议的责任依法作出公正判断和裁决，并对当事人有约束力并可以强制执行的一种劳动争议处理方式。劳动争议仲裁是诉讼前法定必经的处理劳动争议的方法，不经劳动争议仲裁程序，人民法院不予受理。

当事人申请仲裁无须双方达成一致协议，一方申诉，仲裁庭即可受理。劳动争议仲裁实行一个裁级一次裁决制。一次裁决即为终局裁决。不服裁决只能向人民法院提起诉讼，不得向另一仲裁委员会申请复议或要求重新仲裁。经调解不成，无须当事人同意，可直接实行裁决权。发生效力的劳动仲裁裁决书，可申请人民法院强制执行。

③劳动争议诉讼。劳动争议诉讼是指劳动争议当事人对仲裁机构裁决不服，持劳动仲裁裁决书向人民法院提起诉讼，这是解决劳动争议的最后一个程序，也是对劳动争议处理的最终程序。

劳动争议诉讼程序适用于《中华人民共和国民事诉讼法》的诉讼程序。

就业协议包括五方面内容，即签订时应遵循主体合法、平等协商的原则，确定用人单位是否具备合法主体资格；注意协议签订程序；明确深造等的处理方法和违反协议的责任；劳动合同是劳动者与用人单位确定劳动关系、明确双方权利和义务的协议，在签订就业协议之后订立；就业协议书和劳动合同的签订都是为了建立劳动或人事关系，区别在于主体不同、内容不同、签约时间不同、法律地位不同和使用的法律依据不同。毕业生就业基本程序主要包括就业协议签订程序和就业报到程序，人事派遣和人事代理也是部分毕业生就业程序中的重要环节。毕业生就业常见法律问题主要涉及就业协议和劳动合同两方面，签订就业协议应注意三方面法律问题，即协议条款内容是否明确具体、是否与劳动合同衔接、是否对合同的终止和解除条件做事先约定；订立劳动合同时要注意六方面法律问题，即用人单位拒不签订劳动合同、试用期的确定、违约金和服务期限的约定、合同中包含不平等的格式条款、对用人单位收取抵押金、扣押个人证件的处理、无效劳动合同等。

**【案例分析 2-1】**

案例一：小李是河南某高校毕业生，2008年11月开始找工作。小李一直想在北京当一名公务员，但由于国家公务员的录取要在次年的5月才有结果，而北京公务员的录取一般也要到次年的4~5月份才能有结果。为了"保底"，小李于2008年12月与一家公司签订了三方协议。2009年5月，小李被某国家机关通知录取。于是小李决定与原先签订了三方协议的公司解除协议，该公司要求小李按照双方的约定交纳3000元的违约金，小李找到就业指导办公室的老师咨询自己是不是必须要交纳3000元违约金。

案例二：小军是河南某理工院校公共安全管理专业的毕业生，2008年12月与洛阳一家公司签订了《高校毕业生就业协议》。协议签订以后小军就没有再找其他工作，并开始撰写毕业论文和做一些其他的毕业、就业准备工作。2009年4月，小军得到签约单位的通知，由于该公司经营策略上的变化，原本计划招收的20名应届毕业生现缩减为5名。该公司打算与小军解除就业协议，并提出愿意按照三方协议的约定承担违约责任。小军认为自己因为和该单位签订了三方协议，失去了很多其他的就业机会，现在该公司仅支付一笔违约金就可以和自己解除协议，自己再找工作的时间很仓促。他找到就业指导老师咨询可不可能过诉讼或其他方式强制该单位履行三方协议。

违约责任，也称违反合同的民事责任，是指合同当事人因违反合同义务所承担的责任。违约责任的产生以合同的有效存在为前提。合同一旦生效，将在当事人之间产生法律约束力，当事人应当按照合同的约定全面地、严格地履行合同义务，任何一方当事人因违反有效合同所规定的义务，均应承担违约责任，所以违约责任是违反有效合同所规定的义务的后果。《中华人民共和国合同法》（以下简称《合同法》）第107条规定："当事人一方不履行合同义务或者履行合同义务不符合约定的，应当承担继续履行、采取补救措施或者赔偿损失等违约责任。"因此，上述案例一中的小李应当按照三方协议中的约定承担违约责任，交纳违约金。在教育部《关于〈全国普通高等学校毕业生就业协议书〉管理办法》中也规定：毕业生在协议书上签署个人意见之后，用人单位或学校两方之中只要有一方在协议书上签字，毕业生即不得单方面终止协议的签订工作。毕业生违约时，必须办理完毕与原签约单位的解约手续，然后将原协议书交还就业工作部门，并换取新的协议书。

由于用人单位与毕业生在三方协议中达成的协议是关于毕业生毕业以

后到用人单位工作的内容，关系到双方日后建立具有较强人身属性的劳动合同，不适合采取强制履行的违约责任形式。因此，在案例二中，不能强制该公司履行《就业协议》。但小军有权要求其按照就业协议的约定支付违约金。

【任务布置】

下一讲我们将介绍自我认知的内容，请同学先行思考：自我认知有何意义？从哪些方面进行自我认知？收集自我认知理论。

【思考习题】

1. 通过本章的学习，结合自己本身的优势及专业特点，分析自己是否真正喜欢目前的专业，如喜欢，那么在以后的专业学习及工作上有哪些方面要深入学习？哪些方面要摒弃的？

2. 大学生应该通过哪些途径了解行业和职业？了解行业和职业对于大学生做好职业生涯规划有何意义？

3. 有哪些和大学生有关的政策和法律法规，了解这些对于大学生的职业规划和管理有何意义？

4. 你所期待的职业有哪些素质要求？

# 第三章 如何自我评估

＊请用一句话写下你学习本章的收获或者感悟。

## 第一节 自我认知概述

视频 3.1
自我认知概念

### 一、自我认知的意义

**【案例分析 3-1】**

**优秀的前提就是清楚地知道自己**

谈及自己的工作成就，金某非常诚恳地说："我不优秀，但我知道怎么变得优秀，变得优秀的前提就是要清楚地知道自己是谁"。

东方学院2008届校友金某毕业考上公务员后，因工作中表现突出，短短几年时间，多次获得了全省税务系统的嘉奖，2014年就凭借扎实的基础在干部遴选中被选入省局。

金某是一个目标意识很强的人，最难得的是，他知道自己的兴趣是什么，长处在哪里。因此，他知道自己喜欢做什么，应该做什么。在他的同学正在挣扎着适应工作时，金某已经遥遥走在前面了。

金某是个很谦虚的人，也很有目标，在选专业方面，他当时充分考虑到自己的兴趣，家里人的工作，最后选择了他喜欢的税务专业。同时，他认为税务方面应用广泛，随着生活水平的提高，人们生活越来越离不开关于税收的问题。人也一样，企业也一样。回忆大学生活，金某说："大学生应该找到自己感兴趣的事，然后多学多做，对以后的工作大有好处。"他喜欢自己的专业，于是就认真研究税法知识、专业方面的成功案例；他认为担任班委对他锻炼胆量、组织活动的能力大有帮助，大学四年他就做了四年的班长；他认为人生需要不断地学习，要能在一件事上做到很专业，所以大学四年他考取了多项专业技能证书。

由于金某一直对税务专业保持着浓厚的兴趣，因此，毕业的时候他一心朝着考取税务局公务员的方向努力。他大三、大四花了两年时间去准备，回忆起那段起早贪黑朝着目标去努力的日子，他的脸上露出了淡淡的微笑。"知道自己是谁，自己喜欢什么，真的很重要。所以虽然备考过程很艰辛，但回忆还是很美好的。"那段时间，他对其他事物都无杂念，心中只有自己的这个目标，并且朝着它努力前进。终于通过他的不懈努力，最终成功考入了税务局。他说："兴趣指引思路，思路决定前途，态度决定高度，理念决定了你该如何选择，选择决定了你踏上哪一条路，走上哪一条路决定了你将来的人生进程和结果。"

中国古代贤哲老子有言"知人者智，自知者明"，古希腊哲学家苏格拉底也说"认识你自己"。清楚地认识自己对于我们每一个人来说都非常重要，它犹如黑夜海上的灯塔，让夜晚更加明亮；犹如一面镜子，让人及时看清自己的一切。如果一个人能对自我有一个全面、正确的认识和评价，就能扬长弊端，取长补短，从而根据自己的实际情况，选择相应的目标为之努力奋斗。

职业规划中，自我认知是通过不同的途径和方法，更全面且深刻地认识自己，进而清晰地确定职业发展目标和方向。自我认知对职业规划又有何意义呢？

（一）自我认知是职业规划的前提和基础

美国著名心理学家麦克利兰于1973年提出了一个著名的"冰山模型"，

就是将每个个体素质的不同表现表式划分为表面的"冰山以上部分"和深藏的"冰山以下部分"。"冰山以上部分"包括基本知识、基本技能,是外在表现,是容易了解与测量的部分,相对而言也比较容易通过培训来改变和发展。而"冰山以下部分"包括社会角色、自我形象、特质和动机,也就是个人的兴趣、性格、能力和价值观,这是人内在的、难以测量的部分。它们不太容易通过外界的影响而得到改变,但却对人的行为与表现起着关键性的作用。

自我认知是解决"我是谁?""我喜欢做什么?""我适合做什么?""我能做什么?""我最看重什么?"等一系列问题,是帮助大学生了解自我、发掘自我、把握自我,从而对自己进行职业规划,把握人生前进的方向。若大学生对自我认识不清楚、不准确,就会导致自我误判。因此,自我认知是职业规划的基础,认识自己也是职业规划成功的前提。

【体验互动】

### 驴子爬屋顶的故事告诉我们什么

一头驴子爬到屋顶上跳舞,结果踏碎了瓦。主人因此追上去,立刻把它赶下来,并狠狠地打了它。驴很委屈:"为什么要打我呢?我昨天看见猴子也是这样玩的,你们都很快乐,而且还夸它呢。"

小组讨论后推选代表发言。教师点评。

莱辛曾指出,我们的骄傲多半是基于我们的无知!驴子的故事就是告诉我们,假如一个人不知道自己所处的地位、不了解自己,而盲目跟从是可悲的,最终也是劳无所获,甚至自己的职业生涯也会走弯路。

### (二)自我认知能明确职业定位和方向选择

要明确自己的职业定位,必须首先回答以下问题:自己喜欢做什么?这是对兴趣的认识。自己能做什么?这是对能力的认识。自己适合做什么?这是对性格的认识。自己为什么这么做?这是对价值观的认识。自我认知能让我们清楚地回答这些问题,从而更加明确自己的职业定位。

### (三)自我认知能促进人生的自我实现

按照马斯洛的需求层次理论,自我实现是人的最高层次需求。通过自我认知,了解自己的人生需求到底是什么?什么对自己来说最重要,是挣钱多少，还是从事什么样的职业？自己的成就观是什么？如何才能使自己快乐？大学生要把个人理想、对成功的理解和人生价值的体现同职业目标和方向联系起来，不可因为别的标准或者实惠利益而随便迁就，耽误个人发展，影响自我实现。根据麦可思《2019年中国大学生就业报告》，2018届大学毕业生的就业满意度为67%，对就业现状不满意的主要原因是"收入低"（本科为65%，高职高专为67%）、"发展空间不够"（本科为53%，高职高专为53%）。就业满意度是由就业的毕业生对自己目前的就业现状进行主观判断，可能会受到薪资待遇、行业发展、职业发展空间、工作环境、工作压力等多方面因素影响，也与毕业生自身经历和感受密切相关。

在调查中也发现，提升大学生职业满意程度的主要因素有：有较多的能力锻炼、人际氛围好、有较大的成长空间、个人兴趣、薪资待遇好、领导重视等。众多因素涉及能力、兴趣、爱好、性格、经济报酬和人际关系。从选择结果看，促使职业满意的因素中大部分还是和"自我"相关的因素。

由此可见，进行自我认知能提升职业满意程度，达到职业领域的自我实现。

## 二、自我认知的内容

自我认知包括生理认知、心理认知和社会认知。

### （一）生理自我

生理自我是指一个人对自己的身体机能、外貌、体能等生理特征的认识。生理自我对个人的最大意义在于，个人首先要悦纳并尊重自己的生理特征，进而有意识地开发生理自我，以增强应对多变、竞争日趋激烈的职业环境的能力。

生理自我是人们可以直接观测到的自我因素，有些是身体特质，有些是身体外的特质。身体特质由物理实体构成，反映身体特征的包括性别、身高、体重、外貌、视力等。这些基本可以通过观测或物理测量获知，如用一台秤、一卷皮尺就可以知道确切体重、身高。身体外特质也称为延伸自我，即日常生活中所说的"我的……"如名字、照片、财产、学校、专业等，对此部分"自我"，我们会非常关注，并愿意为获取或提高它而努力。提到延伸自我时，我们往往会产生特定的情绪，例如，在人群中听到自己的名字时，我们会集中思想环顾左右；向别人介绍自己母校时，自豪之感也会溢于言表。

在求职中生理自我属于个人基本信息，特定的岗位对此往往有着具体且明确的要求。如上海某航空公司招录空姐时，对生理自我就有如下要求：

> 身高：1.63~1.72米；年龄：18~25周岁；学历：应往届大专以上毕业生及条件优秀的高中和中专毕业生；身体：体表无明显疤痕，皮肤白皙，双耳对称，双肩平、匀称，牙齿洁白、整齐，五官端正，听力、色觉、味觉正常，无明显内外八字，无精神病史，无肝炎等传染性疾病，无眩晕、鸡胸、驼背，身体匀称协调。

生理自我一般是求职时首先要关注的方面。如从事食品行业工作要求无传染性疾病，从事公务员工作则要求五官端正等，而一些特殊职业对此往往有着更为严格的要求，如军警、航空、航天、海洋、气候、艺术等行业的工作。

### （二）心理自我

心理自我指的是自身的内在因素，是自我中最为内隐的部分，无法直接观测得知，主要是指一个人对自己的兴趣、性格、能力和价值观等特征的认识。心理自我是职业自我的核心内容，也是自我探索的重点内容，它对一个人的职业选择和职业发展都起着至关重要的作用。如果一个人不知道自己想要什么，那么他一生都会活在别人的期望之中；如果一个人所从事的职业与他的兴趣相矛盾，那么他的一生都有可能郁郁寡欢；如果一个人所从事的职业与他的性格相矛盾，那么他的一生都有可能不得志；如果一个人所从事的职业与他的特长相矛盾，那么他的一生都可能碌碌无为。

求职过程中，生理自我只是应聘的第一道门槛，更值得我们重视的应该是心理自我，因为在岗位的招聘标准中，心理自我是相当重要的。不同的岗位对应聘者的心理自我要求也是不一样的，如财务管理要求心思缜密，市场营销要求灵活多变，客户服务要求耐心热情等。

下面是一则南京某大型服装企业对应聘销售人员岗位的要求：

> （1）性格开朗，热情活泼；（2）良好的产品销售能力，良好的产品导购、推介和促销能力；（3）能良好地反馈市场动态和信息；（4）良好的展厅布置和产品陈列出样能力；（5）能严格遵守公司制度，根据公司要求完成工作报表。

阅读这则招聘广告，我们可以发现企业对应聘者心理自我各方面的要求。第（1）点是性格方面的，第（2）~第（5）点是能力方面的。只有当你符合这些要求时应聘才能成功；否则会被拒绝。当然即便满足了上述要求，我们还要思考自己的兴趣等因素。

### （三）社会自我

社会自我是指一个人对自己所处的职业社会环境及与自己职业选择和职业发展有关的社会资源的认识。人是社会性动物，一个人不可能脱离社会而独自活动。同样，一个人的职业选择和职业发展活动也不可能脱离社会而独自进行。如果一个人的职业选择不能适应当时的社会需求，那就会英雄无用武之地；如果一个人的职业选择不能从社会现实出发，那就是同现实较劲，最终也会屡战屡败。个人所拥有的社会资源也是社会自我的一项重要内容，要想取得职业生涯的成功，个人除了要有雄厚的人力资本之外，还需要有丰富的社会资源，以借助他人的力量实现职业生涯发展目标。

团中央学校部和北京大学公共政策研究所曾联合对我国大学生就业状况进行调查，调查结果显示，人际关系网仍然是大学生进入就业市场、寻找就业机会的理想途径。有41.61%（新浪网数据为60.98%）的学生认为，通过家庭和社会关系、托熟人是最有效的求职途径。

解释上述的调查结果并不难，因为单位招聘的途径往往有一定先后顺序。一般而言，首先考虑的是内部人员的整合优化，这是出于"我想雇我见过他工作的人"的考虑；最后才是去人才市场招聘或在报纸和互联网上发布招聘广告。在求职时若能充分挖掘社会自我，可能会得到比一般人更多的机会。因而积极主动发现并开拓社会自我也是自我探索的重要组成部分。

总体而言，职业自我包括了外在自我、心理自我及社会自我（见图3-1-1）。和心理自我相比，外在自我和社会自我较为客观，也相对容易探索明确。所以本书中的自我探索主要是对心理自我的探索，之后的章节重点在介绍心理自我探索的具体内容和方法。

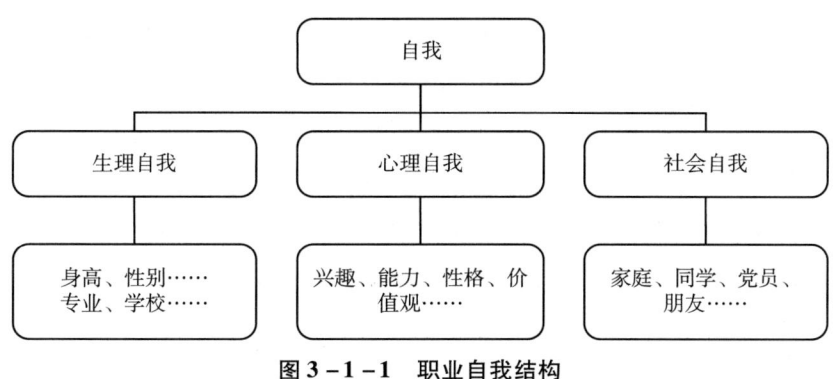

图3-1-1　职业自我结构

## 第二节　兴趣与职业

"我和你没有什么差别。如果你一定要找一个差别，那可能就是我每天有机会做我最爱的工作。如果你要我给你的忠告，这是我能给你的最好忠告了。"

——华伦·巴菲特

【体验互动】

读故事《职业兴趣——快乐工作的源泉》，初步澄清自己的职业兴趣。

一位刚过30岁的医生，写信给一位百岁老人，诉说自己的苦衷。他说自己从小就喜欢写作，可阴差阳错，却当了一名医生。其实他对自己从事的职业一点都不感兴趣，想改行当作家，又担心年纪太大，为时已晚。老人接到信后，立刻给这位医生回了一封信，信中说："做你喜欢做的事，哪怕你现在已经80岁！"

这位医生接到信后，大受鼓舞，弃医从文，后来竟成了大名鼎鼎的作家，他就是日本的渡边淳一。而那位名叫摩西的百岁老人曾是美国弗吉尼亚州一位普通的农妇，76岁时因患关节炎而放弃农活后开始画画，80岁时在纽约举办了个人画展，引起轰动，101岁辞世时留下1600幅作品。

所以我们说"兴趣是迈向成功的发动机"，兴趣对人的发展有一种神奇的推动力量。谁找到了自己最感兴趣的工作，谁就是选择了通向成功的道路。

诺贝尔物理学奖获得者丁肇中说过："兴趣比天才重要。"因为人们对某种职业感兴趣，就会对该种职业表现出肯定的态度，在工作中调动整个心理活动的积极性，开拓进取，努力工作，有助于事业的成功。反之，强迫做自己不愿意做的工作，对精力、才能都是一种浪费。

那么你的兴趣在哪里呢？请小组代表结合上节课任务准备情况，讲述自己的兴趣发展的历程，初步澄清自己的职业兴趣所在，不超过3分钟，教师点评。

## 一、兴趣概述

### （一）兴趣的含义及特点

兴趣是一种心理倾向和非智力因素，是人们力求认识某种事务和从事某项活动的意识倾向。它表现为人们对某件事物、某项活动的选择性态度和积极的情绪反应。兴趣以需要为基础。需要有精神需要和物质需要，兴趣基于精神需要（如科学、文化知识等）。人们若对某件事物或某项活动感到需要，他就会热心于接触、观察这件事物，积极从事这项活动，并注意探索其奥秘。兴趣又与认识和情感相联系，若对某件事物或某项活动没有认识，也就不会对它有情感，因而不会对它有兴趣。反之，认识越深刻，情感越炽烈，兴趣也就会越浓厚。

人的兴趣还具有倾向性、广阔性、持久性、效果性四个特点：

（1）兴趣的倾向性，即对什么产生兴趣。每个人都是不同的，表现出个体差异。凡对有益于人类社会的事物容易引起兴趣，其倾向性就是高尚的；凡对有害于人类社会的事物容易引起兴趣，其倾向性就是低级的。我们应通过教育，培养人们高尚的兴趣倾向。

（2）兴趣的广阔性，即兴趣的范围。有人兴趣广泛，对许多事物兴致勃勃，乐于探求；有人则兴趣单调狭窄。兴趣的广阔程度与知识面的宽窄也有密切的联系，我们应该培养广阔的兴趣，同时又要把广阔的兴趣与中心的兴趣结合起来，做到既博又专。

（3）兴趣的持久性，即兴趣的稳定程度。人们对事物的兴趣，可以经久不变，也可以变化无常。培养持久的兴趣是在工作上取得成就的必要条件。

（4）兴趣的效果性，即兴趣的力量。若兴趣能够成为推动工作和活动的动力，其效果就是积极的；若兴趣仅仅是一种向往，而不能产生实际效果，它就是消极的。

### （二）兴趣的类型

兴趣可以分为物质兴趣、精神兴趣和社会兴趣。物质兴趣与人的需要相关联，表现为对物质的迷恋和追求，例如，收藏的兴趣；精神兴趣主要是指对文化、科学和艺术的迷恋与追求，例如，旅游、写作、绘画、书法、摄影、发明创造等兴趣；社会兴趣主要是指对社会工作等活动的兴趣。

兴趣又可分为直接兴趣和间接兴趣。有人喜欢跳舞、打球，可能是因为这些活动本身对他有吸引力，通过这些活动他会获得愉快和满足，这就是直接兴趣。有人可能感到学外语是一件很枯燥的事情，但仍然坚持学习，这并不是学外语本身会给他带来轻松愉快，而是学外语可以继续攻读学位，可以直接了解国外最新信息，可以找到满意的工作，可以出国学习或交流等，是这些结果在吸引他学习，这就是间接兴趣。直接兴趣和间接兴趣可以互相转化，也可以相互结合，从而更有效地调动人的积极性。

**（三）兴趣的发展阶段**

古人说："知之者不如好之者，好之者不如乐之者。"这里讲的"好"就是爱好，"乐"就是在爱好的基础上乐意去做，二者说的都是兴趣，只是程度不同。

兴趣的发生和发展一般要经历这样一个过程：有趣—乐趣—志趣。有趣是兴趣的低级阶段，常常与一个人对某一事物的新奇感相联系。比如，有人今天想当一名导游，明天又想当服装设计师，后天又对网络管理感兴趣，这种兴趣往往是短暂的，通常是一时心血来潮。乐趣是兴趣的第二个阶段，又称为爱好，它在有趣的基础上定向发展而成，比较稳定、专一和深入。比如，一个人对计算机维修感兴趣，他不但会主动学习这方面的知识，还会寻求一切机会进行装配和修理实践。志趣是兴趣的高级阶段，当人的爱好和社会责任、理想结合起来时，他就会为之而奋斗。

当兴趣的探索对象指向某种职业时，就形成职业兴趣。职业兴趣是指一个人力求认识、接触和掌握某种职业或专业的心理倾向。一个人的职业兴趣在寻求专业或职业的过程中起着至关重要的作用。

首先，职业兴趣是人们职业选择的重要依据；其次，职业兴趣可以使人们更快地熟悉并适应职业环境和职业角色；最后，职业兴趣能发挥个体的主动性和创造性，开发个体的潜能。研究证明：如果你从事自己感兴趣的职业，则能发挥你的全部才能的80%～90%，且长时间保持高效率而不感到疲劳；反之则只能发挥20%～30%。爱迪生是个很好的例子，他几乎每天都在实验室里辛苦工作十几个小时，在那里吃饭睡觉，但丝毫不以为苦，他说："我一生中从未间断过一天工作，我每天其乐无穷。"

**【体验互动】**

思考：你是否处于合适的领域，做着该做的事情？

——为之着迷

——追求卓越

——羡慕杰出

——不断学习

——废寝忘食

——满足自豪

——生活工作，密不可分

——结交同行

——奉献一生，不愿退休

## 二、职业兴趣类型理论

### （一）霍兰德的兴趣类型理论

心理学家霍兰德将人的生涯兴趣分成六种类型，它们分别是：

实际型（又译技能型）：这种类型的人喜欢明确地、有顺序地操作事物，也喜欢做同机械、动植物、工具等打交道的实用性质的工作；较不喜欢理论性的研究工作或社会性质的职业。他们倾向于选择的职业领域有：机械管理方面的职业、生产技术方面的职业、手工艺技能方面的职业、动植物管理方面的职业等。代表人物：爱迪生、鲁班。

研究型（又译调查型）：这种类型的人喜欢有系统地观察自然界与文化界的现象，也喜欢从事思考、分析等具有研究性质的工作；不喜欢重复单调的，或需要企业管理能力的工作环境。他们倾向于选择的职业领域有：分析员、设计师、生物学家、数学家、实验室工作者等。代表人物：达尔文、钱学森。

艺术型：这种类型的人喜欢自由自在、无拘无束、非系统性的活动，或是需要想象力与创造力等富有艺术美感方面的职业；不喜欢文字处理等传统性的工作。他们倾向于选择的职业领域有：各类艺术创作的工作。代表人物：莫扎特。

视频 3.2
职业兴趣探索

社会型（又译社交型）：这种类型的人喜欢与人接触的活动或是能与大众接触的职业，也喜欢从事助人、教学等增加他人幸福感的工作；不喜欢从事实际型的操作工作。他们倾向于选择的职业领域有：学校教育及社会教育方面、社会福利事业、医疗与保健方面、商品营销方面的职业等。代表人物：南丁格尔。

经营型（又译企业型）：这种类型的人喜欢领导、监督、策划，也喜欢受到大家的注意、领导他人、说服别人，从而实现团体的目标或是经济上的成就；不喜欢观察的、有系统的活动或研究性质的职业。他们倾向于选择的职业领域有：推销员、企业经理、政治家、工商与行政管理人员等。代表人物：马云、福特。

常规型（又译事务型、传统型）：这种类型的人喜欢条理明确、有秩序、有系统的文字处理或整理数字资料的工作（如档案管理等）；不太喜欢文艺性的工作。他们倾向于选择的职业领域有：银行职员、图书管理员、会计、出纳、计算机操作人员、办公室职员等。代表人物：洛克菲勒。

## （二）《加拿大职业分类词典》

下面介绍《加拿大职业分类词典》中各种职业兴趣类型的特点和相对应的职业。

喜欢与事物打交道：这类人喜欢与事物打交道（比如，工具、器具或数字），而不喜欢从事与人和动物打交道的职业。相应的职业有：制图员、修理员、裁缝、木匠、建筑工、出纳员、记账员、会计等。

喜欢与人接触：这类人喜欢与他人接触的工作，他们喜欢销售、采访、传递信息一类的活动。相应的职业有：记者、营业员、服务员、推销员等。

喜欢做有规律的工作：这类人喜欢常规的、有规律的活动，有预先安排的条件下做细致工作。相应的职业有：图书馆管理员、办公室职员、档案管理员、打字员、统计员等。

喜欢从事社会福利和助人的工作：这类人乐意帮助别人，试图改善他人的状况，喜欢独自与人接触。相应的职业有：医生、律师、护士、咨询人员等。

喜欢做领导和组织工作：这类人喜欢管理工作，爱好掌管一些事情，他们在企事业单位中起着重要的作用。相应的职业有：辅导员、行政人员、管理人员等。

喜欢研究人的行为：这类人喜欢谈论涉及人的主题，他们爱研究人的行为举止和心理状态。相应的专业有：心理学、政治学、人类学等。

喜欢从事科学技术事业：这类人喜欢分析的、推理的、测试的活动，擅长理论分析，喜欢独立解决问题，也喜欢通过实验获得新发现。相应的专业有：化学、工程学、物理学等。

喜欢从事抽象性和创造性的工作：这类人喜爱有想象力和创造力的工作。相应的职业有：演员、创作人员、设计人员、画家等。

喜欢做操作机器的技术工作：这类人喜欢运用一定的技术，操纵各种机械，制造产品或完成其他任务。相应的职业有：机床工、驾驶员、飞行员等。

喜欢从事具体的工作：这类人喜欢制作看得见、摸得着的产品，希望很快看到自己的劳动成果，他们从完成的产品中获得自我满足。相应的职业有：厨师、园林工、理发师、美容师、室内装饰工、工人等。

### （三）库德职业爱好分类

在职业兴趣方面，比较有名、使用时间较长的是库德职业爱好调查表的分类，它将职业兴趣分为十类：

户外类：大多数时间愿在户外度过，愿与大自然打交道。喜欢从事地理、地质、动物、植物等方面的工作。相应的职业有：地质勘探人员、登山队员、森林管理者、考古人员、农业人员等。

机械类：愿意与工具、机器打交道，而不喜欢从事与人打交道的职业，并希望制作能看得见、摸得着的产品。相应的职业有：机器技师、裁缝、建筑工人、司机等。

计算类：喜欢参加与数字计算和文字符号有关的活动，工作的规律性较强。相应的职业有：会计、银行工作人员、邮件分类员、图书管理员、档案管理员、统计员等。

科研类：喜欢去发现新的现象和解决问题，乐于从事分析推理的工作。相应的职业有：化学家、数学家、生物学家、物理学家等。

说服类：善于与人会面、交谈、协调人际关系、组织管理等，或者擅长推销、宣传的工作。相应的职业有：教师、行政管理人员、记者、作家、店员、演员等。

艺术类：这是一种创造性的工作。喜欢通过新颖的设计、颜色的匹配、材料的布局等引起别人情感上的共鸣。相应的职业有：画家、雕塑家、建筑师、服装设计师、美容师等。

文学类：喜欢阅读和写作，或相关的讲授、编辑工作。相应的职业有：文学家、历史学家、剧本创作人员、新闻记者、编辑等。

音乐类：对音乐作品和从事演奏有特殊爱好。喜欢听音乐会、演奏乐器、歌唱，或者喜欢阅读有关音乐和音乐家、戏剧家的著作。相应的职业有：音乐家、表演艺术工作者、音乐喜剧评论家等。

服务类：乐于从事社会服务工作，主要指社会上一些帮助他人、为他人解除痛苦的职业。相应的职业有：医生、职业指导者、社会福利救济工作者、宾馆服务人员、导游等。

文秘类：喜欢那种需要准确性、灵活性、办公室式的工作。相应的职业有：秘书、统计员、公关人员等。

## 三、兴趣评估

【体验互动】

**案例——我好像没有什么特别的爱好**

江源，就读于某大学的会计学院，听辅导员和学长说大学生职业规划很重要，自己也想做一份职业生涯规划。职业生涯规划从认识自我开始，尤其是认识自己的兴趣开始，可是说到自己的兴趣，江源有点晕乎了，从小到大的毕业生登记表中爱好特长一栏都是胡乱填写的，主要是不想空着，不外乎是什么篮球、排球之类的，对于自己真正的兴趣爱好，自己似乎从来没怎么留意过。

你是否和江源一样，有过类似的困惑，或者希望了解自己的兴趣，但是无从下手？请学生发言，教师点评。

### （一）正式探索方法

量表测量法。目前使用比较广泛的兴趣测验是霍兰德则自我探索量表。本书第一章中附有这一兴趣测验，请在一个安静不受打扰的环境中完成这个测验，每一个题目不宜思考太久，尽量凭第一感觉作出选择。

## （二）非正式探索方法

对兴趣的非正式探索方法比较多，在诸多方法中常用的就是兴趣岛和职业幻想评估方法。

1. 兴趣岛

（1）导入语。晴空万里，你正驾船漂游于大海之中。面前有六个岛屿，你有机会去其中的一个长住。

（2）各个岛屿的具体情形。

第一个是 R 岛。这是个自然原始的岛屿。岛上有热带的原始植物，自然生态保持得很好，也有相当规模的动物园、植物园、水族馆。岛上居民以手工见长，自己种植花果蔬菜、修缮房屋、打造器物、制造器械。

第二个是 I 岛。这是个远离其他岛屿的岛。岛上人迹较少，建筑物多僻处一隅，绿野平畴，适合夜观星相。岛上有多处天文馆、科学博物馆及科学图书馆等。岛上居民喜好思考、追求真知，喜欢和来自各地的哲学家、科学家、心理学家等交换心得。

第三个是 A 岛。这是个美丽浪漫的岛屿。岛上到处都是美术馆、音乐厅，弥漫着浓厚的艺术文化气息。同时，当地的原住民还保留了传统的舞蹈、音乐与绘画，许多文艺界的朋友都喜欢来这里找寻灵感。

第四个是 S 岛。这是个温暖友善的岛屿。岛上居民个性温和、乐于助人，社区自成一个密切互动的服务网络，岛上的教育系统也非常完善。

第五个是 E 岛。这是个经济高度发达的岛屿。岛上的居民热情豪爽，善于企业经营和贸易，处处是高级饭店、俱乐部、高尔夫球场。来往这里的多是企业家、经理人、政治家、律师等。

第六个是 C 岛。岛上建筑十分现代化，具有进步的都市形态，以完善的户政管理、地证管理、金融管理见长。岛民个性冷静保守，处事有条不紊，善于组织规划。

请不要考虑其他因素，仅凭自己的兴趣按一、二、三的顺序挑出你最想前往的三个岛屿。

你选的三个岛屿依次是：_____、_____、_____。

（3）按自己的第一选择分组。选择同一岛屿的人交流一下：自己为什么选择这个岛屿，看看大家有什么共同的兴趣爱好，并归纳关键词。根据大家的交流给自己的小组命名，并选取一个标志物和 LOGO，在大白纸上制作一张本小组的宣传图。每个小组请一位同学用 2 分钟时间展示自己小组的图，并在全班介绍一下自己小组成员共同的特点。

这六个岛屿分别代表着六种职业兴趣类型。选择 R 岛的人是现实型，选择 I 岛的人是研究型，选择 A 岛的人是艺术型，选择 S 岛的人是社会型，选择 E 岛的人是经营型，选择 C 岛的人则为事务型。

大家可以参考霍兰德兴趣类型理论对自己的兴趣进行分析。你的第一选择是你最主要的职业兴趣，次要选择则是辅助性职业兴趣。

2. 职业幻游

职业幻游活动是为了在放松的情境下帮助我们找出尽可能多的职业前景，在这里，你暂时不需要考虑自己是否有能力或是否适合，只需考虑你所喜欢的。

（1）请认真回忆自己从小到大曾经想要做的工作。在下方横线的左边列出这些工作的名称，不管这些工作现在看来是多么不可思议或可笑。

（2）在下方横线的右边列出此时此刻你想要做的工作名称。

_____    _____
_____    _____
_____    _____
_____    _____
_____    _____
_____    _____
_____    _____

（3）上方横线左右两列同时出现的职业可能是我们感兴趣的职业。

（4）如果需要，还可以继续做第一章中所列的霍兰德自我探索量表。可将测验所得结果与活动所得结果互相参照、综合分析。如果测得兴趣类型和理想中的职业类型匹配，那么就可更加努力地实现兴趣，如果不一致则要思考其中的原因。

3. **探索兴趣的其他方法**

（1）白日梦；

（2）爱好总结；

（3）朋友分析；

（4）特点印证；

（5）调查问卷。

**【任务布置】**

**自我兴趣探索**

请同学们课下了解与职业兴趣有关的理论,并结合自己成长过程,讲述自己的兴趣发展历程,初步澄清自己的职业兴趣所在。

## 四、兴趣评估与探索常见疑惑

探索兴趣时我们经常遇到的疑惑有三个:一是测评结果与实际不符;二是感兴趣的工作难以获得;三是所学专业并非兴趣所在。对此我们应当如何应对呢?

### (一)测评结果与实际不符合

**【案例分析3-2】**

学生小赵做完霍兰德心理测评,结果显示自己的主导兴趣是现实型(R),适合挖掘工等,可是小赵回忆说,自己在日常生活中经常参与学生会工作,他始终认为自己应是社会型的。这种情形绝非个案,对于出现自己的测评结果和实际表现大不相符的情况,我们应该如何看待呢?

1. 科学使用兴趣测评

测评结果与实际不符首先要求我们科学地使用兴趣测评。对于不清楚自己兴趣的人而言,霍兰德理论及其测评提供了理解和识别兴趣的一个非常好的视角:让我们不仅能够从自身出发,同时也与环境联系起来考虑自己的职业发展,使我们在进行职业规划时可以从一个更宏观的角度审视自己。

霍兰德测评理论为我们进行职业生涯规划提供了便利,但其远非完美,也存在一些局限性。一方面,任何一个人心理测试都不可能像物理测试一样准确,所以对于测试结果,我们要联系实际反复思考,不可盲信测试;另一方面,现在提供测试的机构非常多,鱼龙混杂在所难免,有效的测试除了需要一个可靠的工具还需要一个专业的测量者,所以对于测试结果,我们一定要请专业人员进行解释以免误解。

因此,在职业生涯规划中,除了霍兰德兴趣测评之外,还要结合其他多种手段进行兴趣评估。

### 2. 正确认识自身兴趣

很少有人的兴趣仅限于某一类型,我们大多是六种类型的综合,测评结果也只是反映了我们的"偏好",说明和某一群体有着相似的兴趣,从事这样的工作会比较顺畅。如现实类型的人并不排斥和他人交往,只是和与他人交往相比更喜欢和机器物件打交道而已。所以即便是主导兴趣类型,也只是职业选择时的一个方向。

另外,我们对从事的活动也要仔细思考。如观察那些篮球爱好者,你也许会发现,他们喜欢篮球的原因可能各不相同。有人是为了锻炼身体,有人是为了赢得比赛,也有人是为了看懂战术安排。再对上述案例稍做观察我们也不难发现,小赵参与的学生会工作,有人热衷策划(偏重艺术型),有人擅长执行(偏重事务型),也有人强在人际交往(偏重社会型),即使都在学生会,所做的事情可能也是大不一样的,和他人一起工作未必就一定是社会型。所以小赵同学要仔细想想自己在学生会究竟做些什么工作,这样才能确定自己的兴趣类型。

### 3. 辩证看待"矛盾"兴趣

导致测评结果和实际不符的原因还有可能是由于兴趣类型处于六边形中的相对位置造成的。这种现象的出现有两种可能性:一是兴趣范围比较广,在日常生活中喜欢两种相对类型的事物;二是兴趣类型有一定的混淆,这些个体相对于内部一致的人而言,在择业及职业适应时,内心可能会有更多的冲突,需要做出较多的调适。例如,某个人最高分的两个类型是事务型与艺术型,他有可能既喜欢按部就班的文员工作,又很向往画家的表现力与热情,这种情况的出现,可能是因为个体对这两种类型的事情都感兴趣,也有可能是其"先天"的兴趣与"后天"的适应所造成的兴趣混淆。这个人也许原本的兴趣类型是艺术型,只是过去的经验中事务型的工作做得比较多,也比较擅长,久而久之,也对其有了"兴趣"。只不过,这种兴趣更有可能是一种"适应"的"面具",并且已经牢牢地长在了自己的脸上,连自己也无法分辨出什么是能够让自我从心底感到愉快的兴趣。因此,有可能在测试中会得出两种相对类型的结果。当然,这也只是一种可能性而已。如果现在的你,正处于相对的兴趣类型中,那就要去探求一下原因,如果你觉得即便处于相对的类型,心中也并无矛盾,那表明你的兴趣范围较广,也无不可;如果你觉得还是有些矛盾,那么可能就需要探寻一下你的兴趣类型到底是什么。

## （二）感兴趣的工作难以获取

【体验互动】

学生小王是一个事务型的人，不擅长人际交往，一直希望进入国企做一名人力资源管理者。可是临近毕业才发现屡次面试不是被拒就是杳无音讯。职业生涯规划中，我们会因测试结果和现实情况不符而不知所措，更加令人头疼的是清楚了自己的兴趣却一时难以实现。小王应该如何应对呢？

小组讨论，代表作1分钟发言。教师点评。

1. 全面识别职业类型

和人的兴趣类型一样，也很少有职业属于单一类型，如社会型的职业也只是工作中更需要和人处理各种关系的部分。认真思考职业类型后可能会发现我们之前没有想到的领域，比如大学教师所涉及的工作内容也可能会因人而异，有人偏向学术研究（研究型），有人注重教学（社会型）。

小王所选择的人力资源管理岗位可以是考验识人用人的艺术和眼力，也可以是工资发放的烦琐与单调。所以即便是选择人力资源管理，我们也要搞清职业可能涉及的内容，如果让社会型的人做工资发放的事情可能也会不适合。我们建议小王可以注意同一职业涵盖的不同工作方向，以及同一个方向存在的不同职业。所以，当我们在选定领域不能满足自己的兴趣时，可以看看其他领域是否也有适合自己的职业类型的工作。

2. 着力培养其他兴趣

如果自己的兴趣实在难以满足的话，那么及时找到另一个自己感兴趣的领域也是很必要的。事务型的小王如果找不到人力资源的工作，那么可能就要培养一下其他职业兴趣，如学着和他人交流，试着在教育、营销、培训等领域找到自己的工作。转变兴趣未必就是坏事，所谓塞翁失马，焉知非福，职业发展中经常会有偶然事件，这些事件所带来的转变可能也是有利的。

如果真的从事自己不喜欢的职业，也不必太气馁，因为我们可以在工作之余通过学习、兼职等方式发展非职业兴趣。如有人喜欢艺术，但是难以从事这项工作，则可以在日常生活中参加学习班，如插花班、舞蹈班等，提升自己。其实很多成功人士都有着非常丰富的业余兴趣爱好，现实生活中我们发现职业兴趣和非职业兴趣二者并行不悖，相得益彰，而且很多人的业余兴趣的造诣甚至超过职业兴趣。

3. 注重兴趣长期发展

2021 年，900 万大学毕业生面临就业，同比增加 35 万人。就业难，难就业，已是常态。"先就业后择业""先生存后发展"，或许是不得已的选择。放弃自己喜欢的固然很残酷，但多层次的需要很难同时满足，人职匹配也不是一蹴而就的。一个可行的做法就是：人职匹配分步骤实施。先入职，然后在工作中逐渐积累，时机成熟时再进行调整，最终把职业与兴趣统一起来。

在职业发展中，正如霍兰德所说："职业可以改变人，人也可以改变职业，职业和人是有互动的。"的确，有不少人不喜欢自己的第一份工作，但不停地适应和学习，竟也慢慢地喜欢上自己的工作，也体会到投资大师巴菲特（Warren Buffett）的名言："能干你喜欢的工作是你的幸运；能喜欢你干的工作是你的幸福"的道理。

### （三）所学专业非兴趣所在

竞争的激烈和志愿填报的失误导致我们不少人所学专业偏离了自己的兴趣。有人勉强地学习着，有人整日沉迷游戏，也有人成天无所事事……面对这样的问题我们应该如何应对呢？

首先，我们要明白，尽管现在专业越分越细，但是很难给哪个专业划出一个具体范围，尤其在人文学科中，专业之间早已相互渗透，专家学者的研究也涉及多个领域。所以在求职中，我们以心理学专业为例，就业统计显示：有在公司从事人力资源管理或担任培训讲师的，有在企业负责销售或市场策划的，有在学校做心理咨询或教学研究的，也有在政府职能部门工作的……

其次，用人单位看重的是整体素质，而不是单一的专业知识。实际工作中除了需要专业知识外，还需要责任心、进取心、诚实可信等人格品质，这些是专业学习难以获得的。专业只是一个平台，我们可以通过各种渠道学习自己喜欢的知识，在学习的过程中不断提高个人修养，这样就能拓宽求职之路。

总之，兴趣测评结果只是给我们的一个参考，而不是一个标签或定论限制自己。兴趣评估的焦点是以"人"为中心，让我们关注自己喜欢什么，并在此基础上拓展自己。

【小贴士】

1. 我们的满足感、幸福感往往来自从事某种活动，而不是无所事事或单纯的享乐游玩，这也正是工作原本的意义所在。因此，兴趣与工作满意度、职业稳定性和职业成就感之间都存在着明显的关联。

2. 并不是所有的兴趣都应该在自己的职业中体现。关键在于在工作和生活之间协调与平衡，以及在工作与个人爱好之间适度统一。也就是我们常常需要思考"我为自己的兴趣做什么了？"

## 第三节　性格与职业

每个人都有他隐藏的精华，和任何别人的精华不同，它使人具有自己的气味。

——罗曼·罗兰

【体验互动】

《三国演义》中有一个三顾茅庐的故事。当时曹操称霸天下，刘备兵弱，欲请诸葛亮出山，但两次碰壁，张飞窝火，牢骚满腹。第三次再赴隆中请诸葛亮。却见其正在草堂午睡，刘备便耐心在一旁等待。张飞急得火冒三丈，想到屋后放火烧醒诸葛亮，幸好被关羽拉住，才没坏了刘备的大事。可见，张飞虽然性格十分暴躁，但他在打仗时冲锋陷阵，不畏生死。他为蜀国立下了汗马功劳，堪称猛将。

我国的湘绣举世闻名，堪称世界一绝。那些精美的刺绣工艺品都出自心灵手巧的绣花女之手，是她们一针一线悉心完成的。如果我们将张飞和绣花女调换一下，让张飞去捏绣花针，让绣花女去持矛打仗，那么，张飞定会气炸肺，捻碎手中针；而绣花女也无法冲锋陷阵。

这个故事告诉我们：人的职业选择和性格是有联系的。请谈谈你的认识？请小组代表作2分钟发言，教师点评。

## 一、性格概述

### (一) 性格的含义及形成

性格是个人对现实较为稳定的态度和习惯化的行为模式。性格一旦形成就具有一定的恒常性与稳定性。

性格是遗传和环境因素相互作用的结果,遗传是性格的自然前提,环境因素对性格的形成和发展起决定性作用。任何环境不能直接决定人的性格,它们必须通过人已有的心理发展水平和心理活动才能发生作用。社会的各种影响因素只有被个人理解和接手后,方可转化为个体的需求和动机,才能推动他去行动。

总之,性格是人在实践活动中,在人和环境相互作用的过程中形成和发展起来的,是各种因素相互作用的产物(见图3-3-1)。

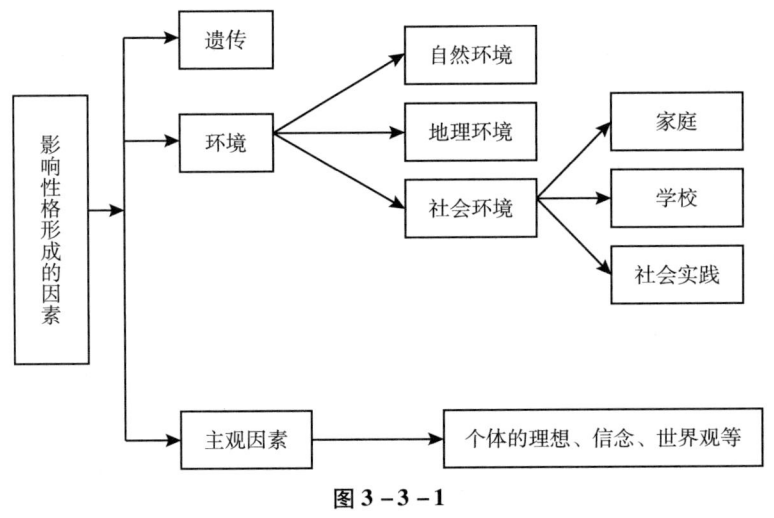

图 3-3-1

### (二) 性格的特征

如马克思所指出的:"人创造环境,同样环境也创造了人。"虽然性格是一个复杂的心理现象,但是我们可以从性格的内外向、焦虑程度、意志坚强程度、独立性、控制力等几个角度来认识它,它的特征如表3-3-1所示。

表 3-3-1　　　　　　　　　性格的特征

| 特征 | 内涵 | 表现 | |
|---|---|---|---|
| 态度 | 对社会、集体、他人、劳动，以及自己的态度 | 优良 | 爱集体、富有同情心、善交际、直率、温文尔雅、公正、诚实 |
| | | 不良 | 孤僻、粗枝大叶、墨守成规、浮躁 |
| | | 对自己 | 谦逊或自负、自豪或自卑、大方或羞怯 |
| 情绪 | 情绪影响人的活动或受人控制时经常表现出来的稳定特点 | 暴躁与温和、乐观与悲观、热情与冷淡等 | |
| 认知 | 认知的态度和活动方式上的差异 | 主动观察型与被感知型、详细分析型与概括型、快速型与精确型的差别等 | |
| 意志 | 通过行为方式反映 | 直觉性、自制性、坚定性、严谨、勇敢等；相反地，如盲目性、依赖性、脆弱性、优柔寡断、冲动、草率等 | |

1. 性格的态度特征

性格的态度特征指的是个体处理社会各方面关系的特征，它决定了一个人对人生选择方式。包括：（1）对社会、集体、他人的态度特征，如忠于祖国、大公无私、漠不关心等；（2）对工作、劳动、学习的态度特征，如兢兢业业、刻苦勤奋、敷衍了事等；（3）对待自己的态度特征，如谦虚谨慎、狂妄自大等。

性格的态度特征往往会影响到职业的选择和成就。自私、对公益事业漠不关心、轻视社会行为规范的人，可能就不太适合从事与人打交道的职业，如教师、服务员、公关人员、外交人员等。

2. 性格的情绪特征

性格的情绪特征是指人在情绪活动时所表现出来的性格特征，主要反映在情绪活动的强度、稳定性、持续性，以及主导心境等方面的个别差异。

（1）情绪活动的强度。指情绪对人的行为的感染程度、支配程度，以及情绪受意志控制的程度。如有的人情绪强度难以控制，情绪一经引起就比较强烈；有的人冷静处事，情绪不易受感染。

（2）情绪活动的稳定性。指情绪的起伏和波动程度。如有的人情绪易波动，为一件小事就可能大发雷霆；有的人情绪稳定、持久，荣辱不动声色。

（3）情绪的持续性。指情绪发生后产生作用时间的长短。如有的人情绪活动一旦发生，持续时间很长，对人的各方面影响较大；有的人情绪活动持续时间短暂，一经发泄，就烟消云散。

（4）主导心境。指人的经常性的情绪体验。如有的人总是愉快乐观；有的人总是多愁善感。

性格的情绪特征影响着人们的职业选择。情绪稳定而持久的人适合于精密细致的工作，比如医生、会计等，而情绪易冲动的人就不太适合了。

3. 性格的认知特征

性格的认知特征是指人们在感知（感觉、知觉）、记忆、想象和思维等认识过程中所表现出来的个体差异。主要表现在四个方面：（1）感知方面，如主动感知型和被动感知型；（2）记忆方面，如直观形象记忆型和逻辑思维记忆型；（3）想象方面，如幻想型和现实型；（4）思维方面，如独立型和依赖型等。

偏好独立思考，有着丰富想象力与创造性的人更适合开放的工作环境，不受约束地工作，比如，设计师，各类艺术创作的职业；而倾向于被动感知，喜欢接受任务的人更适合按部就班地工作，比如文员、会计、档案管理员等。

4. 性格的意志特征

性格的意志特征指的是个体对自我行为的自觉调节方式及水平方面的性格特征。具体表现在四个方面：（1）行为目的方面的意志特征，如目的明确或盲目，独立或易受暗示等；（2）行为的自觉控制水平方面的意志特征，如主动性、自制性等；（3）在长期或经常性的行为中所表现的意志特征，如持之以恒、虎头蛇尾等；（4）在紧急情况或者困难状态下表现出来的意志特征，如勇敢或怯懦等。

性格的意志特征同职业的选择与成就也有着密切的关系。坚韧的人适宜从事要求耐力很强的工作，比如，外科医生、科学研究员、运动员等。

性格特征的几个方面彼此关联、相互制约，有机组成一个整体。一般来说，性格的态度特征是性格的核心，直接表现出了一个人对事物所持有的、比较恒常的倾向，也决定了性格的其他特征。

### （三）性格的类型

关于性格的类型或分类，目前国内外争论较多，不同的学者有不同的见解。在这里，我们主要介绍国外几位著名学者的研究成果。

1. 荣格的心理类型理论

瑞士精神分析学家荣格将人的性格分为内倾型、外倾型，这是目前比较流行的性格分类方法。一般来讲，外倾型的人由于对外界事物比较关心，善于表达自己的感情，喜欢与人交往，这种类型的人比较适合从事能充分发挥自己行动能力积极性、与外界有着广泛接触的职业；内倾型的人则比较适合从事计划性强、条理清楚、稳定的、不需与外人过多交往的职业。

2. 迈尔斯—布里格斯指标

20世纪40年代，美国的伊莎贝尔·迈尔斯（Isabel Myers）和她的母亲凯瑟琳·布里格斯（Katharine Briggs）在荣格的心理学类型理论的基础上，提出了一套个性测验模型，从纷繁复杂的个性特征中，归纳提炼出4个关键要素，即动力、信息收集、决策方式、生活方式，并进行分析判断，从而把不同个性的人区别开来。这套理论模型以她们的名字命名，称为 Myers – Briggs 类型指标（MBTI）。MBTI人格分类模型和理论的意义在于"解释人与人之间的差异现象"，即以及优化决策，对决策流程"进行理性的干预"。MBTI人格共有四个维度，每个维度有两个方向，共计八个方面。分别是：外向（E）和内向（I）、感觉（S）和直觉（N）、思考（T）和情感（F）、判断（J）和知觉（P）。如我们与世界的相互作用是怎样的？外向（E）和内向（I）。我们自然留意的信息类型是什么？感觉（S）和直觉（N）。如何做决定？思考（T）和情感（F）。做事方式是什么？判断（J）和知觉（P）。每个人的性格都落足于四种维度每一种中点的这一边或那一边，我们把每种维度的两端称作"偏好"。例如，如果你落在外向的那一边，那么就可以说你具有外向的偏好；如果你落在内向的那一边，那么就可以说你具有内向的偏好。四个维度在每个人身上会有不同的比重，不同的比重会导致不同的表现。

3. 培因和立波特的性格分类理论

英国的培因和法国的立波特将人的性格分为理智型、情绪型、意志型三种（见表3-3-2）。

表3-3-2　　　　　　　　　职业性格类型

| 性格类型 | 特征 | 相应职业 |
| --- | --- | --- |
| 理智型 | 言行理智，处事冷静，解决问题深思熟虑 | 适合管理性、研究性和教育性的职业，如医生、教师等 |
| 情绪型 | 言谈举止受情绪支配，处理问题缺乏冷静，但情绪体验深刻 | 适合艺术性、服务性的职业，如演员、设计师等 |
| 意志型 | 目标明确，积极主动，处事果断，不畏困难，自制力强，善于控制自己的言行和情绪 | 适合经营性或决策性的职业，如管理者、公关人员、营销人员等 |

## 二、性格的探索

### （一）正式探索方法

心理测试作为正式探索方法，在性格测试中发挥着重要的作用。常用的性格测评工具有：

1. 卡特尔16种人格因素测验（16PF）

16PF是由美国伊利诺伊州立大学个性和能力研究所的卡特尔教授编制，目的是确定和测量人格基本的根源要素。根据人格特质说观点，采用因素分析方法进行编制。卡特尔及其同事从搜集字典上或精神病、心理学文献中出现的描述人格特质的词汇开始。奥尔波特（Allport）等曾从字典中收集了4504个描述人格基本特点的词汇，卡特尔从中选出了171个。先由大学生来评价他们的相识者，将结果进行分析，得出36簇外观特质。卡特尔又编成两极性量表，再用于大学生、军队和临床。经过因素分析，得出15个因素，加上智力，成为16项人格因素。测验由187道测验题组成，通过对测验结果的统计处理，最后可得出个人的16种人格特征剖面图，可进一步分析个人的心理健康、创造力、成长能力等状况。它为个性的鉴别、心理咨询、就业指导和人才选拔提供了重要的心理科学依据，对于实际工作者具有重要的参考价值。

2. MBTI人格问卷

MBTI源自荣格的心理类型模型，心理类型模型是由荣格在临床经验上发展创立起来的，并在他的临床实践中发展的。凯瑟琳·布里格斯和她的女儿伊莎贝尔·迈尔斯在荣格的理论基础上发展成类型指标，并经Myers家族半世纪的精研改良，使其真正能用于非临床人群。全球每年约有250万人使用这套测验，其中，超过80万人为管理阶层，已经成为心理辅导界及商界最广泛使用的测评个性差异的工具之一。它被广泛应用于暴扣冲突管理训练、人员选拔、员工发展和授权、人际沟通训练、职业选择、职业生涯发展、管理拓展和组织发展，尤其是作为团队建设的干预。

需要注意的是，性格测评所得结果只是一个参考，不能将之绝对化。

### （二）非正式探索方法

由于性格具有复杂性，测量性格时需要把多种方法结合起来，交叉应用，相互补充方可较为准确地判断一个人的性格。下面简单介绍四种测量性格的方法。

1. 自然实验法

用一些实验性的作业测试被试者，进而来分析研究他们的责任性、自制力、果断等性格特征。

2. 投射测验

主试者向被试者提供模棱两可的刺激材料，让被试者解释其知觉，让他在不知不觉中将其感情、态度、愿望、思想投射出来，进而确定他的性格。

3. 自然观察法

在自然条件下，不对观者对象施加任何干预和影响而观察记录其行为资料的一种方法。

4. 晤谈法

评定者通过同被试者面对面地沟通交流来了解其性格的一种方法。

【体验互动】

自我探索小练习

通过生活中的行为方式和过往经验，我们能更多地了解自己的性格，这可以通过"我是谁""自画像"等活动来完成。

每人写"我是一个_____的人"（从性格方面描述自己的特点，尽量多写一些）

我是一个_____的人　　我是一个_____的人
我是一个_____的人　　我是一个_____的人
我是一个_____的人　　我是一个_____的人
我是一个_____的人　　我是一个_____的人
我是一个_____的人　　我是一个_____的人
我是一个_____的人　　我是一个_____的人
我是一个_____的人　　我是一个_____的人
我是一个_____的人　　我是一个_____的人
我是一个_____的人　　我是一个_____的人
我是一个_____的人　　我是一个_____的人

结合小练习和活动，我们可能会发现自己原来是如此"多样"。这其中有正确的，也有错误的，此时，我们可以对照正式测评结果，它们当中一致的部分可能就是自己真正的性格特点。

## 三、性格的完善

谚语云:"播种性格,收获命运"。这句谚语至少包含两层含义:一是性格是可以塑造的;二是性格与个人的前途、命运有着密切关系。我们在职业生涯规划过程中,要充分了解自身的性格特点,并在选择职业时尽量做到职业与性格相匹配,同时有意识地培养和塑造自身的性格,扬长避短,以便在社会中找到自己的最佳位置,实现自己的人生价值。一个人如何在激烈的竞争中生存立足,并求得最佳发展,性格的修缮至关重要,为此我们可以从以下四个方面努力。

### (一) 正确对待性格优劣

要善于正确地自我评估,辩证地对待自己的优缺点,使优势进一步巩固,不足的地方努力改善。"金无足赤,人无完人"。刚直坚韧的性格,坦诚不阿,但易使之偏激;温顺善良的性格,优点在于宽容待人,但可能不果断;好动开朗的性格,可取之处在于能不断进取,不足之处可能是轻率鲁莽;沉稳恬静的性格,优点是遇事深思熟虑,但往往失于迟缓。

俗话说:"江山易改,本性难移",要彻底改变我们的性格,确实不易,但"难移"不等于"不能移"。外倾的人在表现自我的同时,也要适当地对自己的内心世界进行反省,因为只有擅长内省的人才会不断地超越自我;内倾的人则在善于深度思考的同时,表达出自己的意见,经常与他人进行沟通会使自己的知识面更广,也会带来一些意想不到的机遇。

### (二) 选择合适的榜样学习

榜样是一面镜子,能照出自己与他们的差距,同时,也成为完善自身性格的无形力量。了解自己性格中缺少的从事某种职业应具备的特征,努力去弥补。暴躁易冲动的人,如果想要从事教师的职业,就需要努力培养自己的"忍"和"耐心",以榜样为鉴,取人长,补己短。

**【体验互动】**

他人眼中的我

活动:

(1) 班级中每10人一组,最好相互之间比较熟悉,当然如果时间允许的话,可以增加人数,毕竟人越多,你了解自己的机会就越多。

(2) 每个人拿一张 A4 大小的纸。先在纸的正面写下自己的名字。接着把这张纸轮流传给其他人,要求其他人在纸上写下自己所了解的这个人的性格特征。

课后,还可以寻找更多的人,了解他们对自己的性格评价,如:

老师的评价:＿＿＿＿＿＿、＿＿＿＿＿＿、＿＿＿＿＿＿

父母的评价:＿＿＿＿＿＿、＿＿＿＿＿＿、＿＿＿＿＿＿

朋友的评价:＿＿＿＿＿＿、＿＿＿＿＿＿、＿＿＿＿＿＿

### (三) 积极参与社会实践

社会是一个大熔炉,在与人交往中,我们可以发现自身性格的不足与缺陷,通过实践让自己长期养成一种自觉行动,并形成习惯,从而磨砺和完善自己的性格。微软公司作为全球知名企业,是许多人梦寐以求想加入的公司,而进入微软技术支持中心的第一步,便是接受为期一个月的封闭式培训,关于如何接电话,微软就有一套手册。微软公司培训的目的就是要把头角峥嵘的学子们转化为真正的职业人。

### (四) 自我要求严格执行

为了使性格更符合所从事的职业,我们需要通过自我分析、自我约束等方式来自我要求并积极执行。美国科学家富兰克林在年轻时就下决心"克服一切坏的自然倾向、习惯或伙伴的吸引"。为此他给自己制订了一项包括13个项目的性格修养计划:节制、静默、守纪律、果断、简约、真诚、公平、稳健、整洁、宁静、坚贞和谦逊。为了监督自己是否逐条执行,他将这些内容记录在小本子上,画出七行空格,每晚自我反省一番。如果白天犯了某一种过失,就在相应的空格上记下一个黑点。他希望通过长年累月的自我反省和自我要求,能够完全消灭那些黑点。后来,他也确实实现了自己的目标。

【小贴士】

1. 每种性格类型本身没有优劣之分,了解自己的性格类型,让我们能够更好地扬长避短,了解他人的性格类型,能促进我们更好地达成一致。重要的在于理解和完善,而非改变和对抗。

2. 对你性格类型的最终判定者，就是你自己，你可以通过性格类型来理解和原谅自己，但是不能以此作为逃避现实的借口。

3. 性格决定了你与其他人沟通的方式、讲话的方法、工作的风格。性格类型与工作要求的最佳匹配，使我们成为更有效的工作者。

## 第四节　能力与职业

尽管我们常常谴责人类不了解自己的缺点，但恐怕也很少有人了解自己的长处，就像在泥土埋藏着一罐金子，土地的主人却不知道一样。

——约拿珊·斯威夫特

【体验互动】

### 如此评奖

为了应对日益变化的世界，动物们决定创办一所学校，传授由跑、跳、爬、游泳、飞行等科目组成的活动课程。

鸭子在游泳课上表现相当突出，飞行课只勉强及格，而对跑这门功课则感到吃力。它不得不放弃心爱的游泳课以腾出时间练习跑步，脚掌都磨破了，终于勉强及格。而他的游泳科目由于长期得不到练习，期末只得了个"中"。兔子虽然跑得很快，但一上游泳课就痛苦万分。老师说："这个问题好解决，你跑步是强项，游泳是弱项，以后就不用上跑步课了，可以专心练习游泳。"

学期结束公布成绩，结果让人大跌眼镜，普普通通的泥鳅同学虽然跑、跳、爬、游泳等都成绩平平，总成绩却超过了鸭子、兔子，并幸福地登上了优秀学生的领奖台，而鸭子、兔子只能在台下羞愧地低着头，痛苦地体验着失败者的无奈。

请谈谈这个故事给我们以怎样的警示。学生代表发言，教师点评。

一把尺子评价学生，只能评出少数优秀生；如果能够多几把尺子衡量，就会发现每个人身上都有"闪光点"，人人都是优秀生。

不同的职业对人的能力有不同的要求，如服务员、机械操作员等工种需要有较强的动手操作能力；解说员、导游员、营销人员等需要有较强的语言表达能力。演员则既要有较强的语言、表演、模仿能力,也要有较强的应变能力和形体动作协调能力。对个人而言,无论从事什么职业总要有一定的能力做保证,没有任何能力,根本谈不上寻找职业工作,也就无职业生涯可言。

## 一、能力概述

### (一) 能力的含义和分类

能力是指那些直接影响活动效率,使活动得以顺利完成的心理特征的总和。

一种分类是将人的能力分为一般能力和特殊能力两大类,一般能力是指观察力、注意力、思考力、想象力等,即人们通常所说的智力;专业能力是指,在特殊专业活动中表现出来的能力,如计算机程序设计、音乐、绘画、机械、数学等创造性的工作。

另一种分类是将能力分为实际能力和潜能。实际能力即是指个人在行为上已经表现出来的成就。潜能是指个人假如有机会学习,可在行为上表现出来的成就。

还有一种分类就是将能力分为内容性能力(或称专业知识能力)、功能性能力(或称可迁移能力)和适应性能力(或称自我管理能力)。

【体验互动】

1. 专业知识能力的发现

你大学学习的是什么专业?

你的专业课有哪些?

除了专业课之外,你还选修了哪些课程?

你参加过哪些相关培训?

你最近在看什么书?

篮球的游戏规则是什么?

……

2. 可迁移能力的发现

你参加过哪些社会实践？

请用5~10个动词来概述你的工作能力。

你觉得自己最突出的工作能力有哪些？

哪些能力使你能够胜任这项工作？

……

3. 自我管理能力的发现

请用5个形容词来描述你的优点。

在老师眼里，你是一个什么样的学生？

你的同学通常怎么评价你？

通常，你给人留下最深刻的印象会是什么？

你觉得自己身上最明显的特点是什么？

……

### （二）职业能力

职业能力是在职业活动中发展起来的，直接影响专业活动的效率，以使职业活动得以顺利完成的心理特征，是人们从事某种职业必须具备的并在该职业活动中表现出来的多种能力的综合。

人的职业能力是多种能力叠加和复合而成的，职业能力可以分为一般职业能力和专业能力。一般职业能力主要是指一般的语言能力、数理能力、空间判断能力、察觉细节能力、书写能力、运动协调、动手能力、社会交往能力、组织管理能力等。此外，任何职业岗位的工作都需要与人打交道，因此人际交往能力、与他人良好协作的团队协作能力、生活与工作环境的适应能力，以及面对失败和挫折的心理承受能力也是与职业能力相关的、不可缺少的能力。专业能力主要是指从事某一职业的专门能力。在求职中，招聘和录用单位最重视的是求职者是否具备胜任岗位工作的专门能力。从事某一职业领域工作的专业知识与技能要通过专门教育和培训来获得，如在各类职业学校、高等院校接受专门教育或参加专门的职业培训。

一定的职业能力是胜任职业岗位职责的必要条件。任何一个职业岗位都有相应的岗位职责要求，职业能力则是胜任职业岗位工作的必要条件。求职者在寻求职业时，首先自己要明确自己的特长、职业能力和胜任某种职业的可能性。必要时可以通过心理测试作为参考。在基本清楚自己的职业能力和胜任某种职业的可能性时，再选择职业和确定就业途径。

## 二、能力的探索

**【体验互动】**

**夸夸我自己**

请大家 3 分钟内在纸上尽可能多地写下自己所拥有的能力。

视频 3.3
木桶理论与能力

### （一）正式探索方法

正式探索方法主要是使用一些标准化的测评问卷与技术，这类探索方法是基于统计技术，并对大量人群施测后建立起来的。一般而言，只有专业测评人员才有资格使用这类探索方法。探索形式通常包括纸笔答卷和计算机测评。计算机测评大都通过电脑系统来完成，我们只需要按照电脑的要求去完成题目。例如，北森开发的职业规划测试系统中就包括相应的能力测评，如言语理解、数理关系、逻辑推理和资料分析等。目前，比较流行的测验基本上是依据传统意义上的智能理论编制而成的，侧重对认知能力的测评，如一般能力倾向成套测验（GATB）、瑞文标准推理测验（SPM）、韦克斯勒成人智力量表（WAIS）。

### （二）非正式探索方法

非正式探索方法是以非结构化的和非系统化的方式来收集有关个体的信息。非正式探索方法大多采用行为分析技术（观察）和自我陈述分析技术（感觉、态度、兴趣、经历等）。在运用非正式探索方法时，专业测评人员可以根据个人的经验和技能对评价结果进行分析和解释。下面介绍三种非正式测评方法。

1. 自陈式测试

（1）可衡量的业绩（定量）。回顾过往的历史中，有哪些业绩是可以量化的？除了一些常见的如"获得一等奖学金"或"期末考试总评第一名"以外，还有没有一些其他的事情是可以用数字来说明你的成果的？如"作为学校学生会学习部长，成功组织了几次学习讲座与交流活动"或"在某企业兼职时，使企业的利润提高了5%"等。这样的一些数据可以非常翔实地说明你取得的成绩，能给人以深刻的印象。

（2）撰写成就故事（定性）。成就故事的撰写，是通过写下在你生命不同阶段中发生的令你有成就感的具体事件，然后你和同学们一起对其进行分析，看看其中使用了哪些技能？有没有重复出现的技能？如果有，它们就是你擅长的技能。

【体验互动】

## 用 STAR 法来编写成就故事

写一个你的成就故事，包括：

当时的形势（Situation）；

面临的任务/目标（Task/Target）；

采取的行动/态度（Action/Attitude）；

取得的结果（Results）；

试分析其中所反映的个人技能。

2. 来自他人的认可

这种认可可能以你所得到的奖励（如优秀大学生）和升职（如被选为班干部）的形式体现，也可能以他人对你直接的书面或口头表扬的形式出现。不过更多的时候，它也许只是一种微妙的认可，需要细心思考和回顾。

【体验互动】

## 发现优势能力

（1）自由成组。全班分成若干个组，每组 8~10 人。

（2）组内交流。小组成员轮流指出他人优点，每个人只对被谈论者指出一个确实存在的优点，被谈论者只许静听，不必做任何表示。注意体会被大家指出优点时的感受。

（3）组内讨论。可以讨论的问题有：当被大家指出优点时有何感受？是否有一些优点是自己以前没有意识到的？是否加强了对自身优点、长处的认识？在指出别人的优点时，你有何感受？

（4）班级讨论。每组出一名代表，与全班分享自己的感受。

3. 职业能力词汇表

编写自我管理词汇表，从自我管理技能词汇表中挑选出你认为符合自己情况的词，然后思考：为什么会这样描述自己，有哪些实际生活和工作的例子可以用来证明你的结论。

【小贴士】

自我管理的技能主要是指一些个人特质，经常用形容词来体现。这些技能在个人的职业发展中起着非常重要的影响。职业成功的五大基本要素包括：

（1）品德：个人的品质，包括体贴、尊重、容忍、诚实、负责、平和、忠心、礼貌、幽默等。

（2）智能：一个人智力的高低或者处理问题的能力，如观察力、记忆力、思维力、想象力、创造力，以及分析问题和解决问题的能力。

（3）情绪能力：有效地处理和管理自己情绪的能力，良好的处理人际关系的能力。

（4）逆境承受能力：失败或逆境中的承受能力，能不能承受失败，能不能顶住压力继续前进。如持之以恒、坚毅。

（5）胆识：是否具有冒险精神，是否具有勇气。有勇气的人能够把握机会。

这些因素大多是一些自我管理技能。这些技能是成功所必需的品质，这些能力将有助于你推销自己和你的才能，将你与其他人区分开来。

## 三、能力的提升

天生我才必有用。能力探索是为了清楚自己的才，但是职业世界中对能力的要求是复杂的。成才的关键还是要以发展的眼光看待并提升自己的能力。

### （一）能力发展需要整合

【体验互动】

一位企业老总给大学生演讲时说："不要告诉我你学了什么，请告诉我你会什么。"之后还举了自己公司用人的一个实例。中文系毕业生小张和小王同时应聘办公室文员，他最后选择的是小张，因为他比对手小王多了些"雕虫小技"，即除了文字处理之外还会些电脑故障处理、组

> 织会议等技能，而这些确实是办公室工作经常碰到的事情。通常这"一丁点"的提高就能让老板对自己刮目相看。
>
> 问题：请大家思考一下，这个案例给我们带来了什么启发？小组讨论，代表发言。教师点评。

哈佛大学教授戈尔曼认为："人的成功要素中，智力仅占20%，而其他因素占80%。"社会不断进步，促使职业发展的要诀在于综合运用自己的各项技能。职业活动不是只单独地使用某个能力，而是需要多个能力的整合。实际上我们不能单靠一种能力就能胜任某种职业，但每种职业都会特别强调某个能力。例如，案例中的秘书职业，就需要语言能力、资料处理能力、创造力、耐心、热情、简单的电脑维修技能、会议安排等多种能力，但是其核心职业能力是资料处理能力。

日本管理学家大前研一（Ohmae Kenichi）说："现在的知识是碎片时代，所有8~18岁所读的书、所学的知识可以浓缩成一张光盘，唯有能将其整合者，才能成为解答者。"对于能力的整合我们可以遵循"核心+卫星"策略，核心就是自己的优势能力，是求职岗位所需要的核心能力，而卫星则是自己的非优势能力，是求职岗位所需的辅助或附属能力。如案例中成功应聘办公室文员的小张，其核心能力是文员所需的资料处理能力，而维修电脑、会议安排等则是辅助能力，前者是求职成功的保证，后者可视为职业发展的催化剂。

### （二）能力提高靠实践

职业所要求的能力大多是要靠后天努力才能完善的，其提高的关键在于平时的实践，职业实践和教育培训是职业能力形成和提高的前提。

先天条件，如身高、体重、体质智力水平等会对职业能力的形成和提高产生影响，但这不是绝对的，不是不可变化的。如世界著名乒乓球选手、奥运金牌得主邓亚萍，小时候由于个子不高，在行家看来不是打乒乓球的料，但由于她奋力拼搏，吃了常人没有吃过的苦，终于成为乒坛一颗灿烂的星。鲁迅先生说过一句耐人寻味的话："其实即使是天才，在生下来的时候，第一声啼哭，也和平常儿童一样，绝不会是一首好诗。"可见，即使是天才，也要靠后天的刻苦努力。

如果我们的能力尚有不足，则要相信勤能补拙。希腊著名哲学家德谟克利特（Democritus）先天口吃严重，连日常说话都成问题。于是每天早晨，爱情海海滨就多了一个口含小石头练声的青年。经过整整五年的练习,他终于登上了雅典的讲坛。

如果我们对自己能力不够自信,则应抱着坚定不移的信念,大胆地去做,那么可能会发现自己表现不佳只是因为之前一直没有足够机会或没有胆量去展示而已。

提高职业能力的途径除了在实践中学习和摸索以外,最有效的方法是接受教育和培训,大学教育能使人掌握一定的基础知识和职业技能。在上岗前参加一些针对性强的专门培训,对上岗后更好地胜任岗位职责会有极大帮助。

【任务布置】

课下讨论,人的职业选择和价值观有联系吗?并把讨论成果汇总起来,准备下节课发言。

## 第五节 价值观与职业

你生命的前半辈子或许属于别人,活在别人的认为里。那把后半辈子还给你自己,去追随你内在的声音。

——荣格

【案例分析3-3】

### 都是一辈子

小强每天在村里晃悠,爹妈看着发愁,心想这孩子将来怎么办呀。小明每日都苦读诗书,父母喜在心里,村里人都认定他必有出息。

那年,小强和小明都是19岁。小强跟着村里人外出打工,来到了高速公路的工地,保底工资3000元。小明考上了一所重点大学,读的是道路与桥梁专业,学费每年5000多元。

那年,小强和小明都是23岁。小强的爹妈给他说个巧媳妇,是邻村的,特别贤惠。小明在大学里谈了个女朋友,是邻校的,很有文化。

那年，小强和小明都是 24 岁。小强在老家结了婚，把媳妇带到工地上，来给他洗衣做饭，恩爱有加。小明终于大学毕业，找了施工单位的工作，跟女友分居两地，朝思暮想。小强每天很快乐，下了班就没事，吃了饭和媳妇散散步，晚上便和工友打麻将、看电视。小明每天很忙碌，白天跑遍工地，晚上还做资料画图纸，好久不见的女友跟他分手了。

　　那年，小强和小明都是 28 岁。小强攒下了 20 万元，已是两个孩子的爹，心想着回家盖栋漂亮的楼房。小明过了中级职称，还是单身一个人过，心想着再干几年就是高级了。小强在农村老家盖了两层小楼，装修很漂亮，剩的钱买了一群猪仔，让媳妇回家种地养猪。小明在城里贷款买了一套新房，按揭 3000 多元，父母给介绍了新女朋友，在城里上班很少见面。

　　那年，小强和小明都是 31 岁。小强媳妇从老家打电话来说：小强，现在家里有房有存款，咱喂喂猪、种种地，很幸福了，家里不能没有男人，你快回来吧。小明媳妇从城里打电话来说：小明，小孩的借读费要 15 万元呢，家里没有存款了，你看能不能找公司借点。小强听了媳妇的话，离开了工地，回老家跟老婆一起养猪，照顾父母小孩。小明听了妻子的话，更努力工作，去了偏远又艰苦的工地，很难回家一次。

　　那年，小强和小明都是 35 岁。猪肉价格疯涨，小强的一大圈猪成了宝贝，一年赚了十几万。通货膨胀严重，小明的公司很难接到项目，很多人都待岗了。

　　那年，小强和小明都是 50 岁了。小强已是 3 个孙子的爷爷，天天晒着太阳、抽着旱烟，在村里转悠。小明已是高级路桥工程师，天天顶着太阳、皱着眉头，在工地检查。

　　那年，小强和小明都是 60 岁了。小强过 60 大寿，老伴说：一家团圆多好呀，家里的事就让娃们打理吧，外面有啥好玩的地方，咱出去转转。小明退休摆酒席，领导说：回家歇着没意思，返聘回单位做技术顾问吧，工地上有什么问题，您给指导指导。小强病了一场，小强拉着老伴的手说：我活了快 70 岁了，有儿有孙的，知足了。小明病了一场，小明抚着妻子的手说：我在外工作几十年，让你受苦了，对不起。由于长期的体力劳动，吃的是自家种的菜、养的猪，小强的身体一直都很硬朗，慢慢地就恢复了。由于长期的熬夜加班，小明喝酒应酬、工地食堂饭菜也很差，身上落下很多毛病，很快就去世了。80 岁的小强蹲在村头抽着旱烟袋，看着远远的山；远远的山上有一片公墓，小明已在那里静静睡去；小强在鞋底磕磕烟灰，拄着拐杖站起身，望了望那片公墓，自言自语地说：唉，都是一辈子呀……

讨论：a. 你认为谁更幸福，谁的生命更有意义？

b. 人生如何才无怨无悔？人生如何，才会觉得没有虚度？

## 一、职业价值观概述

### （一）价值观的含义及特点

视频3.4
价值观探索
（WVI）

价值观是指一个人对周围的客观事物（包括人、事、物）的意义、重要性的总评价和总看法。价值观是人们对社会存在的反映，是通过社会化培养起来的，价值观有四个特点：一是多样性。由于不同人的先天条件和后天环境不一样，人生的经历也不尽相同，每个人价值观的形成都会受不同环境的影响，因此，不同的人形成的价值观也不尽相同，构成了价值观的多样性。二是稳定性。个体的价值观一旦形成，就具有相对的稳定性，常常不易改变，且具有持久性。三是社会历史性。处在不同历史背景或历史时代的人，其形成的价值观也是不同的，个体的价值观深深地打上了历史的烙印。四是可改变性。人的价值观可随着环境的改变、知识经验的积累而发生改变。

### （二）职业价值观的含义

职业价值观是价值观在所从事的职业上的体现，是人们对待职业的一种信念和态度，或者在职业生涯中表现出来的一种价值取向。职业价值观的内涵包括三个方面：第一，职业价值观是一个人对各种职业价值的基本认识和基本态度。第二，职业价值观表明了一个人通过工作所要追求的理想是什么：为了钱，为了权利，还是为了一种感情关系等。第三，职业价值观是人们在选择职业时的一种内心尺度。它支配着人的择业心态、行为、信念和理解等；支配着职业认知、明白事务对自己职业发展的意义及自我了解、自我定位、自我设计等；同时，也为自认为正当的职业行为提供充足的理由。

由于个人的身心条件、年龄阅历、教育状况、家庭和环境影响，以及兴趣爱好的不同，人们对各种职业的主观评价也不同。不同的人由于价值观不同，对具体职业和岗位的选择也就不同。因此，认真分析和了解个人的职业价值观，对正确开展职业生涯规划有重要意义。

### （三）职业价值观分类

在当代社会，每一种职业都有一定的价值，不同的职业体现着不同的价值内容，社会舆论也会对这些价值内容做出评价，所以人们就在思想上对不同的职业做出了不同的评价、态度。

职业价值观根据不同的标准可以进行不同的分类。心理学家马丁·凯茨通过长时间对多种职业的研究，发现了10种与工作相关的职业价值观，如图3-5-1所示。

十种职业价值观：

- 高收入——此职业的平均收入比其他职业高，除足够生活的费用之外还有可以随意支配的钱
- 社会声望——自己的工作能得到人们的尊重，有较高的社会地位
- 独立性——在职业中有更多自己做决策的自由，能充分发挥自己的能力特长
- 帮助别人——愿意把助人作为职业的重要部分，帮助他人改善健康、教育与福利
- 稳定性——在一定时间内始终有工作，不会被轻易解雇，收入稳定
- 多样性——所从事的职业要参与不同的活动，解决不同的问题，不断变换工作场所，结识新人
- 领导力——在工作中可以控制事情的发展，愿意影响别人，承担责任
- 在自己感兴趣的领域中工作——坚持所从事的职业是自己感兴趣的领域
- 休闲——把休闲看得很重，业余时间内得到的满足应该对你很重要，不愿让工作影响自己的休闲
- 尽早进入工作领域——涉及一个人是否在意进入工作领域的早晚，是否希望节约时间和不支付高等教育的费用，而尽早进入工作领域

图3-5-1 十种职业兴趣价值观

## 二、职业价值观的探索

### (一) 正式探索方法

问卷测量法。关于职业价值观的研究,国内外学者普遍采用测量法,根据自己的理论编制问卷进行测量。国外比较著名的问卷有职业价值观量表(work value inventory,WVI)、职业锚问卷(career anchor questionnaire)和明尼苏达重要性问卷(minnesota importance questionnaire,MIQ)。

国内目前使用较多的是宁维卫1990年修订的舒伯编制的职业价值量表。现已在一定范围内使用,其修订的职业价值量表含有60个项目,涉及15个职业价值观。量表内容及解释请见后文小贴士,我们可以自行测量。

### (二) 非正式探索方法

1. 生活馅饼法

把自己生活中所有的内容当作一个馅饼(圆圈),此后根据各项具体内容所占比例大小和多少,将馅饼进行分割。例如,可以用这一馅饼表示每天的24个小时,探后按各项生活诸如吃饭、工作、休息所占时间分割圆圈。这种方法有助于个人对自己的生活进行客观、具体的分析和检查,使他们的生活朝着更为理想的境地发展。

2. 价值排队法

价值排队法是指在自己认为有价值的多种事物中,一次挑出最有价值的,次有价值的或价值较小的,然后对其进行排序。

【体验互动】

#### 价值风暴

(1) 有如下价值观列表:人际关系/归属感、团队合作,物质保障/高收入,稳定,安全,创造性,多样性和变化性、新鲜感,乐趣,自由独立(时间,工作任务),被认可,受尊重,能帮助他人,能发挥自己的才能,成就感,成功,名誉,地位,自主独立,有学习/发展/成长的机会,权力(领导/影响他人),有益于社会,挑战性,冒险性,竞争,符合自己的道德观，工作环境、工作与生活平衡，家庭，朋友，亲密关系，健康，信仰，自由等。

（2）想象一下你已经找到一份工作。这份工作非常完美，至少可以满足上述价值观列表中的十条。花1分钟时间想象一下大家在从事这样一种工作时的情景。

（3）第一次舍弃。可惜的是，1年后，公司不景气，要裁员，你必须要舍弃三样东西才能继续待下去，在以上十项职业价值中，你可以舍弃的是哪三项？

（4）时光飞逝，转眼到了20年后，请你想象一下40多岁的时候的工作情形。

（5）第二次舍弃。一次突如其来的社会风暴将要卷走你职业生涯中重要的东西，如果在剩下的七项职业价值中你现在只可以抢出五项，你会奋不顾身地救出哪五样重要的东西？请在纸上写出来。

（6）最后的取舍。现在，由于周围的压力，你又必须要舍弃其中的两样。然后将剩下的三项排序。

多次取舍之后剩下来的三项可能就是我们最为看重的，也是我们对未来职业的期待。

思考：

（1）通过这个活动，你对于自己的价值观有什么样的了解？

（2）你的价值观会对你的职业选择和人生产生什么样的影响？

（3）影响你价值观形成的因素有哪些？

3. 真实价值观澄清法

运用真实价值观澄清法，可以通过一系列的询问寻找价值源头，确定自己看重的价值观和最不看重的价值观。另外，有很多职业都是很难同时满足人的几种价值追求的，而只能满足其中最重要的一部分，因此，我们在选择职业时，可以通过价值观来缩小选择的范围，供决策时参考。例如，下面是一段价值澄清的对话。

问：你想一下，你印象最深刻的是哪件事？

答：我考上大学印象最深刻。

问：为什么会留下深刻的印象？

答：因为考上理想的大学嘛！考上就很高兴了。

问：为什么考上就很高兴了？

答：考上了很有成就感啊（这是真正的原因，说明比较看重成就）！

4. 控制联想测验法

控制联想测验法是给出一系列未完成的句子，请填写你第一时间想到的意念。在完成句子后，请在小组讨论并列出这些句子可能反映出来的个人价值观，未完成的句子如下：

（1）如果我有1000万美元，我将_____

（2）在一生中最想要的是_____

（3）如果我只剩下24小时的生命，那我将_____

（4）我将给我的孩子的忠告是_____

（5）假如我能改变自己一样东西，那么它将会是_____

5. 自传分析法

自传分析法是通过写出较为全面的自传，并进行价值观分析的一种方法。撰写自传时，要注意深入地描述与挖掘自己各个时期的思想与行为的动机，再经过全面、系统的概括，帮助自己较为准确地判断价值取向。

## 三、职业价值观的完善

职业价值观一旦形成，往往能够决定我们的职业追求，但它也会随着现实环境的变化而发生一些改变。对大学生而言，进行职业生涯规划时，既要看到职业价值观的稳定性和长远性，也要看到它的可变性和现实性。

### （一）职业价值观应符合社会现实

职业价值探索之后，也需要将个人价值观在一定程度上结合，既要知晓"我想要什么"，也要符合"社会需要什么"。人是社会的人，不可能离开社会而单独存在，社会价值是实现个人价值的基础，没有社会价值，人生的自我价值就无法实现。

一些刚刚走出校门没有任何工作经验的大学生，对工作的要求是进国企，做管理，当白领，成精英，这似乎有些不符合实际。人才市场中，市场、销售是招聘需求最多的职位，但也是很多人最不愿选择的工作，所以一个怪现象就很自然地出现了：招人的部门没人想去，想去的部门不招人。调查显示大学生最愿意去的依次是政府机关、事业单位、大型国企等。这表明大学生的职业价值观中对"声望地位"和"安全稳定"的看重，这是个人发展的必然要求，是无可厚非的，但是现阶段经济危机尚未平息，就业形势也非常严峻,职业追求与就业现实的落差需要我们及时调整观念。其实职业本无高低贵贱之分,职业声望并不是工作本身赋予你的,而是靠自己争取获得的。

从马斯洛(Abraham Harold Maslow)的需求层面来看,当前更加现实的追求是找一个自己能够胜任的工作,不断积累经验,先满足低层次的需要,再追求高层次的需要。

### (二)职业价值观应经常审视澄清

随着我们所处的生涯发展阶段、社会环境的不同,我们的职业价值观也在不断地修缮。如鲁迅弃医从文,就是自身职业价值观的修缮。

我们应该常审视自己职业价值观中是否有不太合理的地方。求职之前,我们一定要认真地问问自己,究竟想要怎样的工作,过怎样的生活。愿意竞争,追求成就,留在大城市打拼,那是可以的,如果只是受舆论或他人影响而产生"宁要城里一张床,不要乡下一套房"的想法,可能就不太成熟。

此外,当今社会多元文化的冲击,也会导致原有价值观体系的混乱乃至改变。曾经的"戏子"成了今天的明星,"士农工商"的末者而今是经济发展的推动者,如今是"三百六十行,行行出状元。"因此,职业价值观需要不断地审视和澄清。

和其他特质相比,价值观隐藏较深,不易察觉和理解,但却有重要影响。职业价值观的最终获得,来自生活的磨砺及成败得失之后对职业的总结。由于生活阅历等局限,大学生尤其是大一新生对于价值因子难以有深刻的体验,因此价值观的探索对其是有些难度的。通过本章学习所得到的结果只是初步的,也可能比较片面或显得过于理想化。这就是需要我们日后多磨砺、多思考、多反省,方能逐渐明确。

【小贴士】

1. 价值观在人们的职业生涯发展中起到极其重要的、决定方向性的作用,甚至往往超过了兴趣和性格对我们的影响。当我们有矛盾冲突,或妥协与放弃时,常常也是出于对价值观的考虑。

2. 个人由于所处的生涯发展阶段、社会环境的不同,他的需求会发生改变,从而可能导致价值观的变化。因此,价值观需要不断地审视和澄清。

> 3. 很少有工作能够完全满足一个人所有的重要价值观，生活中也是如此。因此，我们总是要不断地做出妥协和放弃，它们是不可避免的，也是必要的。我们需要对自己的价值观进行澄清和排序，才能知道如何取舍。

## 第六节 自我评估的方法

认识自我是建立在自我观察、自我分析基础上的，对自我素质的全面评估。在认识自我的过程中，我们应该注意掌握三大原则：客观性原则，即对自己进行观察、分析、评价，要以客观事实为基础和依据；全面性原则，即对自我的认识应当全面，既要看到自己的优点和长处，又要看到缺点和不足；发展性原则，即应以发展变化的眼光看待自己的现实素质。

在遵循以上三大原则的基础上，自我评估的方法有很多，主要包括经验法、他人评价、自我反省、心理测量、橱窗分析法等。对处于职业规划中的大学生来说，应当注意使用正确的自我认知方法。既要重视反省，又要广泛听取他人的评价；既要重视心理测量结果的重要参照作用，又不应对其迷信。总之，要注意不同方法相互之间的参照和综合，这样才有利于对自己做出准确、全面的认识。

1. 经验法

从做事的经验中了解自己。一般人取得的成果、成就及与社会接触的过程都是一种学习，不经一事，不长一智。成败得失，其经验的价值也是因人而异。对聪明又善用智慧的人来说，成功、失败的经验都可以促使他再成功，因为他们了解自己，有坚强的人格特征。善于学习，因而可以重蹈失败的覆辙。而对某些自我比较脆弱的大学生，失败的经验更使其失败，这也是正常的现象。因为他们没有从失败中得到教训，改变策略追求成功，反而挫败后形成挫败心理，不敢面对现实去应付困境或挑战，甚至失去许多良机。对有些狂妄自大的人而言，成功可能成为失败之源。他们可能幸得成功便骄傲自大，以后做事便自不量力，往往连遭失败。还有些人成长过于顺利，又有家世、关系，而一旦失去"保护源"，便一蹶不振，不能支撑起独立的自我。因此，一个大学生由成败经验中获得的自我认知也要细加分析和甄别。

2. 他人评价——旁观者清，当局者迷

唐太宗痛失魏征时曾说："以铜为镜，可以正衣冠；以古为镜，可以知兴替；以人为镜，可以知得失。"他人就像一面镜子，透过他人对自己的评价，可以清楚地了解自己不知道但是别人知道的一面——背脊我。他人可以是同学、朋友、师长、父母等。

"以人为镜"就是听取他人评价的过程。20 世纪初期，社会学家库利（Charles Horton Cooley）提出镜中的我（looking-glass self）的概念，他认为，他人评价就是通过观察他人对自己言行举止的反应进行自我感知。他人评价就如同一面镜子，可以真正地观测到自己生活中的表现，交接自己的各项特质。这好似出门之前照镜子一般，以确定自己的服饰是否整洁合身、搭配是否协调。

他人评价是可以方便利用的一种自我探索方式。例如，在课堂上解决了一个难题，很多同学投来了佩服的眼光，甚至老师眼神中也充满了赞许，那么借由他人评价就有理由相信自己是有能力的，同时，也会将别人的评价融入自我概念和行为中去。

【体验互动】

**他人眼中的我**

"兼听则明"这个成语告诉我们听取多方面意见才能弄清事实真相。进行自我认知时也应该听取他人对自己的评价。

1. 请你的同学对你进行评价，指出你最突出的三个优点和三个缺点，并请他们举出相关的事例。

2. 你是否有新的发现？他们对你的评价和你对自己的看法是否相同？

教师组织同学发言，请被评价者发表感受。

3. 自我反省——回顾过去，发现自我

中国古代先哲曾子曰："吾日三省吾身。"苏格拉底也说过，"未经反省的生活是无价值的生活"。反省即自我省思，是通过自我意识来省察自己言行的过程，是自我意识的能动表现，也是自我认知行之有效的方法。

通过对自己一些成长经历的回顾，比如，过去哪些事情我做起来非常快乐，哪些事情我做起来很痛苦，哪些事情我做起来非常轻松，哪些事情我做起来比较费劲等，最后将分析到的在"自我"与职业联系起来。

在日常生活中，用以自我反省的方法很多。

第一个方法是写日记。记载日常经历的事件，从中总结成败得失，记录个人感悟。

第二个方法是写"个人传记"。个人传记是对个人成长史的回顾，它的重点不在于定性的评价，而是要尽量描述事情的本来面目，并写出自己的感受，常常包括：（1）我当时有什么志向？（2）我会立下这种志向，最主要是受到哪些事情或经验的影响？（3）我当时最崇拜什么人？为什么？（4）我最后选择了什么？放弃了什么？

第三个方法是撰写成就故事。其重点是：（1）至少找出五件在学习、工作或生活上的成就，每件事例都要记载时空背景，包括人物、地点和实践，并做出以下分析：发生了什么事遭遇哪些挑战？出现哪些机会？我是怎么解决问题的？经过我的努力，取得了哪些成果？（2）找出这些经历彼此是否有共通之处？如都是用了某项能力、都对某个过程感兴趣等，这才是核心所在。

【体验互动】

我是……

拿出一张纸，在纸上写下20个以"我是"开头的句子。

写完后，请和同学或朋友分享和讨论。

讨论和分享中，你是否有了新的发现？请把他们写下来。

4. 心理测量

心理测量是通过回答心理学专家精心设计的有关问题来认识自我、了解自我的一种方式。在测试时，应该如实回答，否则自测结果就不能反映真实的情况，失去自测的意义。因此，在回答自测问题时，不要考虑别人会怎么认为、怎样回答才算正确等。事物皆可度量，只是心理更难测知。"权，然后知轻重；度，然后知长短。物皆然，心为甚。"

心理测量有很多种，如智力测验、人格与性格测验、职业兴趣测验等，运用这些测验，可以协助受测者了解自己的职业兴趣、人格特质，协助做决定并发掘问题，协助规划并合理规划未来。对职业规划和管理来说，是当地运用心理测量是必要的。尽管测量结果未必完全准确，但是作为职业规划的参考依据还是可取的。

平时课堂讨论有人滔滔不绝，有人则胆怯羞言；班级活动中有人事无巨细亲自操持，有人则善于观察时有创新……我们可能会认为有人外倾，有人内倾；有人注意细节，有人偏重大局。在日常生活中，透过行为管窥心理特质，有时难免会失之毫厘谬以千里。因为，心理自我宛若带着面纱的女子，不肯以真面目示人。但随着心理科学的成熟,心理测量技术也日益完善,通过心理测量技术可以透过行为表现推测心理特质。经过心理学家长期研究,对心理特质所对应的行为表现已经列举较为全面,所以心理测量,尤其是标准化的心理测量,其测试结果也相对比较可信。

【拓展阅读】

如今职业生涯规划中常见的心理测量主要分为两大类,即正式测评的心理量表和非正式测评工具。正式测评的心理量表有:(1)兴趣测评:霍兰德自我探索量表(self-directed search,SDS),是根据"特质因素理论"编制,主要用于测量个体的兴趣类型。常用的兴趣量表还有斯特朗职业兴趣表(strong vocational indicator blank,SVIB)等。(2)性格测评:迈尔斯—布里格斯类型指标测评(myers briggs type indicator,MBTI),它根据荣格类型理论,将人从四个维度分成十六种类型,每一类型都有相对适合的工作。常用的性格量表还有卡特尔16种人格因素测验(16 personality factor questionnaire,16PF)等。(3)价值观测评:工作价值观量表(work value inventory,WVI),通过对15种工作价值观,如利他主义、美的追求、独立自主等进行权衡比较,从而确认自己的价值观。常用的工具还有罗克奇价值观调查表(rokeach value survey)等。非正式测评工具主要有生涯彩虹图、职业价值拍卖法、价值风暴法等。

5. 橱窗分析法

美国心理学家约翰和哈里提出了关于自我认识的窗口理论,称为"乔韩窗口理论"。根据自己知道或不知道和别人知道或不知道两个维度,我们可以将自我分成四个橱窗,即公开我、隐私我、背脊我和潜在我。

橱窗(1):公开我是指个人展现在外,无所隐藏的部分。

橱窗(2):隐私我是指个人内在、私有、不愿被外人发现的部分。

橱窗(3):背脊我犹如一个人的背部,自己看不到,别人却看得很清楚。

橱窗(4):潜在我就像地下的矿藏资源不被人知晓,但是却蕴藏着无限潜能,有待开发。

背脊我和潜在我是自我认识中的盲点,也是重点。自我认知的目的就是减少背脊我和潜在我在职业自我中所占的比例,扩大公开我或隐私我的比例(见表3-6-1)。

表 3-6-1　　　　　　　　　　橱窗分析法

| 他人 | 自我 | |
| --- | --- | --- |
| | 认识到 | 未认识到 |
| 认识到 | 公开我 | 背脊我 |
| 未认识到 | 隐私我 | 潜在我 |

对大学生而言，重要的是运用多种方法不停地自我评估。自我评估重在自己的信念和理念，至于方法则是条条大路通罗马，没有一个是放之四海而皆准的，就像有人喜欢记录每天点滴反思自己，有人乐于实践体验印证自己，有人擅长于人际沟通总结自己，也有人偏好专业测评分析自己。每个人都有更适合自己的方式方法，正所谓"运用之妙，存乎一心"。

**【课后行动】**

### 做一个深入的自我评估

结合相关人才测评报告，对自己做全方位、多角度的评价。

1. 个人基本情况

2. 职业兴趣。在我的职业测评报告中，职业兴趣类型是……我的具体情况是……

3. 职业性格。我的职业测评报告结果显示……我的具体情况是……

4. 职业价值观。我的职业测评结果显示前三项是××取向（××分），我的具体情况是……

5. 职业能力。我的职业测评结果显示，××能力得分最高（××分），其次是……较低的是……我的具体情况是……

6. 自我分析小结（必要时还可360度评估或橱窗分析法）。

【拓展阅读】

一、性格自我测试问卷

1. 说明

根据每个句子的陈述，按照自身情况自我评估，从1到10之间给自己选一个分数。分数越高，这个陈述就越符合你。

你必须对每个陈述作出回答，答案不存在对与错，只是对自己个性的了解，看一看自己最适合做什么，只有如实回答，才能了解自己。

2. 测试题目

（1）我喜欢独自完成工作。

1 2 3 4 5 6 7 8 9 10 SO

（2）我想让每个人都知道我。

1 2 3 4 5 6 7 8 9 10 A

（3）我总是相信自己的答案是正确的。

1 2 3 4 5 6 7 8 9 10 F

（4）我常常没有经过充分的思考就讲话或行动。

1 2 3 4 5 6 7 8 9 10 SP

（5）我对自己面临的困难无法忘却。

1 2 3 4 5 6 7 8 9 10 I

（6）我会花适当的时间来准备可能会有困难的事情。

1 2 3 4 5 6 7 8 9 10 D

（7）如果我有话要讲，没有人能阻止我。

1 2 3 4 5 6 7 8 9 10 A

（8）我喜欢让别人领导我。

1 2 3 4 5 6 7 8 9 10 P

（9）我不喜欢做和我的朋友迥然不同的事情。

1 2 3 4 5 6 7 8 9 10 G

（10）我容易受别人的情绪影响。

1 2 3 4 5 6 7 8 9 10 I

（11）我确信自己所做的尽善尽美。

1 2 3 4 5 6 7 8 9 10 D

（12）我能很快感觉到别人的困难。

1 2 3 4 5 6 7 8 9 10 I

（13）如果可能的话，我会尽量回避感情。

1 2 3 4 5 6 7 8 9 10 F

（14）我不会匆匆地做出反应。

1 2 3 4 5 6 7 8 9 10 D

（15）和别人在一起工作的时候，我总是处于最佳状态。

1 2 3 4 5 6 7 8 9 10 G

（16）我不喜欢经常出去。

视频3.5
自我认知总结

1 2 3 4 5 6 7 8 9 10 P

（17）在空闲时间找点乐趣和娱乐对我来说非常重要。

1 2 3 4 5 6 7 8 9 10 SP

（18）我不注意别人的感受方式。

1 2 3 4 5 6 7 8 9 10 F

（19）我很容易就感到厌烦。

1 2 3 4 5 6 7 8 9 10 SP

（20）我没有其他人敏感。

1 2 3 4 5 6 7 8 9 10 F

（21）打消我的自信需要很长时间。

1 2 3 4 5 6 7 8 9 10 F

（22）我喜欢经常做一些新鲜和不同的事情。

1 2 3 4 5 6 7 8 9 10 SP

（23）我喜欢的活动之一就是让朋友高兴。

1 2 3 4 5 6 7 8 9 10 G

（24）我会控制自己的烦躁感。

1 2 3 4 5 6 7 8 9 10 P

（25）我总是直言不讳。

1 2 3 4 5 6 7 8 9 10 A

（26）当我想到过去的事情时，我可能会失眠。

1 2 3 4 5 6 7 8 9 10 I

（27）我不盼望与人相处。

1 2 3 4 5 6 7 8 9 10 SO

（28）我是一个容易满足的人。

1 2 3 4 5 6 7 8 9 10 D

（29）我可以自己轻易地作出决定。

1 2 3 4 5 6 7 8 9 10 SO

（30）我不喜欢说服别人改变他们的想法。

1 2 3 4 5 6 7 8 9 10 P

（31）我并不觉得坚持一件事情很困难。

1 2 3 4 5 6 7 8 9 10 D

（32）我可能会在片刻之间因为注意到某件事情而改变想法。

1 2 3 4 5 6 7 8 9 10 SP

（33）当人们聚在一起的时候，我常常能让他们都投入当前的活动。

1 2 3 4 5 6 7 8 9 10 A

（34）我并不认为把自信传递给朋友是一件不好的事。

1 2 3 4 5 6 7 8 9 10 G

（35）人们认为我很有洞察力。

1 2 3 4 5 6 7 8 9 10 I

（36）如果其他人对某事感觉强烈的话，我往往会同意他们。

1 2 3 4 5 6 7 8 9 10 P

（37）在辩论中我常常取胜。

1 2 3 4 5 6 7 8 9 10 A

（38）朋友对我来说并不十分重要。

1 2 3 4 5 6 7 8 9 10 SO

（39）我不喜欢别人侵入我的空间。

1 2 3 4 5 6 7 8 9 10 SO

（40）我不喜欢别人在任何时候给我打电话。

1 2 3 4 5 6 7 8 9 10 G

3. 分数累计

按 So、G、A、P、I、F、Sp、D 分类统计，并将统计分数填入表1。比较每一行中的两个分数，分数大的所表示的字母就是"主要字母"；两个分数相减所得就是分数差值。如，So = 25，G = 10，那么主要字母就是 So，分数差值就是 15。

**测试结果**

总得_____分 主要字母_____分数差值_____

So = _____   G = _____
A = _____    P = _____
I = _____    F = _____
Sp = _____   D = _____

4. 测评结果

根据测试结果中的"主要字母"就可以在表2中对应找到自己的个性类型。查找的方法是先看表2的第一列，确定主要字母是"So"还是"G"，再看最后一列，确定主要字母是"A"还是"P"，这时就将你的性格类型锁定在某一行里。然后根据第一行和最后一行的主要字母，确定你的性格类型在哪一列。行与列的交叉点，就是你的性格类型。

# 第三章 如何自我评估

| | 尊重事实（F） | 尊重事实（F） | 富有想象（I） | 富有想象（I） | |
|---|---|---|---|---|---|
| 合群（G） | （1）指导型 | （2）投机型 | （3）裁判型 | （4）卫道型 | 果断（A） |
| 合群（G） | （5）扫尾型 | （6）联络型 | （7）知心型 | （8）共事型 | 消极被动（P） |
| 喜欢独处（So） | （9）统筹型 | （10）顾问型 | （11）设计型 | （12）理想型 | 果断（A） |
| 喜欢独处（So） | （13）查阅资料型 | （14）协助型 | （15）专业型 | （16）漫游型 | 消极被动（P） |
| | 深思熟虑（D） | 跟着感觉走（SP） | 深思熟虑（D） | 跟着感觉走（SP） | |

**图 3-6-1 个性类型选择**

5. 性格类型解释与适应的职业

（1）FDAG——指导型。

个性特点：尊重事实，深思熟虑，合群而且果断。

适合职业：军官、银行经理、总经理、酒店经理、生产部经理、零售主管、运送部经理。

（2）FSpAG——投机型。

个性特点：尊重事实，有主创意识，合群而且果断。

适合职业：广告执行总监、拍卖主持、俱乐部秘书、财产代理、公共关系指导、政治家、运动裁判或组织者、高级管理者、资金筹集者。

（3）IDAG——裁判型。

个性特点：富有想象力，深思熟虑，合群而且果断。

适合职业：医生、心理医生、护士长、高中教师、社会工作者、青少年工作者。

（4）ISpAG——卫道型。

个性特点：独立，有主创意识，果断而且合群。

适合职业：公民权维护者、美容师、展示艺术家、记者、公关人员、戏剧教师、社团代表。

（5）FDPG——扫尾型。

个性特点：尊重事实，深思熟虑，消极而且合群。

适合职业：救护人员、武装部队、出纳员、护士、警察、狱警、消防员、警卫。

（6）FSpPG——联络型。

个性特点：尊重事实，有主创意识，消极而且合群。

适合职业：广播主持、邮递员、酒吧招待、牙医助理、美发师、主角、中学教师、秘书、运动助理、团队领导。

（7）IDPG——知心型。

个性特点：独立，深思熟虑，消极且合群。

适合职业：医院搬运工、物业管理人员、精神病护士、幼儿园教师、社工、治疗专家。

（8）ISppG——共事型。

个性特点：独立，有主创意识，消极被动，合群。

适合职业：顾问、市场助理、幼儿教师、接待员、零售助理、剧务、侍应生。

（9）FDASo——统筹型。

个性特点：注重事实，深思熟虑，果断，爱独处。

适合职业：法律顾问、督察、公诉人、工作研究官员、海关官员、税务员。

（10）FSpASo——顾问型。

个性特点：注重事实，有主创意识，果断，爱独处。

适合职业：进出口商、采购人员、企业家、现货或期货交易商、销售指导、市场交易人员、不动产投机商、道路管理人员、俱乐部经理。

（11）IDASo——设计型。

个性特点：富有想象力，深思熟虑，果断，爱独处。

适合职业：分析家、建筑师、商业顾问、检察员、记者、图书馆员、社会学家、医学家。

（12）ISpASo——理想家。

个性特点：独立，有主创意识，果断，爱独处。

适合职业：建筑师、艺术家、作家、厨师长、舞蹈家、室内设计师、音乐家、雕塑家。

（13）FDPSo——查阅资料型。

个性特点：注重事实，深思熟虑，消极，爱独处。

适合职业：会计技师、档案员、拍卖商、司机、工程师、行动调查员。

（14）FSppSo——协助型。

个性特点：注重事实、有主创意识、消极、爱独处。

适合职业：会计技师、导游、厨师、神职人员、翻译、计算机技师、道路巡警、医师。

（15）IDPSo——专业型。

个性特点：独立、深思熟虑、消极、爱独处。

适合职业：植物学家、农场工人、旅游景点工作者、园艺师、历史学家、传递员、陶工、牧人、房屋修理工、马夫、机械制造者、规划者。

(16) ISpPSo——漫游型。

个性特点：独立、有主创意识、消极、爱独立。

适合职业：酒吧招待、舞蹈家、娱乐艺人、模特、搬运工、生产线工人、售货员、侍应生。

二、九型人格（enneagram）

性格测评的方法有很多，现在比较流行的还有九型人格，它按照人们的思维、情绪和行为。将人分为九种类型，即完美型、助人型、成就型、自我型、理智型、忠诚型、活跃型、领袖型和和平型。与当今其他性格分类方法不同，九型人格揭示了人们内在最深层的价值观和注意力焦点，它不受表面的外在行为的变化所影响。九型人格近年来已风行学术界和工商界，全球500强企业的管理阶层多有研习九型人格，并以此培训员工，建立团队，提高执行力。

九型人格就是将人类千差万别的个性归纳为九种基本类型。根据对象性格类型的不同，采取不同的方式对待。

九型人格的起源可追溯至2000多年前的中亚西亚一带，被视为古巴比伦的民间智慧。7世纪由阿拉伯的伊斯兰教苏菲派传承，世代以口相传，为教派的灵修学问。

1915年，哲学家乔治·葛吉夫（George Gurdjieff）于莫斯科将其普及化。到20世纪中叶，奥斯卡·伊察诺（Oscar Ichazo）在智利成立灵性心理训练中心，公开传授九型人格论，并为每一型人格加上名字。到了70年代，两位大师唐·理查德·里索（Don Richard Riso）和海伦·帕尔默（Helen Palmer）将各种人格类型加以整合，从此，九型人格便迅速传播至世界各地。

九型人格是一个深入了解自己和他人的工具，知道自己属于哪一型人，就可以从心态、行为和态度上着手，取长补短，把优点发挥得更好。例如，过于理性的人，有时要照顾一下别人的感觉；直觉思维的人容易冲动，作决定之前不妨稍等三秒钟。

1. 九型人格的特点（见表3-6-2）

表3-6-2　　　　　　　　九型人格特点

| 分类 | 代表 | 特征 | 人生哲学 | 人生最高目标 | 人生最大恐惧 | 相处技巧 |
| --- | --- | --- | --- | --- | --- | --- |
| 第一型完美型 | 能量型、完美主义者、不断改革者、理想追求者 | 认真、求完美、讲原则、能量无限 | 凡事做到最好，一丝不苟，一切以事业为先 | 找到自己的路，做到最好 | 失手、做错 | 讲目标、原则，重理性分析 |

续表

| 分类 | 代表 | 特征 | 人生哲学 | 人生最高目标 | 人生最大恐惧 | 相处技巧 |
|---|---|---|---|---|---|---|
| 第二型 助人型 | 付出型、助人者、人际关系取向者 | 人际关系取向、较圆滑、重视朋友、肯帮人 | 有爱心、肯付出、以助人为己任，每每能考虑他人的感受，以情谊及人伦关系为重，享受身旁有人一起时的感觉 | 身边有人需要他，身旁所有的人都快乐 | 没有朋友、没有人愿意接受他的付出 | 重视感性关系，以身旁所有的人愉快为指导原则 |
| 第三型 成就型 | 成就导向者、爱出风头者 | 喜欢被人欣赏及注意、炫耀自己 | 能不惜一切争取别人对自己的肯定，要求永远闪耀于他人眼中 | 被群众认同 | 受冷漠对待、无人认同 | 满足他的虚荣心并加以支持 |
| 第四型 自我型 | 感性型、情绪化者 | 喜欢感受情绪、爱浪漫、敏感、爱美 | 活在自我的感性世界里，凡事要求"非一般"，重视气氛、感觉、品位与感受，毕生渴求真正的浪漫 | 感受人生、能与众不同 | 感到有瑕疵、缺憾 | 表示在意他，重视他的感觉与情绪反应 |
| 第五型 理智型 | 知识型、理智者、探求者 | 喜欢思考、好奇、独立、旁观、抽离、个人空间 | 希望能掌握一切知识，重视资讯，强烈地要求个人独处的空间 | 无知 | 终身学习与思考 | 重理性交流、客观分析、给予独处时间 |
| 第六型 忠诚型 | 稳重型、忠诚者、务实派 | 肯干、务实、负责人、谨慎、没有私心 | 专心于完成手头上的工作，甘于身处幕后，永远谨慎、谦虚 | 无安全感 | 平平实实地过一生 | 直接、清晰、指导性 |
| 第七型 活跃型 | 开朗型、活跃者、热心参与者、冒险派、乐天派 | 乐天、好奇、怕闷、冒险、自我安慰 | 人生最重要的事情是快乐，能享受身边细微的东西，永远从正面思考问题，讨厌呆板与严肃，拒绝苦闷 | 无趣、辛苦 | 自由自在 | 让他自由地玩耍 |

续表

| 分类 | 代表 | 特征 | 人生哲学 | 人生最高目标 | 人生最大恐惧 | 相处技巧 |
|---|---|---|---|---|---|---|
| 第八型领袖型 | 领导型、控制员、指挥者、决策者 | 自尊心强、喜欢挑战、爱胜利、喜欢操控一切 | 用于表白自己及面对冲突,永远希望自己是所属圈子里的掌握者,当地位受挑战时,就会不惜一切展开攻击 | 被控制、受屈辱 | 做自己领域内的"皇帝" | 迁就、听取他意见 |
| 第九型和平型 | 和平缔造者、平和型、宗教人士、折中主义者 | 平静、安宁、不抗争、怕事、不决断、折中主义、不能承受压力 | 凡事以和为贵,不轻易动怒,能自得其乐地生活 | 面对冲突 | 自己的内心平静、不受胁逼 | 不要给他太大压力 |

**2. 向九型人格学习什么**

通过九型人格,我们可以更好地了解每一种人格的基本需要,九型人格也是警醒自己、有方向地锻炼自己的一种有效工具。因为它不仅可以让我们了解别人,也可以让我们了解自己。

向一型学习:对自己有要求、做事有原则、认真、不妥协、全力追求理想;

向二型学习:肯付出、替他人着想、重视人际关系;

向三型学习:用于表现自己、懂包装、能向着目标努力;

向四型学习:生活有品位、能玩味人生情调、重视自我;

向五型学习:好学不倦、客观、冷静、独立;

向六型学习:做事全力以赴、含蓄、专注;

向七型学习:开朗、活泼、乐观、肯做新的尝试;

向八型学习:自信、做事直截了当、勇于承担、能坚持;

向九型学习:心境平和、不贪功、重视他人感受。

**三、舒伯的职业价值观量表**

请仔细阅读表 3-6-3,并在每题前方填上 1—5 的数字,代表该选项对你的重要性。其中,5 代表非常重要;4 代表很重要;3 代表重要;2 代表不太重要;1 代表不重要。职业价值观量表的记分和解释如表 3-6-4 所示。

表3-6-3  职业价值观量表

| 分值 | 题号 | 题目 | 分值 | 题号 | 题目 |
|---|---|---|---|---|---|
|  | 1 | 能参与救灾济贫的工作 |  | 31 | 能够减少别人的苦难 |
|  | 2 | 能经常欣赏完美的艺术作品 |  | 32 | 能运用自己的鉴赏力 |
|  | 3 | 能经常尝试新的构想 |  | 33 | 常需构思新的解决方法 |
|  | 4 | 必须花精力去深入思考 |  | 34 | 必须不断地解决新的难题 |
|  | 5 | 在职责范围内有充分自由 |  | 35 | 能自行决定工作方式 |
|  | 6 | 可以经常看到自己的工作成果 |  | 36 | 能知道自己的工作绩效 |
|  | 7 | 能在社会扮演更重要的角色 |  | 37 | 能让你觉得出人头地 |
|  | 8 | 能知道别人如何处理事务 |  | 38 | 可以发挥自己的领导能力 |
|  | 9 | 收入能比相同条件的人高 |  | 39 | 可使你存下很多钱 |
|  | 10 | 能有稳定的收入 |  | 40 | 有好的保险和福利制度 |
|  | 11 | 能有清净的工作场所 |  | 41 | 工作场所有现代化的设备 |
|  | 12 | 主管善解人意 |  | 42 | 主管能采取民主领导方式 |
|  | 13 | 能经常和同事一起休闲 |  | 43 | 不必和同事有利益冲突 |
|  | 14 | 能经常变换职务 |  | 44 | 可以经常变化工作场所 |
|  | 15 | 能成为你想成为的人 |  | 45 | 工作常让你觉得如鱼得水 |
|  | 16 | 能帮助贫困和不幸的人 |  | 46 | 常帮助他人解决困难 |
|  | 17 | 能增添社会的文化气息 |  | 47 | 能创作优美的作品 |
|  | 18 | 可以自由地提出新颖想法 |  | 48 | 常提出不同的处理方案 |
|  | 19 | 必须不断学习才能胜任 |  | 49 | 需对事情深入分析研究 |
|  | 20 | 工作不受他人干涉 |  | 50 | 可以自行调整工作进度 |
|  | 21 | 常觉得自己辛劳没有白费 |  | 51 | 工作结果受到他人肯定 |
|  | 22 | 能使你更有社会地位 |  | 52 | 能自豪地介绍自己的工作 |
|  | 23 | 能够分配调整他人工作 |  | 53 | 能为团体拟订工作计划 |
|  | 24 | 能常常加薪 |  | 54 | 收入高于其他行业 |
|  | 25 | 生病时能妥善照顾 |  | 55 | 不会轻易被解雇或裁员 |
|  | 26 | 工作地点光线通风好 |  | 56 | 工作场所整洁卫生 |
|  | 27 | 有一个公正的主管 |  | 57 | 主管学识和品德让你敬佩 |
|  | 28 | 能与同事建立深厚友谊 |  | 58 | 能够认识很多风趣的伙伴 |
|  | 29 | 工作性质常会变化 |  | 59 | 工作内容随时间变化 |
|  | 30 | 能实现自己理想 |  | 60 | 能充分发挥自己专长 |

表 3-6-4　　　　　　　　　　职业价值观量表记分和解释

| 得分 | 对应题目 | 职业价值观 | 得分 | 对应题目 | 职业价值观 |
|---|---|---|---|---|---|
|  | 1、16、31、46 | 利他主义 |  | 9、23、39、54 | 经济报酬 |
|  | 2、17、32、47 | 美的追求 |  | 10、24、40、55 | 安全稳定 |
|  | 3、18、33、48 | 创造发明 |  | 11、25、41、56 | 工作环境 |
|  | 4、19、34、49 | 智力激发 |  | 12、26、42、57 | 上司关系 |
|  | 5、20、35、50 | 独立自主 |  | 13、27、43、58 | 同事关系 |
|  | 6、21、36、51 | 成就满足 |  | 14、28、44、59 | 多样变化 |
|  | 7、21、37、52 | 声望地位 |  | 15、29、45、60 | 生活方式 |
|  | 8、22、38、53 | 管理权力 |  |  |  |

【思考习题】

1. 兴趣评估时遇到了哪些困惑？你是如何解决的？

2. 认真探索自身能力并思考大学期间应该如何提升能力。

3. 你预备从事的行业或职业需要什么样的性格、能力和素质？

4. 请从兴趣、能力、性格和价值观四个角度对自己进行分析，并根据结果思考如何自我完善。

# 第四章 职业生涯决策

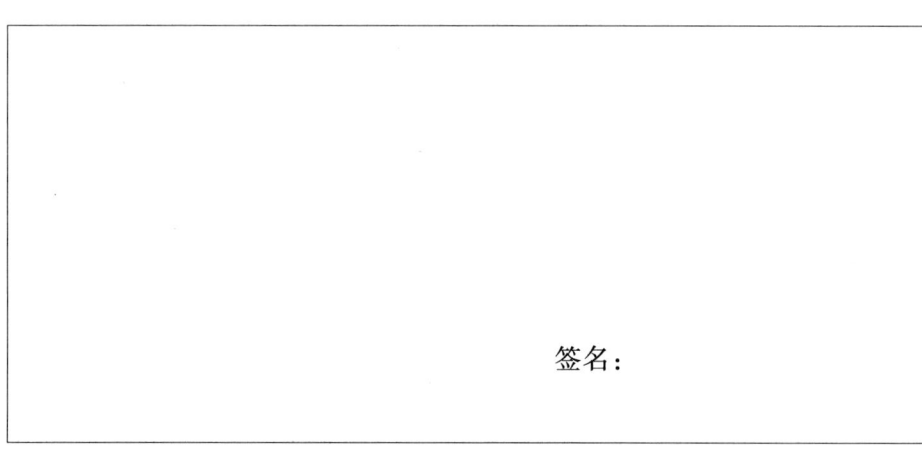

签名：

＊请用一句话写下你学习本章的收获或者感悟。

## 第一节　职业生涯决策类型

人生是一连串选择和决策的过程：从你早上起来要穿哪一套衣服出门开始，你就在选择；中午要去哪里吃饭，你又在选择；交往中你选择朋友，恋爱时你选择伴侣，工作前你选择职业等。约翰·坎贝尔曾指出："正是你在生活中每个环节的选择和决策塑造了你的人生，决定了你的成败。"虽然并非所有的决策都是重要的，但有一些确实是至关重要的，例如，职业生涯决策。哈克特和贝茨（Hackett & Betz, 1981）指出：几乎不存在什么决策比选择一个职业或工作对人们的生活具有更重大而深刻的影响。由此可见，职业生涯决策会影响到人们的生活方式。

职业发展和职业生涯规划本身就是一个个生涯决策的联合体。在掌握职业自我和职业知识后，下一步的工作是对此信息进行加工，作出个人的职业生涯发展有关的一系列决策，如职业定位、确立职业目标、选择生涯路径，制订行动计划、采取行动措施、选择第一份职业等。决策的正确与否直接决定了职业生涯的成败。

【体验互动】

### 桃园摘桃

路边有一片桃园，假如你可以进入桃园摘桃子，但只许前进不许后退，只能摘一次，要摘一个最大的，你会怎么办？

A. 对视野内的桃子进行比较，形成一个大概的标准，再根据这个标准选择最大的桃子。

B. "我感觉这个大！"就摘这个了

C. "去问看桃园的人，让他告诉我什么样的最大！"或者问旁边的人什么样的最大。

D. 先别管了，走到最后再说吧。

E. 稍微比较，迅速摘一个。

学生选择并讨论不同选择的决策类型，教师公布答案并简要分析。

当人们面对需要解决的问题时，会因个人的主客观条件而呈现出不同的应对方式和风格。生涯规划学者阿罗巴（Arroba，1977）认为：生涯规划的目的并不是要设定做大官或发大财的志愿，而是根据个人特性与实际需要，让自己的生活有个可以遵循的方向，虽不能保证一定会到达最终目的地，但是日积月累，除了会一步步接近理想外，生活上也会有目标，产生自我充实的动力，他列举了六种不同的生涯决定类型。

## 一、理智型

理智型的人往往具备深思熟虑、善于分析、逻辑性强的特性。他们会冷静客观地了解有关事实，分析可能的选择与利弊，最后基于最有利的判断作出决策。

【案例分析4-1】

王峰是北京某大学大三的学生，乐观开朗，善于与人交谈，在校期间也积极参加各种社团活动。他对销售特别感兴趣，且将自己的求职方向定位于

销售。在准备进入销售行业以前，他就进入某公司销售部门实习，并和营销从业人员广泛接触，了解整个销售行业的情况和需要具备的素质，分析自身的情况是否符合要求，还有哪些不足，并有针对性地进行人际交往训练。

理智型的人能客观地分析自身的优势与劣势，并加以改进。他们往往会全面收集各类信息，然后在此基础上理智地思考和冷静地分析判断，最后做出决策，因而在职场中往往能如鱼得水。

## 二、愚钝型

这类人往往人云亦云，无法从自身的角度客观了解、分析，并作出价值判断。

**【案例分析 4－2】**

伍某是生物专业大三的学生。在填报大学志愿时，他本来想学信息管理，但是听很多人说生物专业很热门，于是就填报了生物。本想毕业后直接参加工作，但是又听说现在的就业形势不太好，他们这个专业的很多师兄师姐找的工作都不是很好，于是他便考虑推迟几年工作，加入考研的大军。让他比较困惑的是，考本专业自己不太喜欢，考别的专业又没有信心，而且还一直担忧不能考上，考上后今后的工作如何？

大多数人在高考选择专业的时候，通常考虑这专业是否好就业，社会需求大不大，挣钱多不多，等真正学了之后才开始考虑自己是否喜欢，是否适合自己。但是这时已经有些晚了。就像走错了路，要想到达自己希望的目的地需要花费比常人更多的精力，并且原路返回的过程更痛苦，甚至都无法到达最终的目的地，只能在这个路上一直错下去。随着行业的快速变化，今天的"冷门"可能就是明天的"热门"，甚至出现"热门不热，冷门不冷"的情况。关键是要做好职业规划，知道自身的优势和兴趣所在，在选择工作、考研还是出国时，应该从最终的职业目标出发来考虑。

**【小贴士】**

**专业不对口怎么办？**

在我国，职业生涯的概念引入较晚，许多大学生在上大学时没有考虑自己的兴趣爱好、性格特点等因素，而是根据什么专业热门、什么专业好考就报考什么专业。这样就造成所学专业不是自己喜欢的或是与自己未来的职业理想毫不相关的问题。虽然目前我国高校正在拓宽专业口径，转专业逐步走向松动，但转专业仍然不是一件容易的事。在当前可以采取以下办法来解决专业不对口的问题：第一，辅修第二学位。随着学分制在高校的推广，很多同学有机会辅修自己喜欢的专业，为自己的职业生涯做准备。第二，通过自学考试学习自己喜欢的专业。第三，通过"考证"获取相关职业资格证，为实现职业理想打下基础。第四，通过社会实践提高自己的综合素质。只要自己努力，机会总会朝你招手的。莎士比亚曾说："聪明的人永远不会坐在那里为他们的过错而悲伤，却会很高兴地找出办法来弥补过错。"

### 三、犹豫型

翻来覆去，思考再三，关键时刻依然举棋不定，无法作出判断是这类人的大致表现。他们经常会说："我绝不能轻易决定，万一选错了，那就惨了。"但是很多时候机遇稍纵即逝，尤其是在竞争激烈的职场。

**【案例分析 4-3】**

李某是北京某名牌大学大四的学生。相比班上其他苦于找工作的同学来说，他是很幸运的，因为他同时接到了三个用人单位的录用通知书，且其中一个用人单位要求当天下午 5：00 之前必须签订就业协议书，否则将视为本人自动放弃。李兵拿不定主意是否该去这家公司签约，因为这份工作要求经常出差。其他两家用人单位虽然工作轻松，但是工资相对来说也会低些，并且他认为可能还会找到更好的，害怕签约后自己就失去了自由。

当下的毕业生普遍认为签约就意味着把自己"卖"给用人单位，李兵遇到的问题是"卖"给哪家才划算。对每一个初入职场的大学生来说，签约是人生的一次重大决策，容易出现犹豫不决、优柔寡断、举棋不定、这山望着那山高的心理，这种矛盾心理的产生也是正常的。此时需要考虑哪个最适合自己，哪个最有利于实现自己的远大抱负，要在自己选择的范围内合理、客观地排序，选择真正能够实现自我理想的事业。

## 四、情绪型

这类人不依据客观事实作出理性的判断,而是依赖主管偏好及情绪好坏来做决定。情绪对人的事业、生活与健康都有着十分重要的影响。不正常的情绪变化可能导致职场上的失意,甚至引起多种疾病,情绪化实际上是某种程度上的情绪不成熟的表现。职场中的情绪化表现往往会给人难以相处的印象,并丧失很多机会。

**【案例分析 4-4】**

王某是一家外企的部门主管,平时工作很出色,也很受上司的赞赏。一次,她因为自己千辛万苦策划的方案得到了老板不公正的评价而非常气愤,一气之下写了辞职信,心中还有不少表示对老板不满的"直言"。老板几乎没有任何犹豫就批准了她的辞呈。辞职离开公司的那一刻王某就觉得自己很牛,但是睡了一觉醒来,满脑子就闪现出"又要找工作了"的念头,并开始后悔当时太冲动。经过一段时间的辗转,王某找到一份适合自己的工作。现在她评价那次辞职是"一次赌气多于理性的行为",她说:"其实我的老板还有很多可爱的地方,自己没有必要那么极端,那么快做决定"。

王某忘了一条职场生存法则:上司永远是对的。牢记这条法则,就能平复很多目标不确定的情绪。当对眼下的学习或者工作不感兴趣、有抱怨的时候,千万不要急着认为自己就是不喜欢或者不适合当前的专业或工作。影响职业发展的因素非常多,不仅仅是兴趣在起作用,需要综合分析、深入地了解才能看到更多事实的真相。

什么会影响一个人的职业选择?心理学家罗伊认为,有 12 个因素在决定着一个人的职业选择过程。这 12 个因素为:性别、一般经济状况、家庭背景和种族、机遇、朋友和同伴群体、婚姻状况、一般的学习和教育、后天习得的特殊才能、生理特征、认知或特殊天赋能力、气质和个性、兴趣和价值观。

亚里士多德说:"任何人都会生气,这没什么难的,但要能适时适所,以适当方式对适当的对象恰如其分地生气,可就难上加难。"大学毕业生刚进入职场时,由于年轻气盛,缺少经验,常常情绪化,习惯性抱怨,这在职场上是大忌,任何一个领导都不希望看到自己的下属天天抱怨。在职业生涯过程中要学会管理好自己的情绪，避免情绪化而导致"一着不慎，满盘皆输"。

## 五、顺从型

在心理学中，顺从型是指个体心理活动的一种倾向，这类人的性格特点是：独立性差，易受暗示，容易不加批判地接受别人的意见，按照别人的意见去办事，在紧急或困难情况下易惊慌失措。在职业生涯上的表现是缺乏自信，过于听从别人的意见，做出的决定常常受到他人的左右。顺从型性格的大学生，在与人交往中被动、自卑，不敢反对与自己不同的意见；甚至当别人侵犯自己的正当利益时，也不敢申辩，生怕激怒对方，因而不善于保护自己。

**【案例分析 4-5】**

王某是某大学大一的新生，大学填报志愿的时候完全是父母一手操办，父母认为当法官、律师挺风光，于是给她选了法律专业。进入大学，当她对这个专业有一定的认识后，认为这个专业还不错，对自己的前途也充满了信心。但是，不久父母打来电话，说最近法律专业不太好就业，法院基本上处于饱和状态，对人才的需求不是很多，跟她商量想换个专业。本以为上大学后可以放松了，没想到仍需要为将来的就业烦恼。王某想转到一个目前就业比较好的专业，但她对各个专业前景根本不了解，她很困惑。

王某的困惑也发生在很多大学生的身上，尤其是在专制型的家庭里面。专制的父母对子女有太多的限制、有过高的期望、要求过分严厉、缺少宽容，子女经常听到的话题是：

"你这样做的结果，只能是失败。"

"你不能……否则……"

"你要……"

这对个人职业发展是很不利的，甚至会产生某种极端。面对这种情况，要学会走向独立，学会自己做决定，学会自我管理。

## 六、直觉型

直觉型的人常常依据自己当下的一种直觉而作出判断，比较关注内心的感受，没有考虑外在客观环境是否适当。他们经常会说："嗯，感觉还不错，就这么决定了。"这类人往往以自我判断为导向，凭借有限的信息快速作出决策。

## 【案例分析4-6】

人的一生往往是为了最初的理想而奋斗，且小时候的经历往往可以影响人的一生，小刘就是这样一个学生。小学语文老师给她留下了深刻的印象，她的直觉告诉自己适合成为一名教师，于是她便把投身小学教育当作自己的理想，这种直觉一直伴随着她。大学里小刘学的是资源环境与城乡规划专业，且优异的成绩让她获得了保研的资格。但是她却想考研，以找个快速实现理想、能够投身中小学教育的专业。与父母商量后，父母坚决反对，认为女孩子就应该安分守己，找到一份安定的工作才是第一要务。而且虽然她自己意志坚定，但是也担心自己考不上公费研究生就没有机会继续深造了。

孩童时的梦想对一个人的一生有着重要的影响，不管这个梦想合理也好，荒诞也罢，总是会在人们作出决策的关键时刻，产生一些正面或负面的影响，对自身的职业发展或有利或有弊，因而，必须对自己的直觉负责任。

【体验互动】

### 决策寻宝——了解你的决策风格

探索自己的决策风格（课下完成）。

想一想我最近一段时间作出的三个决定，学业的、交友的或者其他的决定，归纳自己决策的共同特性，说说自己决策的类型，并讨论改进建议。

决策一：_____

决策二：_____

决策三：_____

决策的共同性：_____

我的决策风格：_____

改进计划：_____

第四章 职业生涯决策

【任务布置】

马上就要进行新学期的选课了,你会如何选择?试考虑以下因素:

1. 只满足学分要求?还是考虑了自己的兴趣和能力?
2. 选怎样的课程?你是否考虑高年级同学或老师的建议?
3. 你选择的课程对你的专业学习和综合能力培养是否有促进作用?

你觉得自己做这些选择属于哪种决策类型?

## 第二节 职业生涯决策流程和方法

### 一、职业生涯决策的过程

职业生涯的决策过程,就是将个人的属性(能力、性格、兴趣和价值观等)与职业环境进行整合或匹配,最终确定自己理想职业的历程,可以简化地用图4-2-1来描述。

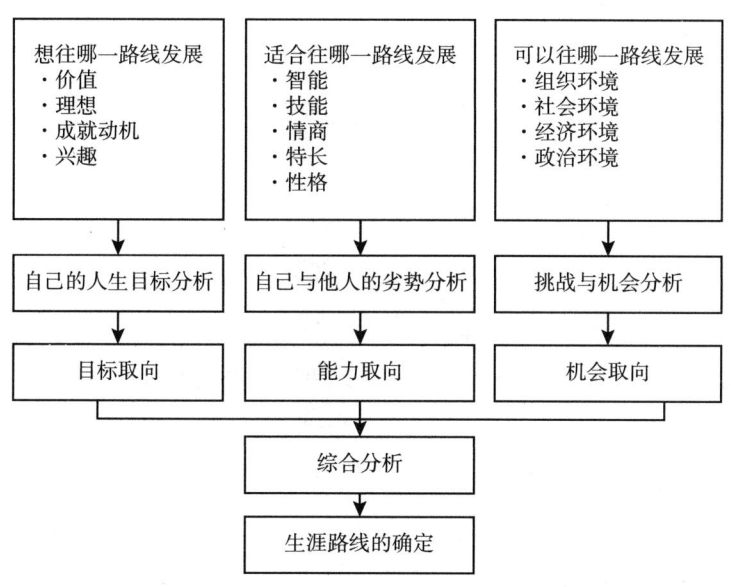

图4-2-1 决策过程

·121·

整个决策过程可分为以下几个步骤。

(1) 界定明确、具体地需要确定目标和问题，明确做决定的最后期限与适当时机。

(2) 澄清自己的价值。分析自己的价值观、生活方式、感兴趣的事物或个人的需求及期待。

(3) 收集有关的资料或向他人询问。寻求资源人物（如师长、朋友）的指点，找寻相关资料并仔细阅读。

(4) 权衡各个可能选择方案的利弊。需考虑所有可能的阻力和助力，以及各个方案中目标达成的可能性。另外，对各个方案进行分析时，可以采用如下几种选择策略。

①期望策略。选取可能满足自己最期望结果的方案。

②安全策略。选取自己最可能达成的方案。

③避免策略。选取能避免最坏结果的方案。

④综合策略。选取比较可能成功和比较能满足自己期待的方案。

(5) 依照前面的分析结果，选择适宜的方案。

(6) 做决定，并拟订行动计划。

(7) 实施计划。

(8) 评估计划实施结果。

## 二、职业生涯决策的方法

视频4.1
职业决策方法
与工具

1. 5W法

(1) 5个W的内涵。5个W分别指：

第一，Who are you? 你是谁？

第二，What do you want? 你想做什么？

第三，What can you do? 你能做什么？

第四，What can support you? 环境支持或允许你做什么？

第五，What can you be in the end? 你最终的目标是什么？

以上5个W涵盖了目标、定位、条件、距离、计划诸方面的内容，只要在以上几个关键点上加以细化和精心设计，使自身因素和社会条件达到最大限度的契合，对实施过程加以控制，并能够在现实生活中知晓趋利避害，就能使职业生涯规划更具有实际意义。

(2) 如何思考5个W。在思考和回答以上5个W时，先要转换角色，把你变化成我，分别为：

第一，我是谁？要回答这一问题，必须对自己进行一次深刻的反思，将自己的优点和缺点一一列出来，从而形成一个比较清醒的、全面的自我认识。

第二，我想做什么？这一问题要求我们对自己的职业发展心理趋向进行检查。每个人在不同阶段的兴趣和目标并不完全一致，有时甚至是完全对立的。但随着年龄和经历的增长，个人的兴趣和目标会逐渐固定下来，并最终形成自己的终生理想。

第三，我能做什么？个人职业的定位最终以自己的能力为根本基础，而其职业发展空间的大小则取决于自己的潜力，因而必须对自己的能力与潜力进行全面总结。对于自身潜力的了解应该从以下几个方面着手，如个人兴趣、毅力、临时的判断力与决断力，以及知识结构是否全面、是否及时更新等。

第四，环境支持或允许我做什么？环境对于职业选择的重要影响包括两个方面：一是客观方面，如经济发展、人事政策、企业制度、职业空间等；二是人为主观方面，如家庭支持、朋友关系、同事关系、领导态度、亲戚关系等。对于涉世未深的大学生来说，后者的人为因素更加明显，事实也证明人脉资源越丰富的大学生找工作越容易；同时，职业发展也很容易受家人、朋友等人的态度的影响。

第五，我的最终生涯目标是什么？明晰了前面4个问题，就能从各个方面找到对己有利和不利的条件。那么，对于第5个问题自然就有了一个清楚明了的方向，从而发现不利条件最少的、自己想做而且又有希望实现的最终生涯目标。

下面我们用5W看看小静是如何思考的。

## 【案例分析4-7】

### 小静的"5W"

个人简历：小静，女，商务英语专业，大四学生。在临近毕业时她还难以确立自己的职业目标。就现在来说，外语专业较为热门，找一份差不多的工作并不难，但由于自己性格外向，小静并不喜欢单调的办公楼生活，而是特别喜欢导游这一职业。

Who are you？某高校商务英语专业毕业生，优秀学生干部，学业成绩优秀，英语通过国家六级考试；辅修旅游英语、旅游管理、导游概论等课程；已取得了"导游证书"。家庭状况一般，父母工作稳定，身体健康，暂时还不需要有人特别照顾；自己身体健康，个性活泼，喜欢热闹，组织能力特别强。

What do you want？很想成为一名导游，自己比较喜欢这种职业；其次可以成为宾馆、饭店的管理人员；也可以考虑出国读本科，回国做翻译工作。

What can you do？曾在宾馆做过前台接待，并因英语口语良好，受邀担任过随团导游兼翻译，很有成就感；当过学生干部，团队合作意识较强，多次参与学校组织的颇有影响的大型活动。

What can support you？家长希望她能去国外继续深造；学校老师推荐去一家品牌化妆品公司担任外方客户维护；有同学自己开了一家货贷公司，希望她能够加盟，但她自己并不了解货贷公司的具体业务，也不知道它有多大的发展前途；在暑期社会实践时找到了一份兼职导游的工作，自己希望能成为全职导游。

What can you be in the end？最后的可能选择有四种，分别如下：

（1）到国外去继续深造，学成归来做自己梦寐以求的翻译工作。但考虑家境一般，要举债读书，心里很不舒服，压力也很大，想等自己有能力有精力了再去深造，也好减轻父母的负担。

（2）到品牌化妆品公司担任外方客户维护，收入应当不错，但从发展的角度来看，化妆品行业竞争激烈，起伏较大，自己对此行业的兴趣也不是很大。

（3）去同学的货贷公司去做管理，一是害怕自己的专业知识用不上，日久会荒废掉；二是担心对货贷行业不熟悉，承担风险较大；三是来自家庭的阻力，会令自己左右为难。

（4）如愿从兼职导游成为全职导游。一面带团出游，一面利用业余时间继续读些书，把外语知识与旅游知识有机结合起来。

单纯从职业发展上看，这四种选择都有其合理性，但如果从个体而言，第四种选择显然更符合小静本人的职业价值取向。从心理学上看，选择导游这份职业能够满足她乐于与人打交道的个性特点，在工作中也最容易投入，做出一定的成绩后会有很大的成就感。从职业前途看，导游这个职业社会需求量很大。从职业兴趣上看，这种职业也比较符合她的职业兴趣倾向。从能力角度来看，当导游能发挥她的组织能力和交往能力。当然带队出游可能会影响她继续深造，但如果她能够确定自己的最终目标并努力去弥补，那么在不久的将来，小静一定能实现自己的职业理想。

【体验互动】

## 我的5W

(1) Who am I?（我是谁？）

优势：

不足：

(2) What do I want?（我想做什么？）

① _____

② _____

③ _____

(3) What can I do?（我能做什么？）

① _____

② _____

③ _____

(4) What can support I?（环境支持或允许我做什么？）

支持：_____

_____

限制：_____

_____

(5) What can I be in the end?（我最终的职业生涯目标是什么？）

_____

_____

为了达到我的职业目标，我的行动计划是：

① _____

② _____

③ _____

5W法是通过一步步的分析，帮助你澄清生涯目标的选择，在分析中让你渐渐了解自己的个人特点和职业机会，从而最终确立适合自己的职业生涯目标。

2. 决策方格法

操作步骤：

（1）列出你最向往的职业生涯发展目标2~3个。

（2）根据你个人的情况，从你的个人价值满足程度、兴趣一致程度、专长的施展空间等方面思考自己的职业生涯发展目标，并评估每个职业目标的回报等级。其中，优＝4分，良＝3分，中＝3分，差＝4分。

（3）根据职业发展机会的情况，从职业发展机会中对能力与经验的要求、学习限制、发展前景等方面，评估每个职业目标的机会。其中，差＝1分，中＝2分，良＝3分，优＝4分。

（4）根据你对回报和机会的评估结果，在职业目标决策方格中找到相应的位置，并将职业目标填入"决策方格"中。

（5）将每个职业目标的回报与机会的得分相乘，乘积最大的目标，就是最适合你的职业目标。

举例：看看小静用决策方格做的生涯目标的选择情况（见表4－2－1）。

表4－2－1　　　　　　　小静的生涯决策方格

| （回报） | 优 | | 出国 | | |
|---|---|---|---|---|---|
| | 良 | | | 化妆品公司客服 | 导游 |
| | 中 | | | 加盟同学公司 | |
| | 差 | | | | |
| （机会） | | 差 | 中 | 良 | 优 |

小静的四种职业生涯目标的决策结果：

出国深造：$4 \times 2 = 8$；化妆品公司客服：$3 \times 3 = 9$；加盟同学公司：$2 \times 3 = 6$；导游：$3 \times 4 = 12$。经过一番生涯决策的评估之后，导游计划成为小静的最佳选择。

3. SWOT分析法

SWOT分析法最初被广泛地应用于分析和研究一个企业的现实情况，后来，SWOT以其很好的模式被广泛应用于个人的自我分析之中。

在制定生涯目标时，一要考虑到自身内部因素，二要考虑外部环境因素。SWOT分析法是一种有效的自我诊断方法，可以帮助你分析你的个人优点和缺点在哪里，并且教你评估出自己所感兴趣的不同职业道路的机会和威胁所在。S代表优势（strength），W代表弱势（weakness），O代表机会（opportunity），T代表威胁（threat），其中，S、W是内部因素，O、T是外部因素。从整体上看，SWOT可以分为两部分：上半部分为SW，主要用来分析内部条件；下半部分为OT，主要用来分析外部条件（见表4－2－2）。

利用这种方法可以从中找出对自己有利的、值得发扬的因素，以及对自己不利的、要避开的因素，发现存在的问题，找出解决办法，并明确以后的职业发展方向。

表 4-2-2　　　　　　　　职业生涯决策的 SWOT 分析模型

| SWOTW 分析法 ||| 
|---|---|---|
| 内部个人因素 | 优势优点（strengh）<br>你可以控制并且可以利用的内部积极因素<br>什么是我最优秀的品质<br>我曾经学习了什么<br>我曾做过什么<br>最成功的是什么<br>…… | 弱势缺点（weakness）<br>你可控制并努力改善的内在消极因素<br>我的性格有什么弱点<br>经验或者经历上还有哪些缺陷<br>最失败的是什么<br>…… |
| 外部环境因素 | 发展机会（opportunity）<br>你不可控制但可利用的外部积极因素<br>社会环境对你的发展目标的支持<br>地理位置优越<br>专业发展带来的机会<br>就业机会增加<br>…… | 阻碍威胁（threat）<br>你不可以控制但可以弱化的外部消极因素<br>名校毕业的竞争者<br>同专业的大学生带来的竞争<br>…… |
| 自己真实的卖点： ||| 
| 总体鉴定：（评估你制定的生涯发展目标） ||| 

举例：小俊的 SWOT 分析情况（见表 4-2-3）。

开朗，勤奋好学，吃苦耐劳，敢于面对挑战并喜欢从事具有挑战性的工作。

短期生涯目标：大学毕业后成为人事助理。

表 4-2-3　　　　　　　　　　小俊的 SWOT 分析情况

| SWOT 分析 |||
|---|---|---|
| 内部个人因素 | 优势优点（strength）<br>1. 做事比较认真、踏实，有浓厚的学习兴趣和一定的实力，尤其是在人力资源方面有着浓厚的兴趣<br>2. 乐观积极的生活态度，善于发现事物和环境乐观积极的一面<br>3. 富有极强的责任心和耐心，且喜欢做相关的工作<br>4. 办公软件运用能力强，业余加强办公自动化训练<br>5. 英语书面能力强，有一定的口语表达能力<br>6. 对社会现象有自己的思考，有一定的分析能力<br>7. 有一定的书面表达能力，逻辑思维性和条理性较强 | 弱点缺点（weakness）<br>1. 性格偏内向，对管理工作具有天生的缺陷<br>2. 办事不够细腻，有时考虑问题不够全面<br>3. 做事不够果断，尤其事前做决定的时候总是犹豫不决<br>4. 做事有时拖拉，不够雷厉风行<br>5. 工作、学习有些保守，冒险精神不够，创新能力有待提高 |

续表

| | SWOT 分析 | |
|---|---|---|
| 外部环境因素 | 发展机会（opportunity）<br>1. 加入世贸组织后，外企的进入为我们提供了很广阔的空间<br>2. 在学校里有构建良好的人际关系的条件<br>3. 就专业知识方面来说，人力资源的发展已经是大势所趋，这方面的人才需求正随着我国经济的高速发展而不断扩大<br>4. 有亲戚从事人力资源方面的工作 | 阻碍威胁（threat）<br>1. 距离毕业还有一年的时间，各种准备相当不充分，相比其他重点大学的学生来说自身实力不够突出<br>2. 企业单位对个人因素要求不高，特别是对于英语方面来说，不能只满足于听、写，表达能力也至关重要<br>3. 公司及用人单位对毕业生的要求提高，更需要有经验的人才，个人经验不足 |
| 自己真实的卖点：人力资源管理方面有着浓厚的兴趣；办公软件运用能力强；英语口语表达能力较好 | | |
| 总体鉴定：通过上述分析，可以看出小俊希望从事人力资源管理工作的个人优势与机会大于劣势和威胁，具有专业优势、个性优势、能力优势、发展条件的优势。建议今后的一年中寻找相关的实习机会，为就业做好准备 | | |

进行 SWOT 分析应该注意的方面：

要对个人的优势与劣势有客观的认识，不要过分夸大自己的优势，也不要过于自卑，把自己看得一无是处，应进行全面的客观分析。同时，要区分个人的现状与前景。

要与其他同专业的同学或从事同一职业的竞争者进行比较，了解自己的优势。同时，在进行 SWOT 分析时，要注意 SWOT 分析法的简洁化，避免复杂化与过度分析。

【体验互动】

### 我的 SWOT 分析

| SWOT 分析法 | | |
|---|---|---|
| 内部个人因素 | 优势优点（strength）： | 弱势缺点（weakness）： |
| 外部环境因素 | 发展机会（opportunity）： | 阻碍威胁（threat）： |

续表

| SWOT 分析法 |
|---|
| 自己真实的卖点： |
| 总体鉴定（评估你制定的生涯发展目标）： |
| 具体规划（规划你3~5年的具体目标） |

4. 职业决策平衡单

在进行职业选择时，有时会碰到两个甚至两个以上不同的职业发展方案的选择问题，此时，如果进行直观的量化，可能会使你对自己职业生涯的目标更加清晰。职业决策平衡单方法和技术可以通过打分的方式，量化你的各项职业选择的分数，帮助你进行职业生涯目标的决策。职业决策平衡单的操作方法如下：

（1）确定你的职业决策考虑因素。你可以从以下两方面考虑：

第一，自我部分（精神与物质）。本部分又可以分为两方面：一是自我精神部分，包括自己的能力、兴趣、价值观、心理需求（自尊、自我实现）；生活方式的改变、成就感、自我实现的程度、兴趣的满足、挑战性、社会声望的提高、发挥个人的才能等；二是自我物质部分，包括升迁机会、社会地位、工作环境、工作发展前景、工作发展前景、工作内容、休闲时间、生活文化、对健康的影响、足够的社会资源、能提供的培训机会、就业机会等。

第二，外在部分（精神与物质）。本部分也可以分为两方面：意识外在精神方面，包括父母、师长、配偶、家人的支持等；二是外在物质方面，包括家庭经济收入、择偶及建立家庭、与家人相处的时间、家庭地位等。

（2）利用职业决策平衡单位进行职业生涯目标决策。列出你的三个职业生涯发展方向，分别填到表4-2-4的职业方案中。具体方法为：在第一栏职业决策"考虑要素"中，根据职业选择的重要性和迫切性，赋予它权数,加权范围为1~5倍,填写到"权数"一栏。权数即你在进行职业选择时所看中的内容。某要素的权数越大,说明你越看重该要素。

表4-2-4　　　　　　　　　　职业决策平衡单

| 考虑要素 | | 重要性的权数(1~5倍) | 第一方案 | | 第二方案 | | 第三方案 | |
|---|---|---|---|---|---|---|---|---|
| | | | 得(+) | 失(-) | 得(+) | 失(-) | 得(+) | 失(-) |
| 个人物质的影响 | 1. 收入 | | | | | | | |
| | 2. 工作的难易程度 | | | | | | | |
| | 3. 升迁的机会 | | | | | | | |
| | 4. 工作环境的安全 | | | | | | | |
| | 5. 休闲的时间 | | | | | | | |
| | 6. 生活变化 | | | | | | | |
| | 7. 对健康的影响 | | | | | | | |
| | 8. 就业机会 | | | | | | | |
| | 9. 其他 | | | | | | | |
| 他人的物质影响 | 1. 家庭经济 | | | | | | | |
| | 2. 家庭地位 | | | | | | | |
| | 3. 与家人相处的时间 | | | | | | | |
| | 4. 其他 | | | | | | | |
| 个人精神的影响 | 1. 生活方式的改变 | | | | | | | |
| | 2. 成就感 | | | | | | | |
| | 3. 自我实现的程度 | | | | | | | |
| | 4. 兴趣的满足 | | | | | | | |
| | 5. 挑战性 | | | | | | | |
| | 6. 社会声望的提高 | | | | | | | |
| | 7. 其他 | | | | | | | |
| 他人精神的影响 | 1. 父母 | | | | | | | |
| | 2. 师长 | | | | | | | |
| | 3. 配偶(或男/女朋友) | | | | | | | |
| | 4. 其他…… | | | | | | | |
| 合计 | | | | | | | | |
| 得失差数 | | | | | | | | |

(3) 打分。根据第一栏中的职业决策考虑要素给每个职业方案打分,

每个方案的得分或失分,可根据该方案具有的优势(得分)、缺点(失分)来回答,计分范围为 1~10 分(注:每个方案的得分或失分只能填一项,可参照案例)。

(4)计分方法。将每一项的得分或失分乘上权数,得到加权后的得分或失分,并分别计算出总和(即加权后合计);再把加权后的"得失分数"算出来,并据此作出最终决定。得分越大,该职业方案越适合你。

在每一项职业生涯决策中,遇到的问题常常是多种多样、交错混杂在一起的。但其中有的是具有长远性、决定性的主要矛盾,或迫在眉睫必须马上决断的关键性问题;而有的只是一般的、随主要矛盾的转移而变化的次要矛盾,或缓和一下有可能自行解决的问题。面对五花八门的职业世界、包罗万象的职业问题,首先需要确定各项职业生涯决策的重点内容。

在现代社会职业生涯发展过程中,人们会越来越多地面对多重抉择的境地,这时就需要个人作出选择一个职业而放弃另一个甚至其他多个职业的决定,这就是"职业生涯决策"或称为"职业生涯决定"。职业生涯决策是一个人选择职业目标或具体的职业岗位时,对可能的结果作出价值判断的方法。因为这一价值判断涉及个人的人生价值观、职业价值观,以及性格、兴趣、能力等个人因素和职业需求、职业发展等社会职业环境因素,故而每一个人对某一职业方面的价值判断是不同的,因此,"职业生涯决策"的内容因人而异,它只能是各人在职业选择中权衡利弊、寻求发挥最大价值的方法。

【任务布置】

哪一种职业生涯决策方法最适合你?当前做决策你觉得最大的困难是什么?应该从哪些方面着手准备来提高自己的决策效能?

## 第三节　提高职业生涯管理效能

### 一、生涯决策中的阻碍和误区

在生涯决策的过程中,有一些阻碍因素会不利于你作出决定,或使你的

视频 4.2
目标制定的
SMART 原则

职业选择不顺利，或造成生涯发展困境长久无法突破。

职业规划专家经过对高中生、大学生和大量职员的调查表明，职业生涯目标决策的阻碍因素主要有七个方面。

1. 缺乏对自己的了解

反映出人们不了解自己的兴趣、长处、价值观和生活方式的偏好。他们不明白最需要从工作中得到什么（例如，大量的金钱、充分的责任、旅行）。

2. 缺乏对内部工作信息的了解

这反映出人们对本组织内部的职业机会和工作的可能性了解不够，不清楚组织在未来5～10年中将往何处发展。

3. 缺乏对外部工作环境的了解

反映出人们对本组织之外的工作机会缺乏足够的了解，包括其他的职位、组织和行业的机会。如果换个老板，也许他们就能很好地抓住任何适合自己的工作机会。

4. 缺乏做决策的自信

反映出人们在作出有关职业生涯的决策时不具备足够的自信，不确信自己能作出适合自己的职业生涯决策。

5. 害怕决策和对决策有忧虑

反映人们在进行职业生涯决策时，由于害怕和忧虑而不敢作出决策。

6. 非工作的需要

反映出人们职业生涯愿望与来自非工作（例如家庭）的压力之间的冲突。家庭的压力与我们期望的职业生涯发展方向互相矛盾。

7. 客观因素制约

反映了人们职业规划决策要受收入状况、年龄和在既定职业中工作年限的影响。例如，他们可能的想法是，我在现在的职位上已经干了这么多年，其他工作即使很吸引人，也不想去了。

【体验互动】

对比自身，你认为阻碍自己决策的主要因素有哪些？请写下来。
请学生展示，教师点评。

在这些阻碍中，有些是自身性格的原因，有些是心理上的问题，还有些是意识和方法上的不足，如信息探索和方向选择等，如果发现自身存在这样的阻碍，那么就需要在进行职业生涯决策的时候有意识地避免和克服，以免让这些因素影响到生涯决策的过程，不能限制最合理的生涯规划，使自己错失良机，后悔莫及。

同时在生涯决策的过程中，也存在着一些误区，这些错误的观点会影响你的看法，可能也是你在生涯规划时产生心理困扰的根源。

误区之一："在我的职业生涯中，我只能做一次决定。""绝不后悔。""如果我改变了决定，那么我就失败了。"有些人认为，生涯决定就是一旦选择了一个职业或专业就不能改变，否则一定会被别人看不起，因为那是自己最初的决定。事实上，这样并不理智。美国的一项研究显示，有三成到五成的大一新生打算改变主修学科。其实，在校园里可以看到许多同学，对目前所读的专业并不感兴趣，正在以旁听、辅修、双学位等方式来发展自己有兴趣的学科。与其固守某一个专业或职位，倒不如放眼未来、另起炉灶。要知道任何决定都有风险和成本，任何投资都不能保证一定赚到钱。最重要的是对自己负责，做到问心无愧，万一有意外发生，与时俱进地变通才是上上之选。

误区之二："一定要马上决定！"有些人认为，迟迟无法决定就是懦弱、不成熟的表现。其实在做决定时，草率鲁莽则更加不可取。在没有充分了解自己和工作要求的情况下，暂时不做决定或许是最明智的选择。

除了这两种误区之外，有关的误区还有很多，例如：

"世界上仅有一种最适合我的职业。"

"我会凭直觉找到最适合我的职业。"

"我所做的工作应该要满足我所有的需求。"

"我无法从事任何与本身能力、专长不合的工作。"

"我所选择的职业也应该要让我的家人、亲人感到满意。"

这些误区都有可能影响生涯发展，是在谨慎进行生涯选择和决定时应该避免的。

职业生涯规划最重要的一个步骤就是进行生涯决策。决策的过程很复杂，有的时候可以说是很痛苦的。需要考虑到所有的因素，综合分析之后作出决策。更重要的是，你需要为这个决策负责。所以，人们有时候会怀疑、会惶恐地问自己："我这样想对吗？""我这样做对吗？"其实没有绝对的对与错，你需要做的就是停下来，潜心地按照科学和理性的方式进行应有的思考和分析，并以此制定自己的职业生涯规划。然后，为你的目标与愿景努力！

## 二、先见力与职业

先见力也称预见力,指的并非是用统计学方法分析现状以推定未来走势的能力,而是将注意力放在一般人从未正视过的地方,能察觉到别人看不到的事物的洞察力。先见力和知识的多寡、视野的开阔度、所站角度的不同、一个人的境界、所能取得的信息量大小,以及悟性、天赋等都是密切相关的。美籍日本学者大前研一在其所著的《专业》一书中对"先见力"这种能力进行了详尽的阐述。他认为,培养此种能力最重要的就是破除陈旧思想,凡事抱有追根究底的态度,不断尝试错误。先见力是主张对问题的创造性与建设性的猜疑和批判。

### (一) 先见力的重要性

在这个不断剧烈变化的世界中,如果要经得起变化,就要经常客观地审视自我,不断求变。只有毫不设限地自我变革,才能让预见与构想的过程不断重复实现。在激烈的竞争环境中,何时会遭遇危险无法预知,而机遇的到来同样也无法预测。在预见无法预测的危险与机遇方面,敏锐的先见力发挥着巨大的作用。

设想职场人士生存的空间由两种海洋组成:红海和蓝海。红海代表当前事业存在的职场空间;蓝海代表有待开发的职场空间。在红海中,职业路径是明晰和确定的,职业规划是已知的;身处红海的职场人士试图表现得超过竞争对手,以获得已知需求下的更大的发展空间。与之相反,蓝海则意味着有待开发的职场空间,新需求的创新及广阔的发展机会。

在红海领域中击败竞争者始终占据着重要地位,因为红海一直存在,并将始终是现实职场生活的一部分。但随着越来越多的岗位出现供大于求的现象,职场人士要超越竞争,获得新的成长和发展机遇,必须开拓蓝海。蓝海战略要求职场人士突破传统的血腥竞争所形成的"红海",拓展新的非竞争性的职场空间。与已有的、通常呈收缩趋势的职场需求不同,蓝海战略考虑的是如何创新需求,如何用合同的方式来突破竞争,而这种开拓蓝海能力的先决条件就是要具备先见力。

### (二) 如何发挥先见力

既然先见力如此重要,那么应该如何发挥自己的先见力呢?下面给出了三个步骤供参考。

1. 提早准备，抓住时机

机会只留给那些有准备的人。大学生、新入职者具备先见力，就能提早准备抓住时机。一是要准，也就是能够在各行各业中准确发现既适合自己去做，又能给自己带来良好的发展机遇和发展空间的事业。二是要远，也就是不能总盯着一门一行，甚至把眼睛仅仅放在眼前利益上，而是要能在变幻莫测的职场中看到发展的大方向，按照这个大方向来经营自己的人生将是愉快而有意义的。有了先见力，在关键的时候还要做出准确的判断，但这也并不是轻而易举的。关键是要有全局的判断能力，能够纵观整个局势，看出整个局势的大方向，并知道如何朝这个方向去做，这样才能使自己立于不败之地。

2. 怀疑常识，勇于质疑

过去的经验或积累的知识常成为处理事情的参考，这是不变的常理。但相对于20世纪的常识，21世纪显然是一个常识作用弱化且富于变化的突变时代。最近数十年的变化，早已超过过去的上百年的变化。处于多变的时代，对于过去成功的经验，只能作为参考，不能一成不变地全盘吸收，否则很可能会失败。21世纪的专业人才，必须具备先见力与构想的能力，个性中拥有喜欢变化和不怕失败的特质。带着这种从容、好奇心和勇气，勇于接受挑战及新事物，才能更好地适应变动的21世纪。

过去的经验或累积的知识，在大脑中形成"常识"。人的大脑有一种机能就是当接收的新信息与旧有的信息不协调、无法整合时，就会下意识地排斥、忽略新信息；或者会依据既有知识的片段解读新的事实。这是人类的理性，也是一种自我的本能反应。然而在当今这个日新月异的时代，若是被旧有的常识束缚，恐怕就难以正确解读新世界瞬间产生的新事物，更别说拥有先见力了。要想"独具慧眼"，首先要做的就是对自己根深蒂固的常识持怀疑的态度，并有意识地将这种怀疑态度变成习惯。

所谓知识，是先驱者的研究、经验，以及尝试错误之后得出的结果。但是已有的知识并不一定能适应随时变化的环境，而且凭借旧有的知识只能应对过去曾发生的问题，对于未知的领域，如果拘泥于成规，很可能会裹足不前，难以取得更大的突破。所以，还是要用勇于开拓、敢于怀疑过去的精神来迎接未来。要不断学习，也要养成"忘记所学"的习惯。

对常识存疑，并非只是消极地不接受，而是提出相反的意见，然后重新求证。换句话说，把学习抛诸脑后的过程，是同时破除旧理论和创造新理论的过程。除了应该仔细分析所谓的常识，也同样要仔细分析相反的论点。这种思考习惯及逻辑论证的能力，才是开拓新天地的关键所在。排除因循守旧的态度及怀疑常识的正确性，有助于培养在未知世界中的先见力。

3. 因势利导，开创蓝图

发现职场中的一种趋势之后，接下来可以放眼未来，思考一下如果这个趋势按照其逻辑发展下去，职场会变成什么样。通过这样一种思维方式来考虑，就会知道目前需要做什么变革。

比如，中国正在加速步入老龄化社会，为了满足老年人的特殊需求，为他们提供产品和服务的老年产业具有潜在的发展空间，老年产业涵盖了一二三产业的领域，是一种交叉产业。我国的老年生活用品业发展不足，而老年人的购买能力会越来越高；老龄医疗保健业专门化程度低，而老年人在这方面的需求会随着年龄的增长而逐步增大等。老年产业蕴含着无限的商机，老年产业会成为促进国民经济发展的新的经济增长点，所以，如果毕业生可以抓住这个社会趋势，并在此方面下功夫的话，有可能会获得颇丰的经济和社会效益。当然，要将这种潜在的需求变为现实的职业还有一段很长的路要走。

**【任务布置】**

小组讨论：应该从哪些方面着手准备来提高自己的决策效能？

小组派代表分享讨论成果，教师安排一位同学到讲台板书关键词。教师点评。

## 三、提高知识管理能力

知识管理（knowledge management）涉及知识的获取、存储、利用和分享等。知识管理的出发点是把知识作为最重要的资源看待，把最大限度地获取和利用知识作为提高竞争力的关键。

知识管理包括的内容有：具有较高收集、查询知识的能力，个人知识结构趋于合理，有足够的知识储备以达到视野开阔、能预见未来的发展趋势，与专家建立联系、具有行业内的人脉，知道去何处寻找需要的知识等。

知识管理六要素包括：why——为什么做；who——谁懂，谁有好办法；where——到哪里找信息；which——哪个数据是有关的；when——什么时候该做什么，优先顺序是什么；how——如何做，最佳路径是什么。

## （一）知识管理的重要性

有学者曾说过：以知识为本位的经济即将改变全球经济发展形态。知识已成为生产力提升与经济成长的主要驱动力，随着资讯与通信科技的快速发展与高度应用，世界各国的产出、就业与投资将明显转向知识密集型产业。知识经济，亦称智能经济，是指建立在知识和信息的生产、分配及使用基础上的经济，它是与农业经济、工业经济相对应的一个概念。

当今世界企业间的竞争力归根结底是人才的竞争，而人才从某种意义上讲，就是知识的体现，所以知识管理已迫在眉睫。知识管理极大地影响并决定着个人未来的发展空间。

科技的发展可谓日新月异。在校学习的目的，其实就是掌握最基本的学习工具和方法，将来利用这些工具和方法再去学习新的东西。在校生活是系统地学习基础理论知识、学习思考和解决问题方式的好机会。这些知识将成为未来发展过程中所需要的最基本的知识和技能，就像建一栋高楼，如果不打好基础，是经不起风吹雨打的。

有许多人认为毕业即画下了吸收新知识的一个休止符，在今天看来这种观念需要更新。有此观念者，易被时代所淘汰，因为"不进则退"。当从学校走向社会时，会发现在学校所学的知识并非与工作内容一一相符。在工作中，面对的信息量巨大，更新速度提升，若想准确快速地获取自己想要的信息，必须进行知识管理。在人际环境上也会面对巨大的转变，步入社会之前的环境相对单纯——学校和家庭，走向工作岗位之后，要处理与上级、平级、下级的内部关系，以及组织的外部关系，这就需要人际知识的提升。

在经济全球化的今天，无论是国家间还是企业间的竞争都是人才的竞争，而人才的竞争最终是知识的竞争。对职场人士而言，面临着自身的知识管理和组织的知识管理两个方面。首先，自身的知识管理包括专业知识的学习、专业技能的提升等；其次，组织的知识管理，涉及公司或企业的新产品研发、客户的培训、专利的申请，以及财务的管理等。

彼得·德鲁克曾说：当今的经济，最重要的资源不再是劳力、资本或土地，而是知识。若要在这个竞争激烈的社会中不落伍，就得永远学习。不学习就不能掌握新的东西，自然会落在社会发展的后面。所以，要培养乐于学习、终身学习的理念，挑战自我，学无止境。

## （二）如何进行知识管理

知识管理绝对不是简单的知识回炉或返校充电，也不是重新按照大学的方式学习其他知识，而是能理解学习的动机、社会的需求，培养运用知识的能力。知识管理不能只进行阅读上的积累，更重要的是找到知识增值的有效方法，建立长期的发展能力。个人知识管理的目标在于使知识资本得以体现和增值，不仅要懂得积累知识，更要懂得知识的运用和衡量其价值。

从宏观上讲，以市场为导向来调整知识结构是有一定道理的，也能使人才的供需得到更好的平衡，但就个体而言，更需要结合自己的优势来安排。性格和气质在职业生涯中发挥的作用很大，个人知识结构也需与之配合，才能最有效地发挥潜能。

1. 培养学习能力

在科技发达、信息爆炸的今天，每个人都必须面对快速学习许多信息与知识的压力，尤其是现在的互联网，促进了人类的信息交流，使其从此再无界限，让我们可以通过信息和媒体，快速积累知识与技术，问题只在于：你能否跟上时代的脉动找到这些宝藏。一个成功的人，花了20年的时间累积经验，然后写成一本书，我们在1个月的时间里将其完全吸收，如果1年读12本书，那我们就可以在1年内累积别人240年的经验，这就是学习。现在，如果愿意学习，知识的累积速度会很快，如果本身所拥有的基础就会比别人雄厚，就能获得成功的资本。

大学里的学习绝不只是简单地把书本读会，光有知识并不是智慧，具备运用知识的能力才叫智慧。读什么专业固然重要，但是比这更重要的是培养自己学习的能力。学习能力和勤奋精神远比大学和专业重要得多。

2. 知识积累的方法

关于知识积累的方法，有两点值得强调：一是非正规教育的知识积累过程同样重要；二是应该动态地规划知识积累过程，并予以管理。横向审视自己的知识结构，纵向规划自己的知识结构，不断地使自己的知识增值。专业知识的更新管理包括对个人知识结构的分析、专业知识的价值评估等方面，要以动态的观念来看待个人知识结构。

### （三）知识管理的过程

1. 知识的获取

这是知识管理的第一步。此时需要个人有目的、有选择地获取知识，有意识地去主动学习，并且要掌握相关的学习工具和技巧。

2. 知识的存储

经过知识点的收集和获取后，需要有目的地对知识筛选归类，而后存储自己需要的知识，此时要选择合适的工具来存储，同时建立适合自身的存储主体。

3. 知识的分享

在经历知识的获取和存储两个环节后，个人就拥有了这部分知识。此时要做的就是尽量与更多的人分享自己拥有的知识。对知识的敏感性和强大的学习能力才是个人的核心能力，而非某个具体的知识本身。

4. 知识的利用

众所周知，实践是检验真理的唯一标准。对于自己已经存储的知识，要多运用到实际生活、工作中，检验它的正确性。"纸上得来终觉浅，绝知此事要躬行"，说的就是这个道理。

（四）知识管理的技巧

1. 梳理知识体系

这一技巧的目的在于搭建个人的知识结构，用于信息的分类与筛选。此时，除了要尽量排除垃圾信息的干扰外，可有可无的信息也应直接删除。其中，搭建的个人知识结构大体上如图4-3-1所示。

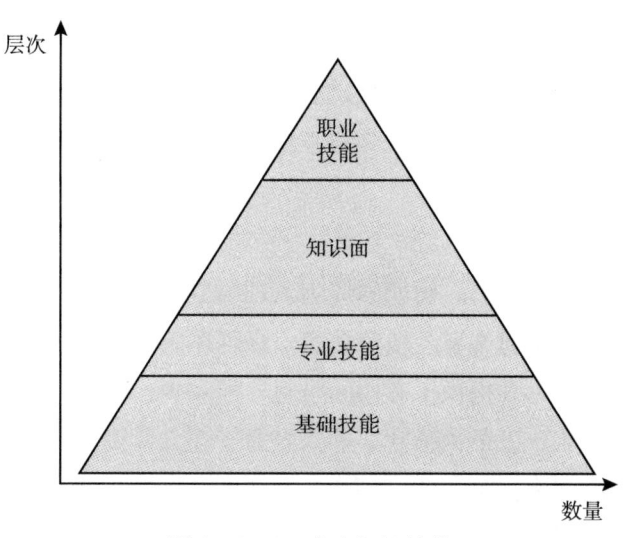

图4-3-1　个人知识结构

最下面一层是必须具备的基础技能，所有包含的条目必须达标，否则将难以支撑更高等级的技能值。

第二层是专业技能，是指对个人专业的长远规划，其面积已经非常窄了。此处应当根据自己的工作及个人特点来谨慎制定，旨在对自己的职业能力进行补充。需要特别指出的是，对于一个初入职场的人来说，对于职场规则、相关法律的知识要有一定的了解，这样才能在职场中保护好自己，少受伤害。

第三层是知识面，该层面应该越宽越好，所有感兴趣的内容都可以放在这个区域中。需要注意的是，对该区域的精力投放要严格控制，达到理解程度即可。

最高的一层是职业技巧，到了这个层面，已经达到自己所有能力的巅峰——实际工作能力，这是个人目前的真正实力，即无论想做什么事，能用到的只有自己现实具备的能力。

根据木桶原理，"知识的吸收"是一个人知识管理的限制性因素，那么所有非瓶颈资源的能力提升都不会对最终系统输出有任何益处。所以目前而言，凡是影响"目标知识吸收"的事情，要一概予以杜绝。明确规定自己做什么、不做什么；定期剔除无关的、无法辨别真伪的知识，对收集各种能收集的资料甄别、筛选、消化、提炼，将有益的知识"据为己有"，而且要随着时间的推移经常性地梳理和调整，建构新的知识体系。

2. 掌握工具与技巧

所谓"工欲善其事，必先利其器"，要做好一件事，一定要做好准备工作或选择好的做事方式，工具能够很好地辅助工作，提高工作效率。因此工作中要经常注意学习和积累，同时，多种工具要灵活应用，才能达到"1＋1＞2"的效果。下面主要介绍如何增强读书的记忆力和如何培养速读术。

（1）提高观察和记忆能力。观察能力是大脑多种智力活动的一个基础能力，它是记忆和思维的基础。因此，没有记忆的观察是没有意义的观察。观察只有在形成记忆之后，才能够成为人的财富。如果一个人对生活中任何现象、任何事物、任何文字、任何信息、任何图解都没有记忆，实际上也就无从思维。记忆为思维提供了有用的素材。职场中，快速、准确地记忆关键人物的名字、容貌，以及关键数字等信息对于建立并发展人际关系、高效解决工作中遇到的问题都是至关重要的。

（2）培养速读术。根据美国学者调查统计，一般人的平均阅读速度为每分钟200～250字，如把阅读速度由每分钟200字增加到400字，只需花费以往时间的一半即可。如增加到每分钟500个字，则只需花费40%的时间即可。因此，掌握一定的速读技巧有助于职场人士工作效率的提高。要实现迅速阅读只有两种途径：一是缩短每一次的凝视时间，二是增加每次凝视的文字群数量。有实验显示，一般人的凝视时间大同小异，故唯有增加凝视的文字群数量一种方法了。欲达到这一目的，有以下要诀可供参考：

第一，纠正阅读速度缓慢的要诀。有些人之所以阅读速度缓慢，大多有两个原因：一是阅读时，喜欢念出声音；二是阅读后，依然有再重复阅读的念头与习惯。明白阅读缓慢的原因后，就可以着手改正练习了：培养整句阅读的习惯，有意识地再做一次凝视，尽量将更多的文字尽收眼底；培养默读的习惯，绝不发声阅读；下定决心，摒弃再次阅读的念头与习惯。

第二，加速了解阅读内容的要诀。如果阅读时，只是眼睛与文字的接触，而脑子里一片空白，那么，阅读就无任何意义可言，徒费时间与劳力。要想使阅读有效率，应做到以下两点：一是需要有明确的目的意识，清晰而肯定地告诉自己为什么必须阅读此书，以激发读书的动机与欲望；二是以一种比平时阅读更快的速度，订立严格的目标，并尽量在限时内完成阅读任务。

第三，慢慢阅读不一定通盘了解。许多人陷入阅读的迷信中，误认为缓慢的阅读方式有助于了解与记忆。根据专家研究，阅读速度较快者，较能提高理解力。故善于阅读者，能收集重要的内容，从而明确清晰地描绘一个构图（整体内容与概要）。

第四，提高阅读速度的方法。首先，阅读内容概要。看标题、序言、图表等说明，以判断是否值得阅读，并约略计算阅读所需的时间。并不是每份材料都需要一字不漏地阅读。其次，找出重要的关键字。在阅读文件的时候，只要遵照5W1H的方法（who、when、where、why、what、how），即可达到阅读的目的，这种阅读方式称为概略阅读。再次，记忆和阅读双管齐下。阅读时重要的是寻找出重点，将其与自己的经验做一比照与联系。这样可帮助我们记忆并储存在大脑中，以备以后随时取用。最后，找寻中心思想，掌握作者的写作目的，不要过于拘泥琐碎细节。

第五，培养阅读习惯。具备速度不仅意味着能获得大量的新知识，同时也是达到成功的利器。如果发现速度已经达到最大极限时，应特别留意不要使速度降低，并应不断吸收新技巧并将高速阅读养成习惯。

## 四、时间管理能力与职业

时间管理（time management），是指用最短的时间或在预订的时间内把事情做好。时间管理包括三个部分：创造时间，通过分权、放权，以及分享他人的时间，有效地利用时间；科学安排好每一天，充分利用好办事效率最高的黄金时间。

视频 4.3
目标与
时间管理

由于时间永远不会停止，而且时间本身并不能被管理，所以时间管理的关键在于：如何选择、支配、调整与驾驭自己在单位时间里所做的事情。

每年都有12个月，每天都有24个小时，但是每个人对它的利用却不尽相同，所以产生的结果可能会有天壤之别。时间是做一切事情的资本，是最有价值的资源，而且是最难以实现有效利用、最经不起浪费的资源，其真正的价值在于被用于做什么。让某个人损失了时间就等于损失了他的金钱，损失了时间就等于抵押了未来。管理好时间就能管理好工作和生活。

彼得·德鲁克认为，管理者工作的有效性不是从他们的任务开始，而是从掌握时间开始。大学生或职场新人身兼多重角色，如果不能有效地利用时间处理工作、生活事务，必然会导致焦头烂额、无从下手，每天生活在忙碌之中，却也不能妥善处理事情。因此，加强对时间的管理，无论是对创造工作时间价值的最大化，还是实现人生目标与家庭幸福都是意义重大的。

### （一）时间管理方法

时间管理方法，前人已有大量的研究和总结，主要包括时间象限法、ABC法、帕累托法等。受篇幅限制，下面仅对前两种方法做重点介绍。

1. 时间象限法

（1）四象限的工作分类。所有的工作都既有紧急程度的不同，又有重要程度的不同。根据这两个维度，可以将工作分成四类，四个象限的划分有利于对时间进行深刻的认识及有效的管理。人们对时间的利用，不外乎有四种情形可供选择和控制，四象限的工作分类如图4-3-2所示。

图4-3-2　四象限的工作分类示意图

第Ⅰ象限：既紧急又重要的事项。

紧急是指必须马上做的事项，重要是指对组织、部门或者个人有重大影响的事项。无法回避也不能拖延，必须首先处理、优先解决。例如，销售部经理要处理客户投诉，必须临"急"不乱，力求客户对解释或处理结果能接受并满意。但是，如果客户投诉增多，每天都要处理类似事件，则要考虑产品是否出了问题？销售人员的销售或服务水平是否降低？

有的大学生或职场新人做事不分轻重缓急，遇事就赶紧去做，像消防员一样到处救火，看起来好像天天都有紧急的事情去做，其实是对第Ⅰ象限的错误理解。并不是所有的事情在任何情况下都会成为紧急而重要的事情，只有在极少数的情况下，各种因素在同一时空出现，相关条件具备时这件事才可能成为第Ⅰ象限中的事件。

第Ⅱ象限：重要但不紧急的事项。

第Ⅱ象限是四个象限中最有价值的，但重要而不紧急的事情往往容易被忽视。不同于第Ⅰ象限，该象限的事件不具有时间上的紧迫性，但是它具有重大的影响，对于个人或组织的存在和发展，以及周围环境的建立、维护，都具有重大的意义。对第Ⅱ象限事件管理要"未雨绸缪"。工作、生活中很多重要的事情都需要在发生之前做好准备，制定计划，把那些重要而不紧急的事情按部就班地高效完成。

例如，销售部经理制定下属奖金提成及发放规定，筹备对新聘销售人员的培训等，虽然这些事项非常重要，但可以缓一段时间。然而一旦这些重要的事项没有在限定的时间内完成，等到要上交或实施时才着急去做，就会变成第Ⅰ象限的工作——既重要又紧急。一般情况下，重要的事项都可以在一定的时间内完成的，会有较充足的时间安排。但是，如果大学生或职场新人每天忙于处理琐碎事务，而把重要的事搁置起来或认为还有时间，结果做了次要的事，反而将重要的事拖到最后一刻，不仅时间仓促，质量和效果也不能令人满意。

第Ⅲ象限：不紧急又不重要的事项。

这一象限包含的是既不紧急也不重要的事情，大多是琐碎的杂事，没有时间的紧迫性，也没有重要性，这些事情与时间的结合纯粹是在扼杀时间，浪费生命。长期发呆、上网、闲聊、游逛，这是饱食终日、无所事事的人的生活方式，换句话说，是在消磨和打发自己宝贵的时间。

第Ⅲ象限是一个完全没有必要进入的象限，进入它的价值不大，不要为既不紧急也不重要的事花费宝贵的时间与精力。避免进入它的方法就是多留意对自己重要的事情，把时间用于能够产生更大价值的事项上。

第Ⅳ象限：紧急但不重要的事项。

第Ⅳ象限包含的事情很紧急但不重要，因此该象限的事件具有很大的欺骗性。如果没有合理规划时间，没有按优先原则对事件进行排序，把紧急的事当成重要的事来处理，颠倒了主次，势必会造成时间的浪费。

2. 四个象限的利用

一方面，走出第Ⅳ象限。因其紧急性常常使人陷入其中而无法自拔。

另一方面，投资第Ⅱ象限。第Ⅰ象限的事情重要而且紧急，由于时间原因，人们往往不能做得很好。第Ⅱ象限的事情很重要，如果投入充足的时间去准备和实施，会获得重大的成效。可见，投资第Ⅱ象限的回报才是最大的。

3. ABC 法则

ABC 时间管理法，就是以事务的重要程度为依据，将待办的事项按照由重到轻的顺序划分为 A、B、C 三个等级，然后按照事项的重要等级完成任务的做事方法。这种方法可以有效地解决因日常事务异常繁乱而陷入混乱的状况，使学习、工作和生活等活动有条不紊地进行。

（1）划分事务级别。根据事务的重要性来确定优先顺序，对每一项工作做如下考虑："这件事是不是有助于达到我的长期目标或短期目标？"做出判断后，再根据判断确定事物的级别。划分标准如下：

A 级事务。如果非常有助于达到目标，即为最重要的事项，将其标注为 A。A 级事务——必须做的事，是指与实现自己的目标相关的关键事务，比如，管理性指导、重要客户约见、重要的期限临近、能带来领先优势或成功的机会。A 级事务的关键是要立刻行动起来去做。一旦在短期内完成，就会产生显著的效果。

B 级事务。如果对于达到目标具有一般意义，即为较重要的事项，将其标注为 B。B 级事务——应该做的事，是指具有中等价值的事务。这类事务有助于提高个人或组织的业绩，但不是关键性的。B 级事务虽不如 A 级事务那样紧迫，但它仍然很重要。这些工作可以在一定期限内相应地推迟。若规定的完成期限较短，就应该将它们尽快升为 A 级。

C 级事务。如果对达到目标起的作用不大，即为不重要的事项，将其标注为 C。C 级事务——可以做的事，是指价值较低的一类事务。无论这类事务多么有趣或紧急，都可以推迟处理，但不会造成严重的后果。该事务中的有些工作甚至可以无限期地推迟。但其他一些事务，尤其是那些有较长时间限制的事务，也会随着完成期限的临近最终转变为 A 级或 B 级。

（2）确定事务所占比例及价值。一般来说，A、B、C 三级事务在事务总量中所占的比例及价值都会存在这样的规律：A 级事务约占任务和工作总量的 15%，这是必须集中精力完成的事务。对所有欲达到的目标而言，它真正的价值高达 65%；B 级事务约占事务与工作总量的 20%，完成事务的价值也就是 20%；C 级事务占事务总量的 65%，完成这一级事务的价值仅为 15%。

（3）各级事务的时间分配原则。明确事务级别后，首先要全力以赴投入 A 级事务，直到完成或取得预期的效果后，再转入 B 级事务。如果不能完成 B 级事务，可以考虑授权。尽量少在 C 级事务上花费时间。不过 C 级事务并不是可有可无的。除了 A 级和 B 级事务外，工作中还有许多不太重要但又不能不做的事情，比如，准备工作、善后工作和日常工作等。

需要注意的是，A 级事务虽然重要，但不必第一时间就要去做，而把其他事务全抛开。这是由时间的效益性决定的。比如，一个人一天有很多工作，A 级事务是拟一份报告，需要花大半天时间；同时还有 B 级事务和 C 级事务，若 C 级事务是一些可以委派别人去做的小事，那么，在开始起草报告之前，用几分钟时间把这些小事分配下去，被分配到任务的人相对就会有更多的时间去做了。也就是说，有些时候紧急的事务虽然不重要，但要优先处理。

（4）灵活运用"ABC 法则"。首先，增加级别。如果三个级别不足以涵盖自己的具体事项，可以再加一个级别。即 D 级事务。D 级事务是指那些理论上不需要完成的工作。它们没有最后期限，如果能完成这些事固然很好，但完不成也没关系。因为自己可以完全无视这些事的存在，它们不会带来任何不利或严重的影响。不过，从事这些 D 级事务也有一定的好处，它们往往可以有意外的收获。比如，阅读一本旧杂志时，恰巧有一篇很有意义的文章；购买一盏台灯，完全改善了工作环境；在文具店闲逛时，发现一种简化文件归档的使用工具；重新阅读手机使用说明时，找到一些从未发现的新功能等。其次，细分级别。对于有些大学生来说，把任务只分成 A、B、C 级仍然远远不够，或者这样细分下来同时会有太多的同一级任务。为了解决这一问题，可以将各个级别进一步划分，比如，在 A 级中分为 A1、A2、A3，A1 要比 A2 更重要一些，A2 也比 A3 更重要一些；B 级事务也是如此。比如，明天想完成 6 项事务，其中有两项 A 级事务，而在这两项中又有一项较为重要，那么就把它称为"A1"，另一项则称为"A2"；其他级别的事务也是如此。

ABC 时间管理法则的优点在于，它剔除了对每项任务附带的个人情绪，有助于理清思路，知道优先做什么，重点在哪里，不至于一味按照自己的喜好来做事或者不知从何下手。

### （二）时间管理的原则

时间管理是一项以结果为导向的行为，最终目的是要达到目标。通过时间管理来对达成目标的行为进行规划、实施和控制。

#### 1. 制定目标

任何工作，都是以实现目标作为最终目的的。目标对时间的使用具有导向作用，所以，目标制定与时间的管理有着密不可分的关系。制定目标遵循的是 SMART 标准，具体内容如下：

具体的（specific）。目标必须是清晰的，可产生行为导向的。比如，目标"我要成为一个优秀的管理者"不是一个具体的目标，但目标"我要使部门的业绩超过去年"就算得上是一个具体的目标。

可衡量的（measurable）。目标必须用指标量化表达，比如，年销售业绩。

可达到的（attainable）。这里"可达到的"有两层意思：一是目标应该在能力范围内；二是目标应该有一定难度。

相关的（relecant）。这里的"相关的"是指与现实生活相关，而不是白日梦。

基于时间的（time-based）。目标必须确定完成的日期。不但要确定最终目标的完成时间，还要设立多个小时间段上的"时间里程碑"，以便进行工作进度的监控。

设定好目标，确定好方向；根据制定的目标，对终极目标进行分解，制定年计划、月计划、日计划，通过必备的技能来逐步实现现阶段的目标。

#### 2. 分析时间

多数职场新人都很忙，经常加班加点地工作，没有休息时间，简直就是"忙碌"二字的化身。这种情况下，可通过任务记录和行动详解表对时间进行分析（见表 4-3-1 和表 4-3-2）。

表 4-3-1　　　　　　　　　　任务记录表

| 任务 | 日 | | 周 | | | | | | | 月 | | | |
|---|---|---|---|---|---|---|---|---|---|---|---|---|---|
| | 上午 | 下午 | 星期一 | 星期二 | 星期三 | 星期四 | 星期五 | 星期六 | 星期日 | 第一周 | 第二周 | 第三周 | 第四周 |
| 行动 | | | | | | | | | | | | | |

表 4-3-2　　　　　　　　　　　行动详解表

| 行动时间 | 会议 | 社会工作 | 学习 | 锻炼 | …… |
|---|---|---|---|---|---|
| 8:00~8:15 | | | | | |
| 8:15~8:30 | | | | | |
| 8:30~8:45 | | | | | |
| …… | | | | | |

忠实地记录工作一段时间后,可发现各种行动大体分为两类:一类是定期反复从事的工作,另一类是偶尔从事的工作。表4-3-3主要是在工作完毕之后做分析用。上端有"日""周""月"三大栏。下分数小栏,可依工作完成的时间逐一分析。例如,是在上午,还是下午。当然,此种工作必定是属于定期反复的工作。如果是一周才做一次的工作,可在完成当日做分析;如是一个月才处理一次的事,则需在完成的当周分析;如果一周有两次,或每月有两次的工作,则需在适当的时候进行分析。

表 4-3-3　　　　　　　　　　　干扰因素分析

| 分析干扰因素 | 干扰者 | 排序 | 后果 | 对策 |
|---|---|---|---|---|
| 缺乏自律 | | | | |
| 文件杂陈 | | | | |
| 拖延 | | | | |
| 不会说不 | | | | |
| 职责混淆 | | | | |
| 突然约见 | | | | |
| 当下想干的事太多 | | | | |
| 经常"救火" | | | | |
| 条理不清 | | | | |
| 计划不周 | | | | |
| 无效会议 | | | | |
| 不速之客 | | | | |
| 电话干扰 | | | | |

表4-3-4用于分析反复进行的固定工作所花的时间。左边是时间栏,以每15分钟为单位,自8:00开始,依顺序排列下去。表上端是行动栏,可以依照每天固定工作类记录下来,然后依照当天各项活动所占用的时间,

在上述时间栏内打个记号"√",依此方法做下去。

在一天工作全部完毕之后,试着做一个总的检查,探讨每项工作所花费的时间有多少,例如,当天开会从 8：15 到 8：45,则打上一个"√",一天记录下来,可以知道花费在会议上的时间有 30 分钟。时间的统计工作,可以明确各项工作花费时间的情形,分析是否有浪费的情况发生,时间的分配是否恰当,是否浪费太多时间在不重要的事情上。根据上面的记录与分析适时调整,以提高工作效率。

### (三) 排除干扰

作为大学生和职场新人,工作情况多变,身兼多重角色,很多突发的情况会干扰正常的时间安排,以便寻求治理的措施。可通过表 4-3-3 对各种干扰因素加以分析和处理。

列出干扰因素。干扰因素可分为两大类:一类是突发性干扰,另一类是拖延性干扰。

对于干扰因素排序。通过对干扰因素的排序,每次找出排在前三位的干扰因素加以克服,甚至可以找出排在第一位的干扰因素加以克服。每次不要过多,只求找出干扰最大的因素,坚决予以克服。

对突发性干扰的分析。突发性事件是管理者工作时最大的干扰因素。由于管理者角色的特殊性,会遇到上、下、左、右全方位的干扰。研究表明,干扰者顺序如图 4-3-3 所示。

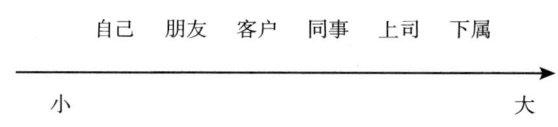

图 4-3-3 突发性干扰因素排序

列出干扰带来的后果:_____

寻求对策:_____

寻求前三位干扰因素的对策,其他则可以缓一步。

通过对干扰性因素的排序,找出最需要克服的因素。

在拖延干扰性的因素中,最需要而且最能够克服并且容易产生良好结果的是克服"缺乏自律"。因为在拖延性干扰中,许多外界因素可能无法把握,但是应当把握自己。

在突发性干扰中,最需要克服的是"突然约见"。

是谁干扰了时间的安排，偷走了时间？不同的人、不同的行业、不同的企业，可能会有不同的顺序。一定要清楚谁的干扰最大，下属、上司、同事、客户、朋友，还是自己？

【任务布置】

凡事谋定而后动，现在我们已经了解如何决策和提高职业生涯管理效能的知识，接下来我们就要行动了。请大家根据自己的决策制定一份行动计划。

【拓展阅读】

一、只计花开不计年

沈某，浙江财经大学东方学院会计分院2005届会计学专业省级优秀毕业生。在校期间担任班长、会计学院学生会副主席，浙江财经大学学生会副主席等职。现就职于浙江省内注册资本金额最大且人均管理资本金最大的公司——××投资发展有限公司，担任总经理一职，从2014年任职至今获得过"优秀员工""优秀党员""浙江省青年岗位能手"等多个奖项。他热爱运动，善于抓住机遇，时刻表现出"微笑向阳，路在自己脚下"的乐观姿态。

1. 以梦作舟，以勤为桨

唐代文学家韩愈有言：业精于勤荒于嬉，行成于思毁于随。沈某也以"天道酬勤"为戒，在大学时期凡事心无旁骛、专心致志，"该看书时看书，该休息时休息"。给自己制订一个略微紧凑的计划以施加压力，不论在学业方面还是在社会实践方面，他都能很好地利用时间充实自己的大学生活。这份"勤"，使学习并不拔尖的他每一年都能够获得学校的奖学金，也成为他后来顺利考取公务员的基石。

丰富生活，力求上进。沈某的大学生活并没有很特别，对他来说主要的一是坚持锻炼——每天都会去打球；二则是适当增加社会实践等活动；三是担任干部；四是入党。大一时，因军训期间认真刻苦，他被评为先进副排长，后来在选班干部的时候也踊跃报名，由于对同学的帮助与服务比较积极，也主动帮助老师做了一些工作，所以获得了大家的认可和信任，也因此担任了4年的班长。此外，他报名参加了学生会的膳食部，负责食堂管理，从副部长到部长,之后担任了会计分院学生会副主席,最后成为浙江财经大学的学生会副主席。沈某认为,大学期间担任干部对于参加工作会有一定的影响:首先,个人履历会更充实丰富;其次,个人的沟通、组织、协调能力一定比其他同学要有优势,无论在面试上还是在做事上,都会体现出与别人的差距。谈到大学生活中印象最深刻的一件事,便是入党。那个时候的入党公示,贴的还是大字海报,用毛笔写的,红底黑字,就贴在走廊的两边。那天正好上课,上课前,老师路过那个走廊,看到了沈某的名字,特意在班里表扬了他,也号召其他同学向他学习。这段经历对沈某来说,也是弥足珍贵的。

抓住机遇,不断尝试。于他而言,"勤"是指奋斗努力,其体现不仅在于学习也应当包括思维上的勤奋,即无论做什么事,努力才会有回报。也许今天做的事还没有立竿见影的回馈或回报,但这是一个积累的过程,在未来的某一天,生活一定会以另一种方式报之以微笑。沈某经常说,"机会是留给有准备的人"。只有在准备的过程中,不断努力积累,机会来了,你才能够抓住。

适合自己,恰逢其时

毕业时,沈某面临多个选择:去医院做财务、去物产、去现在就任的杭州住房公积金管理中心。综合考虑发展空间和对职位的了解程度,选择了住房公积金管理中心这一事业单位。虽然最后看来,最好的其实是他没选择的那两个,但他从不后悔,因为他觉得这就是适合他的岗位,与自身性格匹配定位相符合。工作8年以后,他离开了公务员队伍,与一位同校的师兄去外面创业,闯了3年,最后有机会去筹建一个国有企业。对于自己以后的规划,沈某有着清晰的认识,他认为现在正值国有企业改革,机会较多,也有较大的发展空间,所以自己会继续在国有体系中发展奋斗,更上一层楼。

沈某认为,在找到自己合适的工作岗位前,或许会经过一条漫长的路,但是一定要选择合适自己的工作,毕竟适合自己的,才是最好的,诚然,有人说坚持到底就一定会成功,这必是建立在选对了路的基础上,如果不适合,那么成功与梦想就会南辕北辙,纵有干粮、盘缠万千,也终是背道而驰。为此,他给学弟、学妹们提出了建议:"公务员可以作为选择,但是不要当作唯一的或者非常重要的路径。"

而在步入社会后,他认为人应将诚信放在第一位,就像当下风靡的支付宝与花呗等信贷产品,都是完全建立在个人信用基础之上的。"你可以没有钱，只要你的信用值不破产，你的财富还是会有的。如果你的诚信值破产了，哪怕再有钱，也不会有人真心诚意地与你做生意。"当代大学生更应身体力行，以诚信为做人之根本。

2. 投之以桃，报之以李

在上一次参观母校时，浙江财经大学东方学院已经配备了一些有关社会实践模拟的教室和设施等活动场所，包括创业的一些基地扶持，因此，沈某勉励学弟、学妹们应当将这些条件充分利用起来，提升拓展自身的素质，让其价值实现最大化。他认为，在大学的时候，因为有试错的成本，所以错没有关系，因为成本很小，错得起；而到了社会上，试错的成本就比较大了，一旦犯错可能会影响许多年的积累或者说是就业的一些机会。因此，他建议大学生应该在大学生涯中多尝试一些新事物，不断体验、学习，以拓宽自己的认知和视野，在不断前进的过程中，才能找到更多喜欢的东西，而不是仅仅局限于自己眼前的方寸之地。

二、案例：小璇的职业决策平衡单

个人简介：小璇，女，1986年生，现为上海某大学三年级计算机专业的学生。性格外向，活泼开朗，爱与人交往，口头表达能力很强，是学生干部和社团的活跃分子，组织能力强。目前，她有三个职业生涯发展的计划：成为市场销售总监，对外汉语教师，从事与计算机专业相关的工作。以下是她的考虑：

1. 市场销售总监

她希望用10年的时间能实现此目标，认为其符合自己的性格、兴趣的需要，同时，在课余兼职中有一些销售的经历，她认为这一工作能很好地将计算机作为辅助工具，也是帮助她成为市场总监的优势。

2. 对外汉语教师

她认为这是一个新兴的职业，目前的市场潜力很大，也可以满足自己爱与人交往的性格特点和职业兴趣需要。缺点是入行难度较高，需要相关的资格证书。

3. 计算机专业的相关工作

她认为本专业目前的社会需求量大，职业机会最多，毕竟是自己的专业，相比于前两个专业来说，入行难度是相对较小。但是她对计算机专业性、技术性的工作并不喜欢。

表4-3-4是她利用职业平衡单作出的职业决策的结果：

表 4-3-4　　　　　　　　　　　小璇的职业决策

| 职业决策考虑要素 | | 重要性的权数（1~5倍） | 第一职业方案（销售总监） | | 第二职业方案（对外汉语教师） | | 第三职业方案（计算机相关工作） | |
|---|---|---|---|---|---|---|---|---|
| | | | 得(+) | 失(-) | 得(+) | 失(-) | 得(+) | 失(-) |
| 自我精神方面的得失 | 1. 适合自己的能力 | 4 | 8 | — | — | 6 | 7 | — |
| | 2. 适合自己的兴趣 | 5 | 9 | — | 8 | — | — | 8 |
| | 3. 符合自己的价值观 | 5 | 8 | — | 8 | — | 8 | — |
| | 4. 适合自己的个性 | 4 | 10 | — | 9 | — | — | 8 |
| | 5. 未来有发展空间 | 5 | 10 | — | 10 | — | 6 | — |
| 自我物质方面的得失 | 1. 较高的社会地位 | 3 | — | 3 | 8 | — | 6 | — |
| | 2. 符合自己的理想生活状态 | 5 | 9 | — | 8 | — | — | 7 |
| | 3. 适合个人目前的处境 | 4 | 8 | — | — | 8 | 8 | — |
| 外在精神方面的得失 | 1. 带给家人声望 | 2 | 6 | — | 8 | — | 6 | — |
| | 2. 有利于择偶以组建家庭 | 4 | 7 | — | 9 | — | — | 5 |
| 外在物质方面的得失 | 1. 优厚的经济报酬 | 4 | 7 | — | 9 | — | 5 | — |
| | 2. 足够的社会资源 | 5 | 10 | — | 8 | — | — | 4 |
| 加权后合计 | | | 402 | 9 | 358 | 56 | 180 | 147 |
| 加权后得失差数 | | | 393 | | 302 | | 33 | |

小璇通过职业平衡单的决策之后，她的决策方案的得失分别是：市场销售总监＞汉语老师＞计算机专业的相关工作，综合平衡之后，成为市场销售总监较为符合她的职业生涯目标。

在进行职业选择时，小璇最为看重的职业是：是否符合自己的兴趣、职业选择价值观、职业是否有发展空间、是否符合自己的理想生活的需要等五个方面。

三、我的职业决策平衡单

请填写表 4-3-5，进行自己的职业决策。

表 4-3-5　　　　　　　　　　　　职业决策

| 职业决策考虑要素 | | 重要性的权数(1~5倍) | 第一职业方案（　　） | | 第二职业方案（　　） | | 第三职业方案（　　） | |
|---|---|---|---|---|---|---|---|---|
| | | | 得(+) | 失(-) | 得(+) | 失(-) | 得(+) | 失(-) |
| 自我精神方面的得失 | 1. 如成就感、能力、兴趣、社会威望等 | | | | | | | |
| | 2. | | | | | | | |
| | 3. | | | | | | | |
| | …… | | | | | | | |
| 自我物质方面的得失 | 1. 如收入、升迁、工作难度等 | | | | | | | |
| | 2. | | | | | | | |
| | 3. | | | | | | | |
| | …… | | | | | | | |
| 外在精神方面的得失 | 1. 如对父母、配偶的影响 | | | | | | | |
| | 2. | | | | | | | |
| | 3. | | | | | | | |
| | …… | | | | | | | |
| 外在物质方面的得失 | 1. 如家庭经济状况等 | | | | | | | |
| | 2. | | | | | | | |
| | 3. | | | | | | | |
| | …… | | | | | | | |
| 加权后合计 | | | | | | | | |
| 加权后得失差数 | | | | | | | | |

**【思考习题】**

1. 你是一个什么样的人？你适合从事什么样的职业？

2. 请用书中列举的职业生涯决策方法来对你大学四年后的职业方向做一个对比分析。

3. 时间管理和知识管理是自我管理的重要内容，结合自己的实际经历，思考如何在实际中应用书中提到的原则规划自己的时间和进行自我知识的管理。

4. 结合自身实际，应用书中提到的原则方法，思考如何在实际工作中培养先见力、知识管理和时间管理能力。

# 第五章

## 制订行动计划

|  |
| --- |
| 签名： |

＊请用一句话写下你学习本章的收获或者感悟。

视频 5.1
行动的理念

## 第一节　职业生涯设计的原则

**【案例分析 5-1】**

### 某职业生涯设计方案

姓名：小芳，女，23 岁，本科

基本情况：汉语言文学专业，大四

朋友评价：性格文静，善文字，不善口头表达，不善于与人沟通

期望职业方向：能够发挥自己文学特长的工作

面临问题：在实习期间，发现自己并不适合做老师，虽具备相应的学历，但不具备老师应有的管理学生的能力，课堂上调动学生积极性的能力亦不够，"压"不住学生，学校对其工作表现不是很满意，小芳自己也很苦

恼。但学校的工作环境稳定，福利优厚，如果能留在学校工作是令不少人羡慕的事情。然而，自己对当老师实在没有兴趣，也没有信心当一名合格的老师，怎么办呢？

【体验互动】

请大家为小芳提供设计意见，并提出设计理由。从此案例看出，职业生涯设计应该遵循怎样的原则呢？

小组讨论，推选代表发言，教师点评。

所谓原则，是指经长期实践检验整理出来的合理化现象。遵照原则行动，事情就会很顺利；违背原则行动，结果就会难以令人满意。职业生涯规划的原则有：

（1）适时性原则。职业生涯规划是一种社会活动，必定受到一定的社会制约，并随社会的发展而发展。人选择职业的自由都是相对的、有条件的。社会需求是在不断发展的，学生进行职业生涯规划时一定要分析社会需求，强调将社会利益与个人利益有机地结合起来；把目光放长远，紧跟时代的步伐，准确预测未来的行业和职业发展的方向。

（2）个性化原则。每个人都具有自己独特的能力系统，在这个系统中，各种能力的发展是不平衡的，即每个人都有强于他人的能力。职业生涯规划应该扬长避短，择己所爱，择己所长，择己所利。择己所爱就是选择自己喜欢的职业，兴趣是最好的老师，研究表明，兴趣与成功几率呈明显的正相关关系，选择一个自己喜欢的职业，能使职业生涯充满满足感；择己所长就是要选择最有利于发挥自己优势的职业，充分分析自己和他人的优缺点，尽量选择冲突较少的优势行业，这样更容易获得成功；择己所利就是择业时应首先考虑自己的预期收益，即个人幸福最大化，再由收入、社会地位、工作付出和个人成就感等变量组成的函数中找到一个最大值，这也是职业生涯规划中的收益最大化原则。

（3）专业化原则。高校大学生都具有某个专业的知识和技能，具有专业的优势。每个专业都有一定的培养方案和就业目标，这是高校大学生进行职业生涯规划的一个基本依据。用人单位招聘时首先考虑的是专业对口、专业知识与技能掌握的程度。所以，大学生在校期间要主动接受专业教育，注重专业知识的学习和技能的提高。

（4）可行性原则。可行性原则也称可操作性原则。职业生涯规划要以事实为依据，实事求是、切实可行。设定职业目标一方面要考虑客观环境，另一方面要符合自己的能力、特性，既不能好高骛远，也不可畏缩不前。

**【任务布置】**

**给自己制订一个计划**

个人学业和职业发展计划可以是一个2年计划，也可以是5年甚至10年计划。不管属于何种计划，你都应该清楚地回答以下问题：

1. 我要在未来的2年、5年或10年内实现哪些学业和职业的个人具体目标？

2. 我要在未来的2年、5年或10年内获得什么学位或达到何种程度的谋生能力，甚至积累多少资金？

3. 我要在未来的2年、5年或10年内拥有怎样的生活方式？

在回答这些目标的过程中，不要纯粹依靠逻辑思维，应发挥你的创造力，把你的情绪、价值等因素调动起来。确定之后，就该开始策划如何达成目标。在制订具体策略时，建议注意以下几个问题：

1. 为什么这个目标是可行的？

2. 我将如何达成这一目标？

3. 我分别在何时进行上述计划？

4. 有哪些人将会或应该帮助我共同进行此项计划？

5. 对我而言还有哪些问题不能解决？

## 第二节　行动计划的设计

**【体验互动】**

几个大学生结伴登山，天气突然变坏，却找不到路出山。所幸警察、驻军联合搜救，才免于山难。

其中有一个大学生躺在担架上似乎很不服气地对搜救者说："我们知道方向！"

> 搜救者不客气地说："只知道方向有什么用？方向固然可以帮你找到路，但并不等于路。方向告诉你该往西走，你下不去；方向又指示你往北走，偏偏遇到一条河，你又无法渡过。到头来方向没有错，路错了，唯有活活饿死、冻死在山里。"
>
> 思考讨论：在这个案例中，你能得到什么启发？

关于人生有句名言："你过去所做的选择决定了你当下在哪里，而你现在所做的选择又会决定你将来会去何方。"几乎每个人一生都会经历众多选择，其中，职业选择的地位举足轻重，且意义重大。因此，职业生涯规划也可以说是在对人生做规划设计。人生目标一般是远大的目标，或是一种长远的规划而且具有全局性，实现它尤其需要正确的规划。大学生应该深入思考自己要成为什么样的人，为实现这样的人生目标需要如何规划自己的职业道路，按照职业规划来安排好自己的学习生活。

## 【案例分析 5-2】

2016届劳动与社会保障专业的钱同学从浙江财经大学东方学院毕业后，凭借自己的努力进入上海佳选人力资源企业工作，两年后通过面试跳槽至美资百强万宝盛华公司（Manpower）工作。这一路走来非常艰辛，作为在公司中起点较低的新人，每天服务世界百强公司，跟金字塔最顶尖的人打交道，钱同学感受到了与他们之间的巨大差距。毕业两年的时间他从来没有在21点之前下过班，每天苦学行业知识，苦练英语，最后也拿到了百强公司Manpower的录取通知。跳槽后面对更广阔的平台和未来，同样没有懈怠，同时也学到了更为体系化的工作方法，每天总结经验，积极拜访客户，并用自己的专业度和专业知识成功拿下联合利华、宝洁、百胜中国、阿里巴巴等知名世界百强客户的合作项目，为公司创造了价值和佳绩。

面对自己的职业发展和规划，选择大于努力，一个好的选择可以帮你赢得更好的平台和机会，但在此之前，只有努力才能让你更好地把握自己的命运和抓住机会。

对于未来的选择，他提出了自己的三点经验：

首先，要在大学开阔自己的眼界，只有丰富自己的阅历和知识，才能更了解自己想要什么样的生活和更适合自己的生活。

其次，在面对众多选择的时候，不要轻易去做选择，而是要给自己做一个明确的规划，再去选择一个最接近自己规划的选择，这样才不会在众多选择中迷失自我。

最后，也是最重要的一点便是：在大学期间一定要做好职业生涯规划，只要给自己设立了目标，朝着方向努力即可。

案例分析：主人公选择这个公司（或离职、更换岗位）的原因是什么？

我的看法：

这个案例给我的启发：

也许，我们曾不满于自己的平庸，也许，我们曾抱怨过生活的无聊，然而，当我们在心中为自己设下目标并持之以恒地向前迈进时，我们的生活也就掀开了新的一页。

为了让自己设定的职业目标能够实现，需要制订能有效付诸实施的行动计划。而一个远大的、长期的、全局性的战略目标，分阶段分层次的行动计划往往是最为合理的。这就需要将职业目标进行分解，分阶段可将总体职业目标分解为短期目标（一般1～2年）、中期目标（一般2～5年）和长期目标（一般5～10年）。分层级可按目标的实现条件，将总目标分解成若干长期目标，每个长期目标分解成若干中期目标，每个中期目标再分解成若干短期目标。如有必要，短期目标可细化成年目标、月目标、周目标、日目标。其中，短期目标应是具体的、可实现的、可量化的，通俗地说，就是个人通过付出努力，能够在短时间内顺利实现的目标。这样的行动计划有利于制定具体细致的措施，并且利于跟踪检查措施的实施效果，并根据检查反馈及时调整行动计划。相对应地，职业生涯设计一般可分为短期设计、中期设计、长期设计和人生设计四种类型。

1. 短期设计

主要是确定近期目标，设计近期应完成的任务。如打算在大学一年级考取英语四级证书，二年级考取英语六级证书和相关职业资格证书。这就要求在英语学习和专业学习方面花费更多的时间，下更大的功夫。短期设计的时间一般不超过2年。

2. 中期设计

一般制定2～5年内的职业目标和任务，是最常用的一种职业生涯设计。

如高职学生在校 3 年的目标规划，加入党组织，顺利完成学业，获取相应的外语等级证书、计算机等级证书、职业资格证书。为完成这些任务，要有相应的措施做保障。

3. 长期设计

一般是 5~10 年的设计，主要是设定较长远的目标。如一个高职毕业生设计到 30 岁时拥有自己的一家有一定规模的公司，一个公司职员设计个人在 35 岁时成为该公司的副总经理等。

4. 人生设计

人生设计是整个职业生涯的设计，一般时间长达 40 年左右。由于人生设计时间跨度较长，在激烈的市场经济条件下，社会的环境和个人的机遇变化较快，人生设计难以把握。因此，我们通常情况下提倡制定阶段性的职业生涯设计，一般掌握在 2~5 年为宜。这样既便于根据实际情况制定可行目标，又便于随时根据现实的反馈进行修正和调整。

【任务布置】

1. 每个团队分小组采访两位身边的人（团队以外的人），最好是不同的身份，了解一下其他人对自己目前生活的规划是什么？

2. 每个团队根据采访的内容，进行讨论，探讨怎样才能做好职业生涯规划。

下堂课，每个团队派 1 位代表发言。

## 第三节　行动计划的实施

视频 5.2
计划与措施

【案例分析 5-3】

许同学出生于杭州主城区的一个中产家庭，2012 年毕业于浙江财经大学东方学院会计学专业。毕业后成立杭州三叶青农业科技有限公司，经过短短几年的发展，公司已是国内率先成功实现浙江三叶青高效产出的企业，亦是国内少数几家能够采用生物工程技术快速繁殖浙江三叶青种苗的企业，并且在技术上与浙江大学生命科学学院、浙江理工大学生命科学学院进行深入

合作研究。如今，他创办的三叶青种植基地实现鲜品年量产 500 千克以上，两年量产 2500 千克以上。

思考讨论：一个城里人，学的也是跟农业种植不沾边的会计专业，他为何选择种植草药，他到底经历了什么才取得了今天的成就。在这个案例中，你能得到什么启发？

## 一、认清职业发展路径的多元化

无论是已经毕业进入社会谋职的人，还是那些尚未毕业的在校大学生，内心都渴望成功。但在择业方面，真正理智、成熟、有远见的却很少。即使是那些已经进入社会、开始工作的人，也始终没有解决择业求职问题。他们到了 28～34 岁的职业转折关口，往往找寻不到职业成就感。于是，心有不甘的他们便开始不惜以频繁跳槽的代价，试图消除恐慌感。毫无疑问，这种随波逐流、朝三暮四的职业选择方式，根本无助于问题的妥善解决。事实上，正是他们对自身和环境认识的不足，才导致职业生涯中进退两难的局面。这样的人要想取得事业的成功，难于登天。

大学生要认清职业发展路径的多元化，结合自身特点，进行科学的职业生涯规划。只有这样做，才能引导自己逐步明确职业方向，才能促使自己在择业求职中取得显著的效果，才能帮助自己在实际工作中施展抱负、实现理想。一言以蔽之，职业生涯规划的价值就在于指明了适合你的最佳职业路径。

大学生在就业问题上，还是应有多渠道的选择和发展。我们固然要寻找一个最适合自己的发展路径，但这往往是一个通过努力之后可能获得的比较理想的结果。最初设计职业发展规划的时候，还是要着眼于多方面的选择，通过不断地比较、分析、实践、总结，逐步找到真正属于自己的那条通天大道。

在就业形势十分严峻的今天，大学生应当自觉地、主动地拓宽就业渠道，寻求新的就业岗位。大学生应当从两方面把握好分寸：一方面，要切实转变保守陈旧的择业观，不一定一开始就要找到一份稳定、高薪的理想工作；另一方面，也要着眼于未来的发展，尽量发挥自己的专长，设计一种较为长远的职业发展规划，眼光不能只盯着最近一两年。换句话说，当务之急固然是要找一个饭碗，但从长远来看，还是要着重考虑未来的发展，这两者缺一不可。

## 【任务练习】

表5-3-1　　　　　　　　　个人优缺点分析

| 个人特质 | 自我分析 | | | |
|---|---|---|---|---|
| | 学习 | 工作 | 生活 | 性格 |
| 优点 | | | | |
| 缺点 | | | | |
| 方向 | | | | |

## 二、剖析不同发展路径的利与弊

在职业选择上，很多大学生最头疼的莫过于不清楚自己想做什么、能做什么、该做什么，这就是典型的"职业迷茫"。很多人频繁跳槽，不断转行，结果年龄一天天增长，困惑也一天天增长。最后，只好听天由命地过日子，一辈子闷闷不乐。那么，大学生在择业求职方面应该怎样走出这种困惑的尴尬局面呢？这就要求大学生努力找准职业发展路径。只有对各种职业发展路径的利与弊具有清醒的认识，才能据此做出合情合理的抉择。

## 【案例分析5-4】

林小姐是杭州人，26岁，大专学历，中文专业，参加工作已4年多。当初毕业时，父母替她找了一家报社，让她做编辑。但由于文笔不好，很难胜任这份工作。面对越来越大的竞争压力，林小姐只好辞职。她从事的第二份工作是一家公司的文员，平时做的都是一些打字之类的琐碎小事，技术含量很低。林小姐觉得在这种地方根本学不到什么东西，于是又辞职了。后来，她又找了几份工作，都和第二份工作差不多。不久，林小姐在一家公司做经理秘书。对这份工作，林小姐内心还是比较满意的。但在参加同学聚会时，林小姐发现老同学个个都比自己强，有些已当上了经理。自己呢，经理秘书听起来不错，但只是吃青春饭，朝不保夕，说不定哪天就被辞退了。于是，强烈的危机感使林小姐又想换一份稳定的工作。可是，令她更加苦恼的是，除了文员、秘书，她不知道自己还能做什么。那么，她究竟该怎么办呢？

【活动探索】

分小组讨论，解决林小姐的问题。

林小姐的问题就是典型的"职业迷茫"。一般说来，造成"职业迷茫"的最直接的原因就是缺少必要的职业规划。那么，职业规划到底该怎么做呢？科学的职业规划应包括以下两方面的具体内容：

一是确定适合自己的职业目标。确定职业目标是设计职业规划的前提和重点，其正确与否、清晰与否将直接关系到你未来事业的成败。要想找到适合自己的职业目标，就应该从四个方面予以考虑：自身性格与职业的匹配度；兴趣爱好与职业的匹配度；自身特长与职业的匹配度；所选职业的发展趋势。从职业目标上看，林小姐最欠缺的就是清晰明确的职业目标。要想摆脱目前的状态，她必须首先确定自己的职业目标。

二是选择职业发展的路径。职业目标的不同往往决定了发展路径的不同。林小姐如果把行政管理作为职业目标，目前的文员工作是符合这个目标的发展途径的。"文员—行政助理—行政主管—行政经理—行政总监"，可以算是一条很清晰的发展轨迹。

林小姐的职场经历告诉我们，当你对自身的职业发展感到迷茫时，首先，要找出迷茫的因素。其次，才能借助科学的职业生涯规划，进行准确而专业化的解决。

## 三、找准最适合的职业发展路径

### （一）对职业发展路径进行优化

大学生面对的职业问题既有相似之处，又有不同之处。有些大学生的问题是无路可走，只要给他提供一条现成的路，他就会立刻走下去。但还有一些大学生的问题是面临十字路口，不愁无路可走，却不知应该选择哪一条更适合自己。实际上，后一种情况更值得我们去探讨。如何对自己的职业发展路径进行优化呢？不妨问问自己能干什么，以了解自己的长处；问问自己想干什么，以了解自己的兴趣；问问自己为什么而干，只有知道自己为什么干的人才能对自己的工作负全责。对于用人单位来讲，总是希望将最合适的人放在最合适的岗位上，达到"人尽其才、才尽其用、用当其时"的效果。给自己一个明确的职业定位，正是用人单位明确定位我们的基本前提。

大学生择业求职的路径优化问题，是一个典型的系统工程，需要各方转变观念，通力合作，切实行动。特别是大学生本人，一定要有主见。当然，既不能盲从，也不能固执己见。

从某种意义上说，职业的选择本质上就是生活方式的选择。因为路径依赖的缘故，第一份工作的选择往往会长期影响一个人未来的职业发展。所以，正确选择第一份工作就会变得至关重要。

事实上，很多人就是因为第一份工作没有谨慎决策，从而在接下来的很长一段时间里陷入职业发展的困境。于是，迷茫、价值感低下、缺乏竞争力、频繁跳槽等情况才会长期困扰他们中的大多数人。

做好最初的职业选择至关重要。越到后面，要想摆脱原已熟悉的职业路径就越困难，成本越高，风险也越大。不妨从最感兴趣、较为符合自己个性及能力的专业学习做起，为自己量身定制一个既具挑战性，又不失客观、实际的职业生涯发展规划。这样将有利于职业发展的良性循环。

对于大学生来说，如果能尽快认识到自己真正的兴趣和能力所在，并明确适合自己的最佳职业路径之后，再进行一系列有效的求职，就是理智和成熟的表现。如果能顺利得到自己喜爱的工作，当然最好。如果暂时无法一步到位，就不妨立足于当前的职业机会。我们可以而且必须优先考虑生存的问题，但心中必须始终清楚你的选择是什么。要利用各种机会和途径，寻找工作契机，积累知识和能量，为今后顺利就业铺路垫石。

所谓选择，意味着从两个或两个以上的答案中选出一个。任何选择必然有代价，正所谓有得必有失。一旦做出了自己认为最合适的选择，就要坚定不移地执行下去。当你犹豫不决时，可以听取身边朋友的意见，也可以向专业的职业规划咨询机构求助。事实上，犹豫不前只会耽误时间。做好职业规划，能够让你的职场之路走得更顺。

### (二) 大学时期的"职业试婚"

很多大学生在一二年级并没有职业意识,更谈不上职业实践了。可一旦到了三年级,就会产生强烈的焦虑感。在金融危机乃至经济危机的大背景下,这种现象显得尤为突出。仔细观察就不难发现,很多人的大学生活分为前后两个截然不同的状态:前面的时光很悠闲,后面的日子又过分紧张。

进一步分析,在大学阶段,前期承担职业选择责任的主体主要是学生与学校,而此时学生家长的影响已大大淡化了。到了大学生涯的后期,职业选择的路径优化责任开始集中在学生个人身上。因此,有专家提倡大学生开展"职业试婚"。这里所说的"职业试婚",是指利用各种机会,进行职业实践。事实证明,"职业试婚"将有助于大学生迅速发现自身职业技能的弱点,并采取有针对性的举措。在大学生的职业选择上,这应该算是一种行之有效的捷径。在目前的中国教育体制下,这也是必然的选择。

究其原因,主要是大学生对于"工作"缺乏深入的了解。对于大学生来说,"工作"至少意味着两方面的含义:一是服务他人的意识与行为;二是创造价值的意识与行为。对此,很多大学生是非常陌生的。事实上,从一直接受别人的服务转变为服务别人,从一直消耗各种物品的价值到自己创造价值,这是一个一百八十度的大转弯。如果没有一个客观的、渐进转变的过程,大学生是很难真正适应的。相当一部分大学生在走上工作岗位后,仍然未能圆满解决这个问题。

具体来说,"职业试婚"的方法主要包括:一是在进入大学的初期,就尝试"跨界"交往,即不要把自己的交往对象局限于同学院甚至于同专业,而是要有意识地发展学科跨度很大的异专业、异地域、异学校与异性别的朋友,为将来真正跨入社会进行人脉方面的早期准备。二是积极尝试不同性质、不同类别的实习机会,实习内容要超越正在学习的专业,实习次数应包括较长时间的实习 3 次、零散的实习 N 次。如果在第一学年的实习中接触的正是目前所学的专业,你就会发现,原本觉得很不错的专业其实并不理想。如果出现这种情况,你应该感到庆幸,你就可以在第二年及时调整所学的专业,重新校正未来的职业发展方向。即使是到了第三年才有新的发现,你还是有机会集中研究某些对你未来求职至关重要的问题。这个时候也许很难再考取证书了,但你完全可以借助学校图书、师资的优势,突击弥补某些实用的知识与技能。

### (三）大学时期的"全程探索"

所谓"全程探索",主要是针对大学生个人而言的。首先,要确立相应的意识;其次,要有实际的行动。一般来说,"全程探索"应包括以下重要内容:

关注校内比较活跃的社团组织。具有公益性与营利性的组织在锻炼职业人格方面的作用往往更大一些,而那些个人爱好类的社团所起的作用就要逊色一些。选定这些社团组织后,要学会在社团内部与外部开展活动。但要注意,不能进行纯粹学生式的交往。根据一些大学生的切身经验,可以为这些社团组织中的个人设定一个阶段性的"绩效目标",并提供相应的奖惩措施。其实,很多成功人士当初在大学阶段都做过这类事情。

善于整合自己的学习行为与未来的职业行为,使之形成一种合力,从而达到事半功倍的效果。其中,最为关键的一环,就是把毕业论文的内容与将来的职业选择紧密结合起来。这样一来,撰写毕业论文就不是应付差事,而是一件真正对你有价值的事情。因此,你也会更有潜心钻研的动力。可想而知,这样撰写出来的毕业论文肯定会比那些胡乱应付的毕业论文层次要高。更重要的是,这样一篇毕业论文实际上就是在引导你认真研究未来职业发展的宏观大局与微观细节。有一个女大学生将房地产业中的"公共关系"作为毕业论文的主题,还特别研究了其与政府之间的关系。由于这一研究非常契合中国目前房地产业的现状,尽管竞争异常激烈,她还是很快就被一家著名的港资背景的房产企业录取,待遇非常可观。与此相反,一些大学生却为了省事,而习惯于选取一些与自己的未来职业发展风马牛不相及的、看似"容易过关"的毕业论文的命题。结果,浪费大量的时间与精力不说,而且毫无价值。这些大学生往往在各种应聘面试之前才开始"临阵磨枪",其成功率之低是可想而知的。

在应聘面试时必须拥有足够有效的"样本数量"。换句话说,要有不同的企业类型可供自己选择。不少大学生都存在强烈的选择偏向,在投递简历与参加面试时,往往只选择一种类型的企业。其实,这样做并不明智,极有可能错过良机。

大学生走出大学校门的两三年中,可称之为"后大学时代"。这一阶段的毕业生已经离开了大学校园,但在情感上和交往上还常常与母校有着千丝万缕的联系。有的人在同一城市工作,就会隔一段时间回到学校,参加各种同学聚会。事实上,这个"后大学阶段"对于大多数人来说是一个"职业试水"阶段。这个阶段之后,就必须形成一个清晰的阶梯形的职业目标,开始全新的"职业人"的生涯阶段。

### (四) 进入职场的"职业试水"

从严格的意义上讲,"职业试水"阶段是从参加正式实习的时候开始的。对于大部分大学生来说,就是从大四的"签约"开始的。对于这一阶段的大学生来说,不妨听听有关专家的诚恳建议。

尽可能与用人单位签订"短期合约"。一般来说,此时的年限以1年为佳。当然,这往往需要你去努力争取。原因非常简单,这家单位可能并非你想象中的那么好。当你置身其外时,极有可能被其外表所迷惑。一旦真正置身其中,你就会发现很多你原先忽视的致命弱点。这时候,在谨慎分析之后选择离开是很自然的事情。一位女生酷爱文化艺术,通过多方努力,终于进入了上海一家著名报业集团。毫无疑问,同学和朋友都非常羡慕她,她自己也很满意。但是,当她工作一段时间后,才发现这个报业集团已是夕阳西下,沉疴难返。于是,唯一明智的选择就是离开。但由于受到当初签约年限的限制,面对巨额赔偿,她总是举棋不定。这个教训是非常深刻的。

每一次跳槽尽量选择与上一份工作性质稍有不同的工作,而不要把重点只放在工资待遇上。这样做,最大的好处就是能够发现最适合自己的工作类型。有的人会说,这样选择很难让自己职业生涯的经历持续增值。这种担心是有道理的,但增值必须建立在已经选对职业方向的基础之上。从现实来看,一出校门就选对方向的人只是极少数。在学校里,你的选择往往与实际脱节,只是程度各有不同罢了。一旦真正进入职场,你才有可能实打实地感受到最真实的职场氛围,进而做出更有针对性的选择。一般说来,转换工作的频率不宜太高。有的专家认为,在工作初期,为了更准确地了解自己的真实情况,每次跳槽之间的间隔以6个月为宜。这有几个好处:一是6个月足够让你对一份工作做出全面、深入的判断;二是你的违约损失不会很大;三是在将来的求职简历上不至于太刺眼。在这两三年后,你已经拥有4~5份不同的工作经历,你就更容易把握自己能干什么和不能干什么了。当然,这是指一开始没有找准职业发展方向的情形。如果一开始就能确定的话,那自然另当别论。

【体验互动】

各小组同学可根据自己所在的大学阶段，思考并讨论现阶段如何提高自身的综合能力、如何改进不良习惯、如何培养特长、如何完善人格、如何改正缺点、如何提高成绩、如何弥补差距等。请学生代表发言，教师点评。

职业生涯目标确定后，必须严格按照自己所设定的计划，每日、每周、每月、每年一步步地去落实（见表5-3-2～表5-3-6）。但是由于种种原因，有时会出现许多紧急的情况，让人无法一一应对。这时就应该分清轻重缓急，并逐一予以解决，不能只顾埋头干活，而忘记了努力的方向。为了保证自己的行动能与努力的目标一致，就需要最大限度地根据个人的职业生涯发展规划来约束自己的行为。

表5-3-2　　　　　　　　　　　　日计划

| 实施时间 | 学业方面 | | 生活成长方面 | | 社会实践方面 | |
| --- | --- | --- | --- | --- | --- | --- |
| | 目标 | 方案 | 目标 | 方案 | 目标 | 方案 |
| 6：00～7：00 | | | | | | |
| 7：00～8：00 | | | | | | |
| 8：00～12：00 | | | | | | |
| 12：00～14：00 | | | | | | |
| 14：00～17：00 | | | | | | |
| 17：00～18：00 | | | | | | |
| 18：00～19：00 | | | | | | |
| 19：00～21：00 | | | | | | |
| 21：00～22：00 | | | | | | |

表5-3-3　　　　　　　　　　　　周计划

| 实施时间 | 实施时间 | | 生活成长方面 | | 社会实践方面 | |
| --- | --- | --- | --- | --- | --- | --- |
| | 目标 | 方案 | 目标 | 方案 | 目标 | 方案 |
| 星期一 | | | | | | |
| 星期二 | | | | | | |
| 星期三 | | | | | | |
| 星期四 | | | | | | |

续表

| 实施时间 | 实施时间 | | 生活成长方面 | | 社会实践方面 | |
|---|---|---|---|---|---|---|
| | 目标 | 方案 | 目标 | 方案 | 目标 | 方案 |
| 星期五 | | | | | | |
| 星期六 | | | | | | |
| 星期日 | | | | | | |

表 5-3-4　　　　　　　　　　月计划

| 实施时间 | 实施时间 | | 生活成长方面 | | 社会实践方面 | |
|---|---|---|---|---|---|---|
| | 目标 | 方案 | 目标 | 方案 | 目标 | 方案 |
| 第一周 | | | | | | |
| 第二周 | | | | | | |
| 第三周 | | | | | | |
| 第四周 | | | | | | |

表 5-3-5　　　　　　　　　　年度计划

| 实施时间 | 实施时间 | | 生活成长方面 | | 社会实践方面 | |
|---|---|---|---|---|---|---|
| | 目标 | 方案 | 目标 | 方案 | 目标 | 方案 |
| 1月 | | | | | | |
| 2月 | | | | | | |
| 3月 | | | | | | |
| …… | | | | | | |
| …… | | | | | | |
| 11月 | | | | | | |
| 12月 | | | | | | |

表 5-3-6　　　　　　　　　　大学四年行动计划

| 实施时间 | | 实施时间 | | 生活成长方面 | | 社会实践方面 | |
|---|---|---|---|---|---|---|---|
| | | 目标 | 方案 | 目标 | 方案 | 目标 | 方案 |
| 大一 | 上学期 | | | | | | |
| | 下学期 | | | | | | |
| 大二 | 上学期 | | | | | | |
| | 下学期 | | | | | | |

续表

| 实施时间 | | 实施时间 | | 生活成长方面 | | 社会实践方面 | |
|---|---|---|---|---|---|---|---|
| | | 目标 | 方案 | 目标 | 方案 | 目标 | 方案 |
| 大三 | 上学期 | | | | | | |
| | 下学期 | | | | | | |
| 大四 | 上学期 | | | | | | |
| | 下学期 | | | | | | |

如何实施职业生涯规划的措施，给出如下建议：

（1）保证经常回顾你的构想和行动规划。有些人有计划，但总不将计划放在心上，只要有事做，就不知道自己努力的方向在哪里；缺乏时间观念，结果贻误发展机会。

（2）对计划加以灵活调整。如果你的理想蓝图已经发生变化，你的构想和行动计划也要做出相应的变动，从而使目标和策略也随之改变。计划毕竟是计划，往往需要和现实结合起来，否则，缺乏灵活性，也会导致计划落空。

（3）把你的构想和任务方案放在可以经常看见的地方。为了避免自己忘记重要的工作及时间，最好将这些内容放在自己经常能看见的地方，如写在日历上、贴在床头或存入电脑桌面，时刻提醒自己。

（4）根据你的计划做出重大决策。当你要做出一个对生活和工作极其重要的决定时，请考虑一下你的构想和行动规划，并确保你仔细考虑的决策与你本意是相符的。在有些情况下，可能有一些重要的诱因，使你获得短期内的收获，但从长期考虑却会对你造成损失。这时候，就需要冷静地思考，权衡利弊及对策，做出符合职业生涯发展利益的决策。

（5）与好朋友讨论你的构想和行动方案，并询问实现构想的途径。向好朋友公开自己的计划，往往能督促自己行动。

（6）注意抓住机遇以实现你的目标。除了个人创造的机会外，还应该注意抓住组织所提供的机会，为实现自己的职业目标打下基础。

（7）保证至少每三个月检查一次你的工作进度。过程监督十分重要，监督可以发现计划中的问题，也可以考察计划的落实情况，还可以有针对性地提出解决方案。

【任务布置】

## 绘制自己的生涯彩虹图

想象自己未来的生活角色，找一张空白的纸，首先画出彩虹图的半圆，并标注年龄阶段和你可能扮演的角色名称，然后将你在某个年龄所希望扮演角色的区域，按照你认为它重要性的程度，涂上颜色（一种角色一种颜色），示例如图 5-3-1 所示。

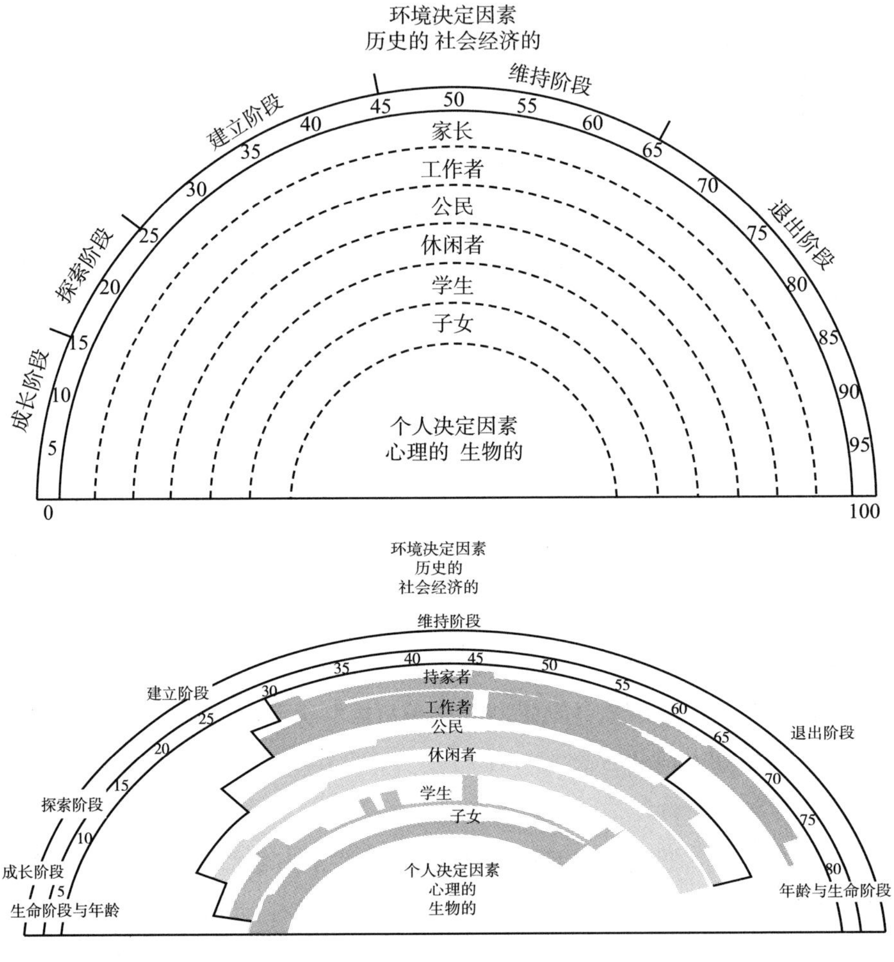

图 5-3-1 生涯彩虹

## 第四节 行动反馈与调整

制定职业生涯规划时，由于对知识和外界的环境都不了解，最初确定的职业生涯目标往往都是模糊或抽象的，有时甚至是错误的。因此，经过一段时间的学习生活，要有意识地回顾自己的行为，检验自己的目标，在目标实施过程中自觉总结检验教训，评估自己的职业生涯规划。检验和修订的内容包括：检验自己的职业定位，职业的重新选择，生涯路线的选择，人生目标的修正，目标、策略是否符合实际，实施措施与计划的变更等。大学生在职业生涯过程中分阶段地将预期目标与现实状况进行比较，筛选出有效、可行的执行措施和合理适度的目标，对自己的职业生涯规划进行调整。注意平衡计划与实践、主观与客观、职业目标与其他目标之间的关系，自觉总结经验教训，保证职业生涯规划及其指导下的职业活动都能够卓有成效。职业生涯规划的评估与反馈过程是个人对自己不断认识的过程，也是对社会不断认识的过程，是使职业生涯规划更加有效的有力手段。大学生实践过程中，应该有意识地不断对自己进行评估和总结检验。一方面，通过评估总结较长时间的学习（鉴于大学生的学习时间不长，这个"较长时间"通常指 1~2 年时间），检验自己的自我定位和职业生涯机会评估是否恰当，人生长期的目标设定是否合适；另一方面，要检验自己的计划和行动方案是否得体。

**【案例分析 5-5】**

小马 18 岁考上大学，什么事情都很顺当。他的每一位朋友总喜欢问他这样一个问题：你将来的目标是什么？得到的答案总是不同：

18 岁，高中毕业典礼上，小马说："我发誓要当李嘉诚第二！我要当中国首富！"

20 岁，春节老同学聚会上，小马说："我想创立自己的公司，30 岁时拥有资产 2000 万元。"

23 岁，大学毕业后，小马在某工厂当技术员，第二职业是炒股。这个时候小马的理想是："我正在为离开这家工厂而奋斗，因为这里的工作太没有前途了，我要全力炒股，3 年内用 5 万元炒到 300 万元。"

25 岁，炒股失意而情场得意，小马开始准备结婚："我希望 1 年后能有

视频 5.3
评估与反馈

10万元，让我风风光光地结婚。"

26岁，不太风光的结婚典礼上，小马说："我想生个大胖小子，不久的将来当个车间主任就好，别的不想了。"

28岁，所在工厂的效益下滑，偏偏正是小马妻子怀孕的时候，小马说："我希望这次下岗名单中千万不要有我的名字。"

思考讨论：

小马为什么最终没能实现自己当初的目标？关键原因是什么？

从小马的故事中，我们可以看出，小马在生涯设计方面缺乏必要的知识和能力，分不清愿景和目标，不会将大目标分解成小目标，不懂得好的生涯规划是要从做好当前的工作开始。美国成功学大师安东尼·罗宾曾提出一个成功的万能公式：成功＝明确目标＋详细计划＋付诸行动＋检查修正＋坚持到底。从这个公式我们可以看出，一个人如果想要取得成功，必然要经历设计规划和付诸实践这两个过程，大学生生涯设计也是如此。有梦想是成功的前奏，付诸行动才算真正的开始。一个有了目标与计划而不知如何实施的人是不幸与痛苦的，生涯规划的有效实施是完美演奏成功乐章的关键所在。经过本章前三节的阅读，现在的你或许已经有了一份完整的生涯规划书，并在其中包含了详细的大学学业规划。耐心地阅读本节内容，让规划书中动人心弦的文字变成富有实效的行动，最终引领你走向成功。

## 一、明确自身优势

明确自己的能力大小，给自己打分，看看自己的优势和劣势，这就需要进行自我分析。通过对自己的分析，深入了解自身，根据过去的经验选择、推断未来可能的工作方向与机会，从而彻底解决"我能干什么"的问题。

1. 我学习了什么

在学习期间，我从学习的专业中获取了什么收益；参加过什么社会实践活动，提高和升华了哪方面知识。专业也许在未来的工作中并不能起多大作用，但在一定程度上能够决定自身的职业方向，因而尽自己最大努力学好专业课程是生涯规划的前提条件之一。不可否认知识在人生历程中的重要作用，特别是在知识经济日益受到重视的今天更是如此。

2. 我曾经做过什么

即自己已有的人生经历和体验，如在学习期间担任过学生干部，曾经为某知名组织工作过等社会实践活动,取得的成就及经验的累积,获得过的奖励等。经历是个人最宝贵的财富,往往从侧面可以反映出一个人的素质、潜力状况,因而备受招聘组织的关注,同时,这也是自我简历的亮点所在和重要组成部分,绝对忽视不得。对一个应聘者来说,经历往往比知识更重要,因为许多事情只有经历过,才可能有深刻体会。判断一个人的才能,只有在实践的时候才会真正发现其长处与不足。我最成功的是什么?我做过很多事情,但最成功的是什么?为何成功?是偶然还是必然?是否是自己能力所为?通过对最成功事例的分析,可以发现自我优越的一面,譬如坚强、果断、智慧超群,以此作为个人深层次挖掘的动力之源和魅力闪光点,形成职业规划的有力支撑:寻找职业方向,往往是要从自己的优势出发,以己之长立足社会。

## 二、发现不足

【小贴士】

**360 度反馈评价**

所谓"360 度反馈评价",又可称为多源评估或多评价者评估。不同于自上而下、由上级主管评定下属的传统方式,360 度反馈评价将上级主管、同事、下属、客户等其他存在密切接触的人员,与员工自我的评估结合起来,进行全面评价。在反馈评估过程中,要尽可能打开窗户,向其他人征求意见。这些人可以是单位的领导、同事,也可以是朋友、亲人。其中,来自直接上级、直接同事和直接下级的意见最为重要,因为他们每天与你共处,相关利益最密切,他们往往能够在第一时间发现你的变化,捕捉到你的失误点。因此,及时有效的沟通和全面的信息交流对个人职业生涯的发展是非常重要的。

在人生的发展阶段,由于社会环境的巨大变化和一些不确定因素的存在会使我们的生涯发展与原来制订的生涯目标与规划有所偏差,这时需要对生涯目标与规划进行评估和做出适当调整,以更好地符合自身发展和社会发展的需要。生涯规划实施的过程就是一个伴随着自我管理、评估、反馈与修正的过程,既是自我认知继续深化的过程,也是对外界认知不断扩充的过程。

生涯规划的实施过程源于生涯规划目标实现过程中的阻力分析。在生涯规划实施的过程中不可能总是一帆风顺的。面对挫折与失败，有的人越战越勇，有的人却晕头转向，为什么会有这么大的区别呢？究其原因，在于不同的人分析与解决问题的能力不一样。对生涯规划中的阻力进行分析是十分必要的，大学生在生涯规划的实施过程中主要会遇到如下的问题：

1. 生涯目标设置不合理

生涯目标的确立事关人一生的幸福，也直接关系到人生事业的成与败。人们是如何判断自己入错行的呢？

首先，性格与职业不相符。近年来，许多用人单位在引进人才时更关注新人的性格而非能力，因为能力可以通过入职后的锻炼逐渐培养，而性格是很难重新塑造与改变的。当一个人进入规划实施阶段，在职业实践过程中发现，当初确立的生涯目标与自己性格不相符时，最好不要为了工作而勉强继续下去，这样不仅会影响工作效率，还会阻碍职业发展。

其次，兴趣与职业不匹配。判断入错行的另一标准就是发现自己的兴趣爱好与生涯目标不匹配。如果一个人选择的职业与自己的兴趣吻合，那么枯燥的工作也会变得丰富多彩、趣味无穷，规划实施的进程也会更加得心应手。在规划实施过程中，随着经历的不断增加，人的兴趣也会发生改变。适应兴趣的改变而做出职业目标的调整是规划实施顺利进行的必要条件。

2. 缺乏执行力

经常听一些大学生说"我要考研"，可是没过两天他却看起了公务员考试复习用书。还有的大学生说："从明天开始我要好好复习英语六级。"大家可能会问："为什么不是从今天开始呢？"

执行力相当于心理学中所说的毅力。"毅力就是为了梦想去敲天堂的大门，频繁大声地敲，最后终于如愿以偿。因为天堂被你打扰得烦不胜烦，但求让你闭上嘴，于是你成功了。"

许多学生在做规划时，往往想着规划实施成功后的卓著成效，却忘记了规划实施过程中的艰辛苦涩。要么眼高手低，要么遇挫即退。要想获得成功，不仅需要一份详尽完美的职业生涯规划书，更需要在规划实施过程中扫清"缺乏执行力"这个路障。

3. 缺乏方法与技巧

梦想就在前方，却找不到通往前方的路。许多学生在规划实施过程中没有掌握科学的实施方法与技巧，从而使规划成为一纸空文。规划的实施讲究时间梯度，合理进行时间管理是规划实施的重要保障。当许多学生受到外界环境的干扰时，往往会被打乱心境，在这时如何进行情绪调适以尽快进入规划实施角色,是规划实施的又一个重要条件。由此,缺乏规划实施方法与技巧成为实现规划目标的又一拦路虎。

4. 规划实施的外在条件不具备或发生改变

纸上得来终觉浅,绝知此事要躬行。当我们将生涯计划付诸实践的时候,会发现外界的环境或完成计划所需的条件与计划时所设想的有所偏差,甚至很不相符。这就要求我们在规划实施过程中,学会环境评估方法,并根据评估结果对自己的规划实施路径做出调整,必要时要对生涯目标做出修改。

### 三、职业生涯规划评估与修正

职业生涯规划是大学生生活与职业发展的蓝图。虽然在制定职业规划的过程中,对内在和外在主观和客观的因素考虑了很多,但随着时间的推移,这些因素会发生变化。因此,为了确保规划的可行性和有效性,必须随时对生涯规划的内容和成效加以评估。此外,在实施的过程中也会发现当初做规划时未曾想到的问题与执行时的困难。为保证生涯规划的效果,在每实施一段时间后,有必要对计划执行的方法作出评估。

评估的要点:

一是抓住核心,突出重点。在评估过程中,抓住一两个关键的目标和最主要的职业生涯策略进行跟踪而不必面面俱到,重点评估那些可能达到核心目标的主要策略执行的效果。

二是找到突破点。想一想,在职业生涯规划中,哪一条职业生涯策略对于目标的实现有突破性的影响?如何找到新的突破点?

三是关注最薄弱点。在肯定成绩的同时,最重要的是关注最薄弱的地方,发现自己的实际情况与目标的差距,然后想办法修正。这些差距主要表现在思想观念、知识、能力、心理素质等方面。

实施职业生涯规划时,必须为日后可能的计划修改留有余地,修订的依据是每次成效评估后反馈回来的信息,至于计划修订的时机,必须考虑下列四点:第一,定期检测预定目标的达成速度;第二,每一阶段目标达成之时,要依据实际效果修订未来阶段目标可以采用的策略;第三,客观环境改变影响到计划的执行;第四,有效的生涯设计,还要不断地反省修正生活目标,反省策略方案是否恰当,以便适应环境的改变,同时可以作为下轮生涯规划参考的依据。

在评估结束以后,要根据评估的结果进行计划和措施的修订。修订的内容包括职业方向的修正、计划和措施的修正、行为和心理的调整。

### (一) 职业方向的修正

通过对评估结果的详细分析,我们会发现自己的职业生涯发展不顺利的原因是方向错误,或是对内外环境缺乏客观的分析,抑或是缺乏对工作的真实体验。方向的正确与否,是职业生涯成功的关键,这就要求我们必须重新进行自我认识和评价,重新评估外在环境,从而重新做出选择。

### (二) 计划和措施的修正

及时地调整自己的计划和措施是保证目标实现的重要因素,在分析自身实际与目标之间的差距后,我们需要制定一些具体的措施,如参加专业技能培训、进行学习进修、参加实践锻炼等。这些措施可以具体到参加各种技能培训班,选择哪个老师、哪本教材进行学习,去哪家单位的具体岗位实习锻炼。

### (三) 行为和心理的调整

在职业生涯发展的过程中,要善于调节自己的心理,保持自信、坚持、乐观的最佳状态。通过评估和修正,我们可以进一步增强对自己强项的自信,对自己的发展机会有一个清楚的了解,找出关键的有待改进的地方,并制定详细的行为改变计划,确保能取得显著的进步和职业成就。

在评估和反馈阶段,要做到谨慎判断、果断行动。谨慎判断就是无论环境条件变化多大,都要先理清情况再进行综合分析后做出判断。果断行动就是在形成判断后立即采取行动,重新修订自己的职业生涯规划方案,保证职业生涯顺利发展,最终实现人生职业理想。

总之,大学生职业生涯规划是一个持续动态的过程,有效的职业生涯规划需要不断地反省、修正自己的职业生涯目标,反省职业生涯路线、计划与措施是否恰当、是否适应环境的改变,同时,可以作为下一轮规划的参考依据。

**【任务布置】**

每个团队运用 360 度反馈评价来对自己上一个任务所要求做的计划进行分析,重新审视自己原先制订的计划是否可行?如果需要,还可以根据哪些反馈从哪方面进行调整。

【思考习题】

1. 大学生在进行职业生涯规划时应遵循的原则有哪些?
2. 职业生涯计划分为哪几种类型?
3. 如何实施职业生涯规划的措施。
4. 通过哪几个步骤来进行行动反馈和调整?

# 第六章

# 就业指导与求职目标的实现

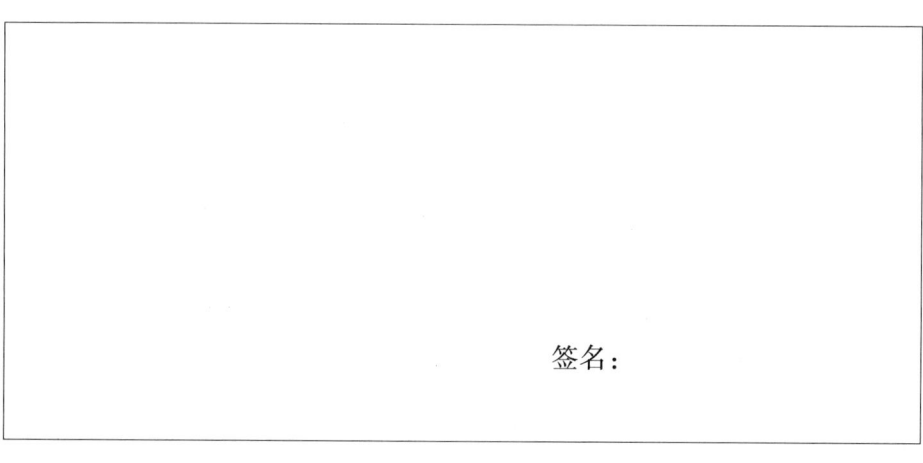

\* 请用一句话写下你学习本章的收获或是感悟。

## 第一节　职业价值观澄清测量表

职业价值观测试量表（WVI）是美国心理学家舒伯于 1970 年编制的，用来衡量价值观——工作中和工作以外的——以及激励人们工作的目标。量表将职业价值分为三个维度：一是内在价值观，即与职业本身性质有关的因素；二是外在价值观，即与职业性质有关的外部因素；三是外在报酬，共计 13 个因素：利他主义；美感；智力刺激；成就感；独立性；社会地位；管理；经济报酬；社会交际；安全感；舒适；人际关系；变异性或追求新意（后面有详细解释）。

请各位拿出纸笔，跟我一同来做一个 WVI 职业价值观测试。下面有 52 道题目（见表 6-1-1），每个题目都有 5 个备选答案，请根据自己的实际情况或想法，在题目后面选出相应字母，每题只能选择一个答案。通过测验，你可以大致了解自己的职业价值观念倾向。A 表示"非常重要"；B 表示

"比较重要"；C 表示"一般"；D 表示"较不重要"；E 表示"很不重要"。

表 6-1-1　　　　　　　　WVI 工作价值观量表

| | A | B | C | D | E |
|---|---|---|---|---|---|
| 1. 你的工作必须经常解决新的问题 | | | | | |
| 2. 你的工作能为社会福利带来看得见的效果 | | | | | |
| 3. 你的工作奖金很高 | | | | | |
| 4. 你的工作内容经常变换 | | | | | |
| 5. 你能在你的工作范围内自由发挥 | | | | | |
| 6. 工作能使你的同学、朋友非常羡慕你 | | | | | |
| 7. 工作带有艺术性 | | | | | |
| 8. 你的工作能使人感觉到你是团体中的一分子 | | | | | |
| 9. 不论你怎么干，你总能和大多数人一样晋级和涨工资 | | | | | |
| 10. 你的工作使你有可能经常变换工作地点、场所或方式 | | | | | |
| 11. 在工作中你能接触到各种不同的人 | | | | | |
| 12. 你的工作上下班时间比较随便、自由 | | | | | |
| 13. 你的工作使你不断获得成功的感觉 | | | | | |
| 14. 你的工作赋予你高于别人的权力 | | | | | |
| 15. 在工作中，你能试行一些自己的新想法 | | | | | |
| 16. 在工作中你不会因为身体或能力等因素，被人瞧不起 | | | | | |
| 17. 你能从工作的成果中，知道自己做得不错 | | | | | |
| 18. 你的工作经常要外出、参加各种集会和活动 | | | | | |
| 19. 只要你干上这份工作，就不会再被调到其他意想不到的单位和工种上去 | | | | | |
| 20. 你的工作能使世界更美丽 | | | | | |
| 21. 在你的工作中，不会有人经常来打扰你 | | | | | |
| 22. 只要努力，你的工资会高于其他同年龄的人，升级或涨工资的可能性比其他工作大得多 | | | | | |
| 23. 你的工作是一项对智力的挑战 | | | | | |
| 24. 你的工作要求你把一些事务管理得井井有条 | | | | | |
| 25. 你的工作单位有舒适的休息室、更衣室、浴室及其他设备 | | | | | |
| 26. 你的工作有可能结识各行各业的知名人物 | | | | | |

续表

| | A | B | C | D | E |
|---|---|---|---|---|---|
| 27. 在你的工作中，能和同事建立良好的关系 | | | | | |
| 28. 在别人眼中，你的工作是很重要的 | | | | | |
| 29. 在工作中你经常接触到新鲜的事物 | | | | | |
| 30. 你的工作使你能常常帮助别人 | | | | | |
| 31. 你在工作单位中，有可能经常变换工作 | | | | | |
| 32. 你的作风使你被别人尊重 | | | | | |
| 33. 同事和领导人品较好，相处比较随意 | | | | | |
| 34. 你的工作会使许多人认识你 | | | | | |
| 35. 你的工作场所很好，比如有适度的灯光，安静、清洁的工作环境，甚至恒温、恒湿等优越的条件 | | | | | |
| 36. 在工作中，你为他人服务，使他人感到很满意，你自己也很高兴 | | | | | |
| 37. 你的工作需要计划和组织别人的工作 | | | | | |
| 38. 你的工作需要敏锐的思考 | | | | | |
| 39. 你的工作可以使你获得较多的额外收入，比如，常发放实物、常购买打折扣的商品、常发放商品的提货券、有机会购买进口货品等 | | | | | |
| 40. 在工作中你是不受别人差遣的 | | | | | |
| 41. 你的工作结果应该是一种艺术而不是一般的产品 | | | | | |
| 42. 在工作中不必担心会因为所做的事情领导不满意，而受到训斥或经济惩罚 | | | | | |
| 43. 在你的工作中能和领导有融洽的关系 | | | | | |
| 44. 你可以看见你努力工作的成果 | | | | | |
| 45. 在工作中常常要你提出许多新的想法 | | | | | |
| 46. 由于你的工作，经常有许多人来感谢你 | | | | | |
| 47. 你的工作成果常常能得到上级、同事或社会的肯定 | | | | | |
| 48. 在工作中，你可能成为一名负责人，虽然可能只领导很少几个人，你信奉"宁做兵头，不做将尾"的俗语 | | | | | |
| 49. 你从事的那种工作，经常在报纸、电视中被提到，因而在人们的心目中很有地位 | | | | | |

续表

| | | | | | |
|---|---|---|---|---|---|
| 50. 你的工作有数量可观的夜班费、加班费、保健费或营养费 | A | B | C | D | E |
| 51. 你的工作比较轻松，精神上也不紧张 | | | | | |
| 52. 你的工作需要和影视、戏剧、音乐、美术、文学等艺术打交道 | | | | | |

评分与评价：

上面的52道题分别代表十三项工作价值观。每个A得5分、B得4分、C得3分、D得2分、E得1分。请你根据表6-1-2中每一项前面的题号，计算一下每一项的得分总数，并把它填在每一项的得分栏上。然后在表格下面依次列出得分最高和最低的三项。

表6-1-2　　　　　　　　　评价表

| 题号 | 得分 | 价值观 | 说明 |
|---|---|---|---|
| 2、30、36、46 | | 利他主义 | 工作的目的和价值，在于直接为大众的幸福和利益尽一份力 |
| 7、20、41、52 | | 美感 | 工作的目的和价值，在于能不断地追求美的东西，得到美的享受 |
| 1、23、38、45 | | 智力刺激 | 工作的目的和价值，在于不断进行智力的操作，动脑思考、学习，以及探索新事物，解决新问题 |
| 13、17、44、47 | | 成就感 | 工作的目的和价值，在于不断创新，不断取得成就，不断得到领导与同事的赞扬，或不断实现自己想要做的事 |
| 5、15、21、40 | | 独立性 | 工作的目的和价值，在于能充分发挥自己的独立性和主动性，按自己的方式、步调或想法去做，不受他人的干扰 |
| 6、28、32、49 | | 社会地位 | 工作的目的和价值，在于所从事的工作在人们的心目中有较高的社会地位，从而使自己得到了其他人的重视与尊敬 |
| 14、24、37、48 | | 管理 | 工作的目的和价值，在于获得对他人或某事物的管理支配权，能指挥和调遣一定范围内的人或事物 |
| 3、22、39、50 | | 经济报酬 | 工作的目的和价值，在于获得优厚的报酬，使自己有足够的财力去获得自己想要的东西，使生活过得较为富足 |

续表

| 题号 | 得分 | 价值观 | 说明 |
|---|---|---|---|
| 11、18、26、34 | | 社会交际 | 工作的目的和价值,在于能和各种人交往,建立比较广泛的社会联系和关系,甚至能和知名人物结识 |
| 9、16、19、42 | | 安全感 | 不管自己能力怎样,希望在工作中有一个安稳的局面,不会因为奖金、涨工资、调动工作或领导训斥等经常提心吊胆、心烦意乱 |
| 12、25、35、51 | | 舒适 | 希望能将工作作为一种消遣、休息或享受的形式,追求比较舒适、轻松、自由、优越的工作条件和环境 |
| 8、27、33、43 | | 人际关系 | 希望一起工作的大多数同事和领导人品较好,相处在一起感到愉快、自然,认为这就是很有价值的事,是一种极大的满足 |
| 4、10、29、31 | | 变异性或追求新意 | 希望工作的内容应该经常变换,使工作和生活显得丰富多彩,不单调枯燥 |

得分最高的三项是:(1)_____ (2)_____ (3)_____。

得分最低的三项是:(1)_____ (2)_____ (3)_____。

从得分最高和最低的三项中,可以大致看出你的价值倾向,在选择职业时就可以加以考虑。

视频6.1
求职准备

【体验互动】

1. 你的得分最高和最低的三项是什么?
2. 对你在求职过程中有怎么样的引导作用?

学生分小组讨论后发言,教师点评。

## 第二节 就业信息获取途径与方法

就业信息对于每一位谋求工作的毕业生来说都是至关重要的。择业决策的过程实质上就是一个与择业有关的信息搜集、处理和转换的过程。在择业过程中,无论是职业目标的确定、求职计划的设计,还是决策方案的选择,都是以就业信息的搜集和处理为基础的。

就业信息是指通过各种媒介传递的有关就业方面的消息和情况，如就业政策、供需双方的情况及用人信息等，它是毕业生择业时必须搜集和掌握的材料。

就业信息的种类有两种：宏观信息和微观信息。

宏观信息是指国家的政治经济情况，国家或地区社会经济的方针政策规定，国家对毕业生的就业政策与劳动人事制度改革的信息，社会各部门、企业需求情况及未来产业、职业发展趋势所要求的信息。掌握这些信息，就可以宏观地把握就业方向。学生在校期间，要多关心国家政策的重大改革，这对确立宏观的择业方向有着重大的意义。

微观信息是指某些具体的就业信息。如用人单位的需求情况、发展前景、需求专业、条件、工资待遇等。这些信息是在大学生即将毕业时所必须搜集的具体材料。

1. 搜集什么

就业信息的内容十分广泛，作为初次择业的毕业生应主要了解以下两个方面的就业信息：

（1）就业政策和相关规定。

第一，了解国家就业方针、原则和政策及相关的就业法律法规。这是毕业生就业的出发点和归宿，是不能违背的。作为毕业生，必须清楚地了解就业法律、法规，学会用法律来保护自己。

第二，地方的用人政策。如杭州市各县、区招聘的政策、人事代理政策、落户政策等。

（2）供求信息。

第一，当年毕业生总的供求形势，即本地区与自己同时毕业的学生有多少人，而用人单位的需求是多少人，是供大于求，还是求大于供，或者两者基本平衡，哪些专业紧俏，哪些专业供大于求。

第二，用人单位的信息。在选择单位时，往往会出现一些错误：对用人单位情况不甚了解，于是在择业时带有随意性和盲目性。如只挑城市而不问用人单位的性质、业务范围；还有的人只图单位名称好听就盲目签订合同等。为了避免这些现象，做到对用人单位有比较客观的评价，关键在于掌握用人单位的信息。

2. 从哪获取

同学们必须积极主动掌握足够的就业信息，获取的信息越多，择业的视野就越广阔。根据目前人才市场及地方的特点，大学生获得就业信息的途径主要有以下几条：

（1）学校招生就业处。学校招生就业处的就业信息具有准确、可靠、多样、具体的特点，是毕业生获取就业信息的最直接、最有效、最主要的途径。学校收集的信息都会及时传递至各二级学院，或发布在学校网页的就业信息栏中。

（2）通过各级毕业生就业主管部门、人才服务机构及其组织的有关活动获取信息。毕业生可通过他们组织的定期或不定期的人才交流洽谈会、大中专毕业生供需见面会等活动获取企业招聘需求信息。

（3）通过各级政府主管部门和就业指导机构搜集信息。这些主管部门主要是教育部和省（市、区）教育厅、人事厅及各市的教育局、人事局。这些部门和就业机构的主要职责，就是制定辖区的毕业生就业政策，提供高校毕业生和用人单位的信息，为毕业生就业提供咨询与服务。来自这方面的信息也是真实可信的。

（4）通过网络、报刊、广播、电视等媒体搜集信息。需要特别注意的是，这种信息传播面广、竞争性强、时效快，但成功率较低，而且其内容往往比较笼统，如果选用此类信息，还应做进一步的了解。

（5）实习、社会实践、社交等活动。毕业生在实习、社会实践中可以直接与用人单位接触，可以更清楚地了解有关需求的情况，让用人单位更多地了解自己。

（6）亲朋好友。通过家长、亲戚、朋友、老师、同学等渠道来获取就业信息，有针对性地扩大搜集信息覆盖面，有时会起到事半功倍的效果。

（7）通过黄页掌握各单位地址、电话，通过打电话、写求职信或登门拜访获取用人信息。这种渠道主动性强、盲目性大、准确性低。

当然，收集信息的途径还有很多。总的来说，关键在于掌握主动权。

信息搜集三种方法：

①全方位搜集法。把与你的专业有关联的就业信息全部搜集起来，再按一定的标准进行整理和筛选，以备使用。

②定方向搜集法。根据自己选定的职业方向和求职的行业范围来搜集相关的信息。这种方法以个人的专业方向、能力倾向和兴趣特长为依据，便于找到更适合自己特点、更能发挥作用的职业和单位。

③定区域搜集法。根据个人对某个或某几个地区的偏好来搜集信息，针对就业地的选择，可以根据自己的实际情况选择就业区域，搜索就业信息。

求职者应当根据自己的实际情况，综合运用来搜集信息。

3. 如何筛选

一般来说，毕业生通过上述渠道所搜集到的原始就业信息都会比较杂乱，有相当一部分信息是没有用处的，毕业生应根据自己的实际情况和需求，对信息进行去粗取精、去伪存真，有目的、有针对性地加以筛选处理，使获得的信息具有准确性、全面性和有效性的特点，使之更好地为自己的求职服务。把通过各种渠道搜集来的信息按地区、按性质进行分类，再按自己的择业标准进行等级分类，把那些自己感兴趣的单位列为第一等级，作为求职择业的重要选择方向。

在处理这些信息时，应把握以下原则：

（1）掌握重点。将收集到的所有就业信息进行比较，初步筛选之后，选出重点信息，标明并注意留存，一般信息则仅做参考。

（2）适合自己。每个人的情况不一样，毕业生应选择适合自己的信息。

（3）注意信息的时效性。搜集到就业信息后，应适时使用，以免过期。

（4）确定信息搜集范围时不能局限于"热门"单位和周边较近的地区，否则，会大大降低就业的成功率。

希望以上这些信息对大家求职有所帮助。

【体验互动】

1. 除了以上讲到的求职信息收集途径之外，你还能想到哪些途径？
2. 你觉得哪些途径获得的就业信息更为可靠？
3. 你认为就业信息最重要的因素是什么？
4. 请以你的生源地为就业目标城市，收集3条以上针对自己专业就业方向的就业信息。

学生分小组讨论后发言，教师点评。

## 第三节 求职就业材料准备

通过搜集就业信息并对其进行整理和分析，求职者可能已经明确了自己心仪的工作单位。接下来，就是要与用人单位进行联系和接触，递交一份个人求职材料，谋求面试的机会。用人单位正是要从求职者的个人材料中了解其身份、能力、综合素质等基本情况，以判断和评价毕业生的学习成绩、工作潜力，从而确定是否给予其面试机会。所以，毕业生准备一份具有说服力和吸引力的求职材料是成功择业的第一步。

## 一、求职材料的概念

视频 6.2
求职材料准备

毕业生在求职择业的过程中遇到心仪的单位和职位时，要通过自我推荐去求得这一职位。在自荐求职时，为了便于用人单位对自己的了解，毕业生必须准备一份介绍自己的书面材料。这份说明毕业生本人有关情况的个人材料，就是求职材料。一般包括求职信、推荐表、个人简历、证明材料等。

求职材料非常重要，它是毕业生与用人单位之间交流信息的载体。

对毕业生来说，可以通过求职材料向用人单位介绍自己的情况和就业意向，表达对用人单位所提供的职位感兴趣的原因和努力工作的决心。这是争取就业机会的重要步骤，也是通往就业之路的"敲门砖"。

对于用人单位来讲，由于求职材料是求职者本人对大学生活的一个全面总结和评价，能够反映求职者个人的总体情况和综合素质，所以，求职材料是用人单位了解毕业生的基本途径，是用人单位透视学生的窗口和决策的重要依据。

## 二、求职信（自荐信）

求职信是毕业生向用人单位自我推荐的书面材料，是求职材料中最关键的支柱性文件。求职信能否吸引招聘者的眼球，直接关系到毕业生是否能获得面试的机会。写好求职信是敲开职业大门的重要步骤。

### （一）什么是求职信？

求职信，又称自荐信，是求职者针对特定的用人单位，表达自己希望得到该单位某项工作而写的特殊信件，具有介绍性和自我推荐性，是要通过表达求职意向及概述自身能力来引起对方的重视和兴趣，以达到求职到位的目的。

撰写求职信必须明确三个要点：一是对象。求职信是求职者针对特定的用人单位而写的。二是目的。写求职信的目的是求职，是获得一份工作。是求职者表达自己希望得到该单位的某项工作而写的特殊信件。三是内容。求职信通过表达求职意向和愿望（请求性），介绍自己的基本情况和条件（介绍性），并概述自身能力引起对方的重视和兴趣（自我推荐性），以达到求职到位的目的。

写好求职信是敲开职业大门的重要步骤。求职信的作用主要体现在两个方面。从内容上讲，求职信概括了求职者的全面情况，求职者借求职信表达自己的求职意向，用人单位通过求职信了解求职者的有关情况，因此，求职信成为求职者与用人单位信息交流和沟通的一个载体和途径。从形式上来看，求职信在一定程度上直接表现了求职者的个人素质，如文字表达能力、写作水平等，用人单位可借此对求职者的有关情况进行直观的了解。所以，自荐信在求职就业中发挥着重要的作用。

**（二）求职信的基本格式和具体内容**

求职信的基本格式要符合书信的一般要求——称呼、正文、署名和日期，必要时加上附件内容。

1. 称呼（称谓）

求职信的称呼比日常书信所用称呼要正规。通常写给国家机关、事业单位时可以用"尊敬的××处长（科长）"称呼；写给三资企业，可以用"尊敬的××董事长（总经理）先生"相称；如果写给一般性企业，可称为"尊敬的××厂长（或经理）"；而写给学校，则以"尊敬的××教授（或校长、老师）"称呼。当然，有的求职信，也可以直接称为"尊敬的负责同志"等。

称呼要尽可能准确到位，以免引起对方反感而影响应有的效果。招聘负责人的职位和姓名可以从各种职业信息中获得。

2. 正文

正文是求职信的主要组成部分，包括三个方面的内容。一是求职意向，即求职的职位或大致范围；二是自我介绍，即自己所具有的用人单位需要的基本条件和才能；三是工作态度，表达如果自己被录用后，将以怎样的态度和决心对待工作。从形式上看，正文包括以下三个部分：

（1）开头。开头部分一般可说明三方面内容，一是信息的来源或获得信息的渠道；二是求职意向；三是对用人单位及申请职位的认识。

①信息的来源或获得信息的渠道。应该说明你是如何得知该职位的招聘信息的。这样可以避免对方觉得莫名其妙或是觉得求职者是在漫无目的地"大撒网"，没有诚意，同时也可以使单位的人事经理更好地了解各种招聘途径的效果，从而会让招聘公司立即对你产生好感。

如"我从《××××职位快讯》上看到贵公司正在招聘×××职位,我寄上简历敬请斟酌。"

②求职意向。要明确求职的职位或大致范围。注意一定要开门见山地、清楚明确地写明你对公司有兴趣并想担任他们空缺的职位,这样会使你的求职信显得更有针对性和条理性。

③对用人单位及申请职位的认识(从单位和职位的角度来讲),一是要说明单位的一些优势或发展前景,说明职位的意义或重要性,体现你对单位和职位的认同和兴趣;二是说明单位所属的产业或行业性质,以及所求职位对工作人员在专业知识、综合能力等方面的要求,从而顺利转入下文介绍自己的基本条件,并展示自己符合职位要求的个人才能和经验。

(2)主体。此部分是求职信的主体部分和重点,主要包括对自己基本情况介绍和对自己符合职位要求的个人才能、经验及有关兴趣特长的展示。

①简单地介绍自己——介绍自己所具有的用人单位需要的基本条件,包括姓名、性别、出生年月、政治面貌、学历、毕业院校、所学专业、特长爱好、主要优缺点等。

②展示自己符合职位要求的个人才能和经验等,重点是与所求职位有关的学历和经历。其中,工作经历也可以称为实践经历——如勤工助学、课外活动、义务工作、参加的团体组织、实习经历等,这部分应该写得详细一些,用人单位常常通过这些内容考查求职者的团队精神、组织协调能力等。

③兴趣爱好。最好列出两三项,要与所求职位有关系;不能罗列太多,使用人单位感到你是一个"万金油"。

(3)结尾。

①简述自己对该单位感兴趣的原因(从自己的角度来讲),说明自己期望能在该单位供职的愿望。同时,表达如果自己被录用后,将以怎样的态度和决心对待工作。

②感谢他们阅读并考虑你的应聘,表达希望参加面试并表明你希望尽快得到回音,希望对方给予答复的愿望。对方如果通知你面试会与你联系,所以要给出与你联系的最佳方式。这里注意:联系方式一定要写清楚。

③最后加以简短的表示敬意、祝愿之类的祝词。如"顺视商祺""深表谢意"等。当然也可用"此致敬礼"之类的通用语。

3. 署名与日期

(1)可在署名前写"学生××",还可以直接签上自己的姓名。

(2)日期写在署名右下方。

4. 附件目录

求职信一般都同时寄出简历和一些有效证件，如外语等级证书复印件、计算机等级证书复印件、获奖证书复印件、简历等。这时就需要有附件目录，既方便招聘单位审核，也使自己给对方留下周密、细致、有条理的好印象。

### （三）撰写求职信注意事项

与求职材料中"专业化"的简历和"职业化"的各种证书相比，求职信是比较"人性化"的资料，就好像是推销员进门跟人打招呼，说明来意。因此，撰写求职信时要注意：

首先，态度一定要诚恳礼貌，尊重自己、尊重别人。

其次，要重点突出，简单明了，不占用对方过多的时间，求职信中的有些叙述要简短，没有必要具体陈述，因为简历中已经说明。

最后，要能够引起对方的兴趣，让对方有兴趣继续看后面的简历和证书等材料。

## 三、就业推荐表

就业推荐表是学校正式向用人单位推荐毕业生的书面材料，具有较大的权威性与可靠性。用人单位往往对该表比较重视，在发给学生录用通知以前一般要先见到该表的原件。

### （一）什么是就业推荐表？

毕业生就业推荐表是学校为毕业生特制的求职材料，是学校专门为广大毕业生设计的一种综合反映学生在整个大学期间基本情况的，较为规范的表格。

### （二）就业推荐表的内容组成

就业推荐表要填写的内容：一是毕业生本人的情况介绍，包括学生的个人情况、家庭情况、学习成绩等综合情况，也是学校对毕业生在校期间基本情况的认可；二是毕业生所在院系的推荐意见；三是毕业生所在学校就业主管部门的推荐意见。另外，还附有由学校教务部门提供的学习成绩等。

### （三）填写就业推荐表需要注意的问题

就业推荐表一般要求手写。

在填写时要认真仔细，字迹端正、工整、清晰、整洁，切不可马虎潦草，更不能涂改、造假。

表中注明要填写单位意见并加盖单位公章的，必须让单位填写意见并加盖公章。

## 四、个人简历

简历是大学生求职的重要工具。一份好的简历能创造面试的机会，增加被录用的概率。简历的优劣直接影响到大学毕业生的求职与择业能否成功。

### （一）简历的含义与作用

个人简历也叫履历表，用于说明自己过去的经历，是自己学习、工作、生活经历的简要记述。

简历的作用主要体现在以下三个方面：

1. 对自荐信中的个人经历进一步说明和补充

简历与自荐信不同，简历是叙述求职者的客观情况，而自荐信则主要是反映求职者的主观情况和求职意向。

2. 详细介绍自己，让用人单位全面了解自己

简历的目的是用来支持求职信，让用人单位全面了解自己，用于证明自己能适合担当所求职位的工作。

3. 全面展示自己的能力和素质，给用人单位留下良好印象

求职简历不同于一般工作简历。一般的工作简历只是个人的一份历史记录，仅反映自己曾经做过什么。而求职简历，不仅要反映自己能做什么，做过什么，还要反映做得怎样，具备哪些能力和素质。

### （二）好简历的三个标志

一份好简历的标志是能够达到"信""达""雅"的要求。"信"就是简历中的内容要真实、可信，不能夸大其词或弄虚作假；"达"就是信息内容要客观、全面，达到充分展示自己的能力和才华，使对方详细了解自己、最终接受自己；"雅"就在形式上要整齐、美观、素雅，并突出专业化的特点，而不是杂乱无章或过分华丽。

### （三）编写简历的基本原则

简历编写是一门艺术，没有固定的格式，但是也有一些内在的基本

特点。

1. 简洁性原则

简历不应太长,简历越长,被认真阅读的可能性越小。所以通常简历的长度以一张 A4 纸为宜,只有某些高级专门人才在特殊情况下可以准备两页以上的简历,即使如此,也需在简历的开头部分做简洁清楚的资历概述,以方便招聘者在较短时间内了解基本情况。这个可以在简历页面上端写一段总结性语言,陈述你在专业上最大的优势,然后在工作介绍中再将这些优势以工作经历和业绩的形式加以叙述。

研究表明,一般人平均每次集中注意力的时间不超过 15 分钟,而招聘者认真阅读一份文笔不错、没有明显错误的简历,平均时间也仅为两分钟。超过这个时间,就会产生不耐烦的情绪。通常情况下,人事主管不会去逐一仔细阅读求职者的简历,而是用"扫瞄"的方式浏览,每一份简历所花费的时间一般都不会超过两分钟。所以,简历的编写要简洁清晰,便于阅读,同时要"突出个性、与众不同"。避免在被"扫瞄"时,因不能吸引眼球而被淘汰。

有些人将简历的这一特点概括为"十秒钟原则"。

2. 针对性原则

简历要有明确的、有针对性的求职目标。一份简历要围绕一个求职目标,如果你有多个目标,最好写上多份不同的简历,在每一份上突出重点。换句话说,求职于不同的行业、不同的公司和不同的职位,提交的简历应该是不同的。这将使你的简历更有机会脱颖而出。

简历的内容要针对用人单位和职位的需求,展示自己的长处和优势。很多求职者对投递简历的对象缺乏必要的认识和了解,根本不知道对方到底需要什么样的人,所以也就不能有针对性地分析自己的长处,简历投递也只能是乱投一气了。所以,对招聘单位的基本情况和招聘要求一定要清楚,要根据不同职位的要求在简历中突出自己与之相对应的能力与经历。比如,一个公司需要求职者具备良好的英语口语能力,简历中应突出描述自己做过业余涉外翻译的经历;而如果一个公司需要求职者具备良好的销售业绩,简历中再大肆描述自己做过业余涉外翻译的经历则显然是不明智的。

简历忌含糊、笼统和没有重点。我们千万不要忘记,雇主寻找的是适合某一特定职位的人,这个人将是数百名应聘者中最合适的一个。雇主们都想明确地知道,你可以为他们做些什么。含糊、笼统的,毫无针对性的简历会使你失去很多机会。比如,"我想在一个不断发展的单位里得到一个高收入的职位。"同样，如果简历的陈述没有职位和工作重点，或是把你描写成一个适合于所有职位的求职者，比如，"我干什么都行。"你很可能将无法在任何求职竞争中胜出。所以，你要为你的简历定位，围绕一个求职目标来写。

3. 客观性原则

简历主要叙述求职者的客观情况，尽量避免主观评价，采用客观描述为宜。比如，"我工作严谨且认真负责，在过去的工作中我有着出色的表现"。这样的说法是苍白无力的，难以令招聘者信服。不如直接提供客观的，可以证明或者佐证求职者资历、能力的事实和数据。比如，"2004 年，在××总公司中销售业绩排名第一"。为了客观，简历中要力求避免使用"我如何如何"的语句。

### （四）简历的基本内容

简历包含了求职者和应聘职位的相关信息，因个人情况不同其内容有所差异，但是一般应包括以下方面的内容：

1. 标题

常用"简历""个人简历""求职简历"为标题。

2. 个人基本情况

也称为"抬头"或"个人名录"。包括姓名、年龄（出生年月）、性别、籍贯、民族、学历、政治面貌、学校、专业、毕业时间等。但个人基本情况的介绍并非越详细越好，有些项目用人单位没有特别要求可以省略。

3. 联系方式

一定清楚地表明怎样才能找到你，写清楚区号、电话号码、邮箱（E-MAIL）地址。有些毕业生喜欢频繁地变换手机号码、E-mail，当用人单位需要与其取得联系时，往往无法迅速联系到。在用人单位感到遗憾的同时，恐怕最遗憾的应该是毕业生本人。

4. 求职意向

简短清晰地表明本人对什么岗位、行业感兴趣。这部分内容必须能够回答："你想做什么？"或者"你能给公司提供什么价值？"最直接的方式就是写出职务名称。

5. 个人履历

主要是个人从高中阶段至就业前所获得最高学历阶段之间的经历，前后年月应相接。

6. 个人的学习经历

主要列出大学阶段的主修、辅修与选修课科目及成绩，尤其是要体现与个人所谋求的职位有关的教育科目、专业知识。不必面面俱到（如果用人单位对个人在学校的学习成绩感兴趣，可以提供给他全面的成绩单，而用不着在求职简历中过多描述这些内容），要突出重点，有针对性，使个人的学历、知识结构让用人单位感到与其招聘条件相吻合。

7. 实习实训经历及所获得的技能

这是简历的核心部分，是反映高职生生产实践能力和岗位适应能力的。因此，在简历中要把实习实训的项目名称、时间、地点及收获等简要写出来，把在企业顶岗实习经历、实习单位的评价等写出来，也要把课余时间参加的技能培训项目、时间、地点及所获取的技能等级等注明。用人单位从这些经历中可以全面了解求职者的实践技能和工作能力。

8. 实践活动和社会工作经历

这也是简历的重要组成部分，可以与前面的内容合并在一起写。许多用人单位特别是大型企业，对毕业生综合素质的要求不断提高，虽然知道大部分毕业生都没有多少工作经验，但非常看重在校期间担任的社会工作、职务、组织（参加）活动的情况。勤工助学、课外活动、义务工作、参加各种各样的团体组织等经历，都足以让用人单位从中发现求职者的志向、爱好、组织能力、领导能力、团队协作精神和吃苦耐劳精神等。

9. 外语、计算机和其他水平

外语作为一种工具，计算机水平作为一种技能，越来越被用人单位所重视。因此，毕业生除了在简历中写明已达到学校相关的教学要求外，也别忘了对取得的资格等级证书，或在某方面的过人之处进行自我评价。如果已取得驾驶证，也可注明。

10. 在校期间所获奖励

包括获奖学金、三好学生、优秀学生干部、优秀团员、社会实践优秀个人、优秀社团负责人等获得的时间、地点、级别。

11. 附件

附件主要包括各种技能等级证书、荣誉证书及发表的论文等复印件。有些单位要求有加盖学校确认章的成绩单。

### （五）简历的主要格式

按外表形式来区分，简历的格式可分为两类：表格式和半文章式。

1. 表格式

表格式简历就是用表格的形式列出自己的基本情况和学习、工作的经历等。这种简历完全是以表格的形式出现，综述许多种资料，层次分明，使人一目了然，易于阅读。这一格式通常适用于年轻的大学生、缺乏工作经历，但具有各种诸如所学课程、课外活动、业余爱好和临时工作等经历的求职应征者。表格式主要包括姓名、地址、联系方式、主要/技能/成就/经验、经历、受教育程度、个人资料、兴趣/爱好/特长、日期等栏目。

2. 半文章式简历

指的是表格和文章综合使用的一种格式。这种格式使用较少的资料表格设计，而使用几项长资料的记载。一般适用于资历丰富的求职者。

这种格式的简历，一般是按照年月顺序，根据需要有选择地列出自己的学习、工作经历，做到条理清楚，充分表现自己的技能、品德。

除以上两种主要的、常用的格式之外，还有小册子式简历、时序式简历和职务式简历。

### （六）编写简历需要注意的事项

1. 突出个性，独具特色

突出自己的特点，着力渲染与众不同的地方，把属于自己的地方表述清楚。

2. 瞄准目标，有的放矢

应针对对方的要求，以简洁、明确的文字，表述出对方希望了解的内容。

3. 精心策划，重点放前

先填外语、计算机水平等专业方面的特长；再写善于组织活动、搞宣传，长于书法、绘画等一般特长方面。

4. 主题突出，文字简洁

毕业生没有工作经验，重点可放在学业成绩、参与过的课外活动、实践、实习经历和各种资格证书上。

5. 根据情况，粘贴照片

照片在发式、穿着、打扮上要视工作性质而定，如谋求艺术、公关、外贸等工作，外貌和衣着就要讲究美感；如果向学校、科研院所、政府机关、企事业单位求职，照片就要显得庄重、典雅、朴实一些。

## （七）简历的使用

求职往往局限了简历的作用，事实上，简历表更可以在下列情况派上用场：

（1）在媒体上看到招聘广告时，可以寄出。

（2）参加招聘或访问招聘人员的公司时，可以带几份。

（3）拜托朋友帮忙寻找工作时，可以交给他们几份。

（4）面试时，简历表可以作为介绍自己的基本参考资料。

（5）面试后，可留几份供用人单位存档，或给有关人员传阅使用。

（6）毕业后，可留给自己的学友、学弟作参考资料。

## 五、其他证明材料

求职材料中还包括一些能够提供证明的材料，包括：

（1）毕业证书、学位证书、学历证书和结业证书；

（2）"三好学生""优秀学生干部""优秀团员""优秀毕业生"等荣誉证书；

（3）英语四、六级证书、计算机等级证书；

（4）各类奖学金等级证书；

（5）社会实践、征文比赛、文艺演出、体育运动会、社团活动等获奖证书；

（6）在正式出版物上发表过的文学作品、科研论文、美术设计作品、音像制品、摄影作品及各类小制作、小发明、小创作的图像资料。

视频 6.3
诚信求职

凡能反映自己各方面能力的材料尽量齐全，请用人单位审核时最好有原件。投递材料，则应选择具有代表性的证件复印件。

以上几种自荐材料各有侧重点，自荐信属概述性资料，主要表达个体的求职意向和工作态度；学校推荐意见属于评价性资料，能增加求职材料的可信度；个人简历属于确证性资料，主要说明自己过去的经历；证明材料属于成就性资料，强调个体具备的技能和取得的成绩。这几种材料组合在一起，可以形成一份有个性特色、结构合理、质量较高的自荐材料。

大学生在制作自荐材料时要切记两点：

一是内容要客观真实、全面准确。毕业生向用人单位推荐自己时，要靠平时的努力，靠实事求是取胜，不能采取"造假""夸大"等手段蒙骗用人单位。现在用人单位招聘大学生，一般都很慎重，不但要看个人综合材料，还要面试和笔试，甚至要考察动手操作。同时，还要到校方考证。一旦发现有造假，将给毕业生造成严重后果。

二是推荐材料的形式要美观大方、干净整齐、层次分明。自荐材料只是自我推荐的一种手段和形式，要做到形式和内容的和谐统一。因此，自荐材料篇幅不宜过长，字迹要工整；如果你字体一般，则用计算机打印为宜；表面干净整洁，每页规格大小应基本一致；封面应写明材料名称、目录、求职人姓名、毕业院校及专业、学位和时间；内容排列次序和目录应保持一致，不缺页，无颠倒，给人一种办事认真、求职慎重的感觉。切记不可出现错字、别字。

【体验互动】

请说明就业求职材料里哪些材料对你求职最有帮助？
学生分小组讨论后发言，教师点评。

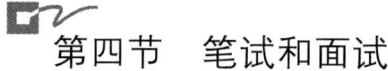

## 第四节　笔试和面试

### 一、笔试和面试

通过正确高效的应聘渠道，求职者精美实用的简历终于被递送到企业人力资源顾问（HR）的面前，再经过重重筛选，优秀出众的求职者终于得到了面试的机会。如何将这"临门一脚"转变成"破门得分"，就是每一位求职者接下来要做的功课了。

"凡事预则立，不预则废。""知己知彼百战不殆"，要想取得满意的面试结果，求职者自然需要用心做好前期准备，在这里向求职者提出以下五个容易忽视的注意事项。

1. 情况摸底

求职者还是应该在面试之前对应聘企业及职位进行大致的了解，利用网络的便利性熟悉其企业文化、发展历程、组织架构、业务范畴和经营业绩等，不但能够保障求职的安全，更可以保证面试时能够有针对性，对答如流。

2. 实地勘察

如果时间和空间的条件允许，更建议求职者能够在面试前对应聘企业进行实地勘察，不但可以直观地了解这家企业的文化氛围，更可以了解到今后自己的通勤路线及时间，保证面试时候不会因意外情况而迟到。

3. 人脉询问

除了通过网络和实地考察来了解企业情况外，求职者还应该更加积极主动地通过自己的人际脉络做进一步了解。比如，咨询自己的亲戚朋友、师长、校友等，不但有机会获取到较为关键的资讯，更可以得到不同角度的经验和教训。

4. 常见问题

对于不同的企业和职位来说，总有一些固定模式的问题会出现在面试的过程中，网络上也可以找到"世界500强企业面试心经""外企面试秘籍"之类的前人经验总结，因此，求职者不妨根据应聘职位的行业分类和自身特点进行有的放矢的准备，增加自己面试成功的机会。

5. 重制简历

尽管招聘企业已经通过招聘渠道看到了求职者的个人简历，但是这些简历往往千人一面、模版相似，难以完整清晰地表现出求职者的个人风采，因此，建议求职者在面试之前有针对性地制作一份内容详尽的求职简历，试想在面试时递送给面试官一份根据职缺需求量身定做的细致简历，一定能给企业方留下良好深刻的印象。

## 二、面试技巧

求职者面试，从面试前到面试时的礼仪及种种问题的应答等，都有很多的技巧与应对方法。

视频6.4
面试技巧

1. 面试前的准备

面试前要先通过各种途径了解自己面试的单位和岗位以及岗位要求，做到"知己知彼百战不殆"；面试前一定要休息好，做好充分的准备，这样才能从容面对，让自己更自信，在面试时展现自己最好的一面。还要预想主考官会提问的问题，并准备谨慎而有条理地回答。事先有准备的人，表情和肢体语言比较笃定从容，且具备较好的回应能力。大学毕业生由于缺乏面试经验，可事先找朋友练习面试技巧。面试时至少提前10分钟到达面试地点，先去洗手间进行一下整理，捋清思路，还可以最后检查一下自己的仪容，整理因挤公车而弄乱的发型，女士还可以修补妆容。

2. 面试时的礼仪

面试务必要准时，步入公司就是面试的开始，对人要客气有礼，秘书或接待人员都可能影响到你是否能得到这份工作。面试前应关掉手机或者调为静音模式，若当着主考官的面关掉，更可显出你的诚恳。注意自己的坐姿，节制不该有的小动作。与主考官保持视线的接触，但不要紧盯着对方的眼睛，眼神切勿乱瞟乱看。

3. 面试时的应对

仔细聆听对方的问题，审慎回答，不要太简略，切忌只回答"是的""好""对的""没问题"等无法使内容更生动的字句，要完整并举实例说明，但要避免冗长。

若对应征公司不了解，不妨坦诚相告，以免说错而得不偿失。

当对方问你："你能为公司做什么？"时，若无法马上回答，可先询问对方这份工作最重要的内容是什么，你好就这些部分来回答。

当对方问及你的专长时，别忘了针对专业特性来回答。对自己的能力和专长不需刻意强调，但也不必太过谦虚。

主考官提及你是否有问题时，一定要把握机会发问，以表现自己对这份工作的强烈兴趣，但要就工作内容、人事规章等范围发问，不要离题太远。

4. 面试结束后

无论告辞时说些什么，要表现出信心坚定，给主试者留下一个深刻的印象。离开前应谢谢主试者给你面谈的机会。若面试时间较长，在面试结束时，可以赞扬主试者在面试过程中使你获益的特殊观点，还可以寄一封感谢信，以加深主考官对你的印象。

若你认为这份工作不适合你，可打电话或写一封措辞客气、亲切的信，告诉对方原因，切忌从此人间蒸发。

【体验互动】

以小组为单位模拟招聘面试过程，分析面试过程中存在的问题，找出面试过程中值得肯定的一面，以小组为单位进行班级分享。

学生分小组讨论后发言，教师点评。

## 第五节 劳动权益保护

视频6.5
劳动权益保护

大学生的就业问题，一直是社会关注的热点，如今大学毕业生人数增多、就业形势严峻，大学生就业面临着各方面的问题。更为引起关注的是毕业生就业权益的维护。作为即将步入社会的毕业生，我们应该充分了解和认识我们在就业方面所具有的权利和义务，以便我们顺利地找到理想的和适合自身发展的工作。大学生在求职中享有以下权利：

### 一、大学生享有的就业权益

1. 就业信息知情权

就业信息是大学生就业的关键因素，决定了大学生能否成功找到合适的工作，对刚刚毕业的大学生来讲是至关重要的。大学生有权利了解就业形势与就业法规、国家的方针政策、获取用人单位的需求信息及用人单位的真实情况等。

2. 职业的自主选择权

大学生所选择的职业只要符合国家有关的法律法规、方针政策，就可以自主选择所要进入的行业、职业、用人单位。

3. 职位的公平竞争权

毕业生享有公平参与竞争的权利。除特殊行业和特殊岗位外，用人单位不能因民族、种族、宗教信仰、性别、身高、相貌等因素拒绝应聘者。

4. 平等择业权

毕业生在就业过程中，与用人单位法律主体地位平等，信息知情应对称，对用人单位的工作内容、工作地点、工资福利等内容享有协商的权利。

5. 隐私保密权

任何单位和个人都不得将毕业生的个人信息（姓名、住址和电话号码及身份证号码等）随意发布和使用；用人单位在招聘录用过程中不得侵犯毕业生个人的隐私权，如对应聘者造成伤害，需承担相应的责任。

6. 请求赔偿的权利

毕业生的就业协议一经签订，毕业生、用人单位、学校任何一方不得擅自毁约，如有违约必须严格履行相应责任。任何一方提出变更或解除协议，均须得到另外两方的同意,并应承担违约责任。

7. 寻求保护权

在权益受到损害且无法得到合理补偿的情况下,毕业生有寻求就业行政主管部门及学校保护的权利,或寻求劳动部门的调解、仲裁及人民法院的裁决。

## 二、大学生就业过程中对自身权益的保护

### (一) 招聘面试阶段

1. 歧视现象

最常见的是性别歧视。一些企业在招聘中不招收女生或提高同一岗位女生的学历、技能等方面的要求,变相设置就业障碍,这是不合法的行为。《中华人民共和国劳动法》(以下简称《劳动法》)规定,女性劳动者和男性劳动者享有平等的就业权利。此外,还有形象歧视、身高歧视、工作经验歧视等。

2. 虚假、诱骗广告

一些企业在招聘会上为了招到能力强的毕业生,会明显夸大或隐瞒自己的某些情况,以欺骗的手段招聘大学生。毕业生要与有经验的人多交流经验,要脚踏实地,不能投机取巧。

3. 侵害求职大学生的知情权

劳动者在订立劳动合同前,有权了解用人单位相关的规章制度、劳动条件、劳动报酬等情况,用人单位应当如实说明。

4. 侵犯隐私

毕业生在求职时,会在相关网络或者求职材料上留下自己的信息,没有征求本人同意,任何人或单位不得公开、泄漏、出售毕业生信息,以谋取不正当利益。用人单位获得毕业生的个人隐私,有负责保密的义务,否则就构成侵权,要为此产生的不良后果负责。

### (二) 签订就业协议书与劳动合同阶段

1. 安排的试用期不合理

我国《劳动法》明确规定了试用期的原则,即试用期不能超过 6 个月。应聘者在与用人单位协商时,应问清自己的试用期限,以此保护好自己的合法权益。

2. 合同必备条款不健全

劳动合同分为有固定期限劳动合同、无固定期限劳动合同和以完成一定的工作为期限的劳动合同。其中，至少应具备以下 7 种条款：合同期限、工作内容、劳动条件和劳动保护、劳动报酬、劳动纪律、合同终止条件、违反劳动合同的责任。毕业生应该仔细阅读合同内容，必要的条款必须记载，以免发生纠纷的时候不知如何处理或者伤害自己的合法权益。

3. 违反协议或合同的违约金

按照相关规定，劳动合同或协议中可以规定违约金的数额，但其是有上限的。现在规定的上限是 12 个月的工资总和，在合同中必须明确规定双方违约的赔偿责任。

4. 廉价劳动力"陷阱"

有些用人单位不讲究诚信，会以各种方式把刚刚毕业的大学生当作廉价劳动力使用，按照《劳动法》以及国家有关规定，企业必须为职工缴纳各种保险的部分费用，由职工缴纳的部分，也有明确的数额规定。不支付任何报酬的工作是不合法的。

5. 口头约定"陷阱"

就业协议不能代替劳动合同，所以一定要与用人单位签订劳动合同。企业签订合同的形式应该规范，即企业法定代表人签字，还要加盖企业公章，缺一不可。

### （三）入职上班阶段

1. 试用期陷阱

有的单位抓住"试用期"这几个字做文章，支付超低工资，甚至不支付工资。《劳动法》规定，给劳动者应该支付相应的工资，并且不得低于当地政府规定的最低工资标准。

2. "只试用，不录用"的恶意侵权行为

目前，这类的情况有很多，很多不合法的用人单位以此来骗取大学生的劳动。如果大学生在找工作时遇到这样的情况，可以向用人单位的上级主管部门举报。

3. 协议或合同只对企业单方面有利

给毕业生开空头支票，签订的劳务合同与就业协议书内容不一致。毕业生可以要求劳动争议仲裁或向人民法院起诉，还可以借助新闻媒体进行救助。

由上述内容可知，大学生应该努力增强自我保护意识，充分了解就业权益方面的法律法规，以此保护自己的合法权益不受侵犯。顺利进入自己理想的行业，拥有一个适合自己发展的职业。

**【体验互动】**

以小组为单位，收集就业过程中侵害劳动者权益的真实案例，组内分析原因，提出相应对策。

学生分小组讨论后发言，教师点评。

**【思考习题】**

1. WVI 职业价值观澄清测量表在大学生求职过程中有什么重要意义？

2. 通过学习本章内容，你认为求职过程中用人单位最看重的是大学生的什么品质和技能？

3. 你认为大学生就业是从什么时候开始的，为什么？

# 职业生涯规划书、职业素质培养

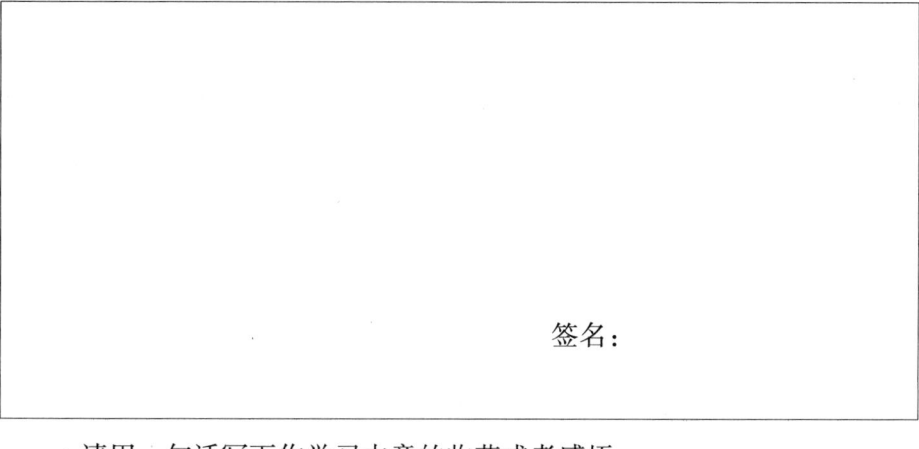

签名：

＊请用一句话写下你学习本章的收获或者感悟。

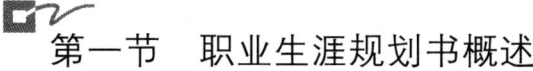

## 第一节 职业生涯规划书概述

视频 7.1
生涯规划书

### 一、职业生涯规划书的概念

**（一）职业生涯规划书**

职业生涯规划书是人们阐释自己或他人在一定时期内职业生活历程的应用文体。它包括对计划主体、目标职业的认知，计划主体的职业选择与实现路径，以及实现该目标的控制因素等。职业生涯规划书多由计划主体自己制定与写作，有时也由职业指导师根据咨询者的要求，在充分了解咨询者的基本状况、职业倾向的基础上为咨询者撰写。

**（二）职业生涯规划书的特点**

一般来说，计划是具有预见性、可行性、目的性的特点。职业生涯规划书除了具备计划的一般性特点外,还具有如下特点:一是计划时段的长期性。职业生涯计划通常以未来 10~15 年的职业状况为远景目标,加上其对自身条件和职业状况的全面分析,实际上是一份长期规划。二是内容的专项性。一份规划书中,通常会有多个具体的计划,而职业生涯规划书则紧密围绕个人职业生涯的发展方向制定,内容相对集中、明确。

(三) 职业生涯规划书的功能

职业生涯规划书具有如下功能:

第一,协助计划制定主体或咨询者准确分析个人状况。在撰写职业生涯规划书之前,计划制定主体或者咨询者通常都会接受具有典型意义的职业倾向测试,如迈尔斯－布里格斯性格分类指标(MBIT)测试、霍兰德职业倾向测试等,尽管对这些测试是否能够真实反映被试的性格与职业倾向还存在争议,但从长期的实践来看,测试对于计划制定主体或帮助咨询者认清自身情况是极有帮助的。

第二,明晰外部环境、找准职业目标定位、确立短中长期职业倾向。当代中国日益与世界发生着联系,传统的职业思维正面临着新形势、新情况的挑战,不论是身处校园的大学生还是奋力拼搏的职场精英,都必须正视个性特征与职业匹配度、现状与目标之间的鸿沟。在职业生涯中,"骑驴找马"是很多年轻人在实际求职的时候采取的现实策略,同时我们还要将当前工作与长期规划结合起来,关注个人职业发展的可成长性,达成长期目标。

【小贴士】

"不想当元帅的士兵不是个好士兵。"与"不想当厨子的裁缝不是好司机。"

这两句话一句是拿破仑的名言,一句是网络戏言,但非常典型地体现出了完全不同的职业生涯计划理念。士兵有成为元帅的长期规划,从现实出发,不断向此方向努力,也许最终会因为种种原因无法达成目标,但这样明确的目标是有着积极意义的。"厨子""裁缝""司机"是不同的职业类型,很难看到三者之间职业发展提升的关系,如果真有人以"不想当厨子的裁缝不是好司机"为自己的职业生涯指导思想,至少从职业发展的角度,这一观点是值得商榷的。

第三,职业生涯规划书还被广泛用于各级各类的职业生涯规划比赛,尤其是大学生职业生涯规划比赛中,成为比赛的具体载体和作品呈现方式。根据舒伯(Donald E. Super)的职业生涯发展理论,大学生正处于职业生涯发展的探索阶段,处于生涯发展阶段中成人早期的转换期。这是整个生涯发展阶段历程中最为关键的阶段,个人对职业生涯探索的广度和深度会影响个人职业决策,以往国内高校和教育行政主管部门多以"就业率"来衡量大学生就业状况,缺乏对其就业意识、就业能力的培养与培训。

## 二、职业生涯规划书的结构

一般来说,一份完整的职业生涯规划书应包括以下部分:封面、自我介绍、目录、正文、附录、结语等。有的职业生涯规划书还在自我介绍之后、目录之前加入引言部分。

1. 封面

封面中最重要的组成要素是标题。职业生涯规划书的标题大致上可以分为基本式、概括式、新闻式三种类型。基本式包括计划时间、计划主体、计划种类这几个基本要素。概括式则用短语或句子揭示整篇规划书的主题。新闻式采用正副标题,正标题概括主要内容、副标题显示文体特点。

【体验互动】

以下标题都来自第××届全国大学生职业生涯规划大赛参赛作品,指出它们的类型并分析其特点:《×××(学生名)职业生涯规划书》《追逐梦想的脚步》《会挽雕弓如满月》《会集创意,展我人生》《人在旅途》《赋色人生》《我的乡村幼儿教师之路——×××职业生涯规划书》。

学生分小组讨论发言,教师点评。

在实际使用中,好的标题通常采用比较巧妙的方式将计划主体的专业属性、个性特征、自身未来的职业方向涵盖进来,文字优美、引人入胜,让读者和评审人员产生继续阅读的冲动;而平淡或者概括性过强的标题会让人产生直白、简单甚至有不知所云的感受,从而影响最终的成绩。

2. 自我介绍

自我介绍通常包括计划主体的基本情况。在大学生职业生涯规划书中,要包括姓名、性别、学校、专业等基本情况,还可以把自己获得的各类奖励、荣誉称号、最为重要的实习或志愿服务经历写入其中,条件允许的情况下,还可以加入自己有代表性的生活照。引言是计划主体用相对轻松的笔调介绍自己的经历、个性、理想、目标,在职业生涯规划书中并非必不可少,但对于读者了解计划主体的基本情况还是有帮助的。

3. 目录

目录部分可以采用两种编排方式。可以采用较为传统的一级标题、二级标题按章节、页码的顺序依次排列;还可以根据自身专业特点、兴趣爱好、未来职业取向的核心要素,采用个性化的编排方式。比如,图7-1-1就是计划主体将自身的专业知识和职业取向应用于目录编排中。这样会显示出作者对专业知识的了解和掌握程度,在后期评审中,对提高印象分是很有帮助的。

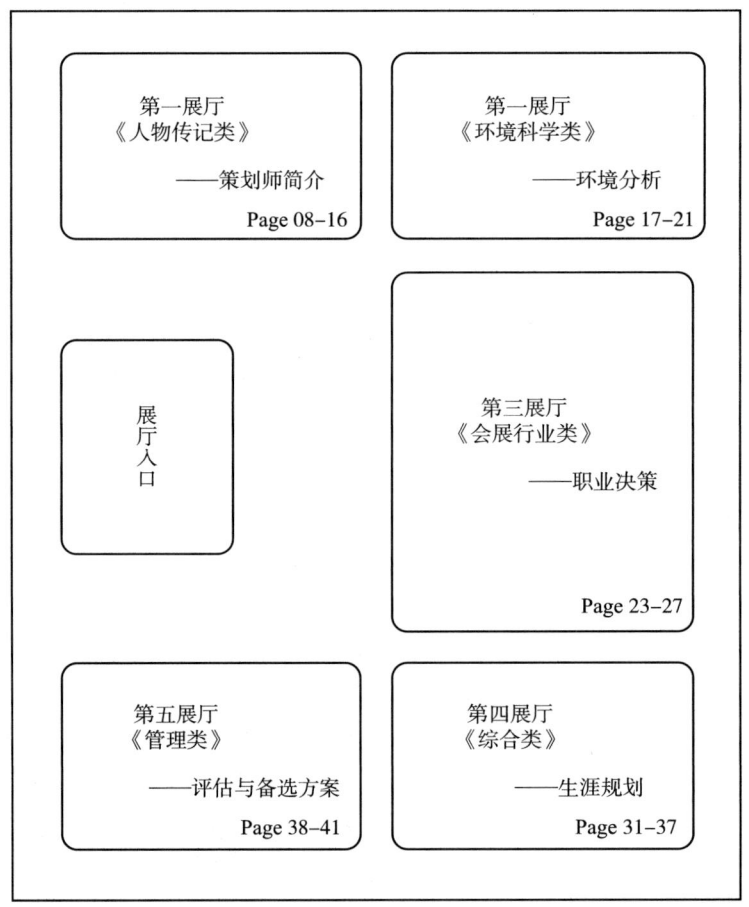

图7-1-1 展厅平面布局

4. 正文

正文是职业生涯规划书的主体部分，通常包括自我评估，职业认知与环境评估，确定职业目标，实现路径与监控方式，备选方案等。

5. 附录

附录通常包括计划主体制定上述计划参考的资料等，例如，书籍、论文、网络资料等。

6. 结语

通常是表决心、鸣谢等内容，也可放入正文中而不单独列出。

### 三、职业生涯规划书遵循的原则

1. 客观性

职业生涯规划书以规划未来的职业为出发点和落脚点，因此，必须实事求是地反映计划主体的特点与职业目标。任何偏离计划主体自身实际和职业目标的倾向都是不允许的。

2. 匹配性

"世界上没有两片完全相同的树叶"，人作为世界上最复杂的动物，更是如此。人与人之间在个性特征、成长经历、专业背景、发展目标上存在着巨大的差异，发展潜力也有不同。因此，职业生涯规划书必须考虑到差异性，结合计划主体的特点进行设计，"文无定法"，避免"人云亦云"，这样才能最终做出匹配计划主体特点的规划书。

【任务布置】

本章第一节的内容到这里就结束了，请每位同学在课后完成如下任务：采用迈尔斯－布里格斯性格分类指标和霍兰德职业倾向测验自己的性格特征和职业倾向，同时，向自己的父母、朋友询问他们对自己性格特征与适合从事的职业的看法。下次课将在此基础上具体指导职业生涯规划书正文的撰写。

## 第二节　职业生涯规划书正文的撰写

第一节中已经提及，职业生涯规划书的正文包括：自我评估，职业认知与环境评估，确定职业目标，实现路径与监控方式，备选方案等。本节将对正文的写作进行具体的分析。

## 一、自我评估部分

在自我评估中，通常综合采取定量与定性的分析方法对自己的个性特征、职业倾向进行分析，从而得出自己未来适合从事的工作类型，为后续各部分的撰写提供前提。

定量的方法主要是采用迈尔斯－布里格斯性格分类指标（见图7－2－1）、霍兰德职业倾向测验，以及希波克拉底四种气质类型的方法测试计划主体的性格特征和职业倾向。其优点在于以经过长期实践的量表为基础，结果已经具备了定量分析的某些特征；但正如前面涉及的，理论心理学界认为其表述过于泛化、缺乏可靠的数据支持。

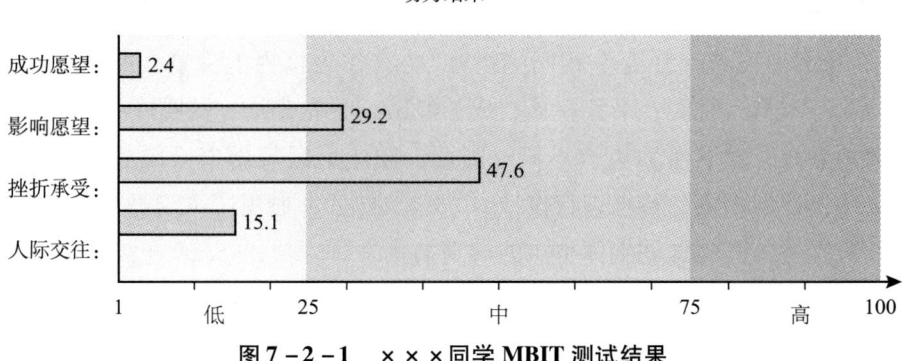

图7－2－1 ×××同学 MBIT 测试结果

定性的方法主要采取访谈的形式，了解家人、朋友、老师对计划主体的评价。这种方式的优势与不足都非常明显，优势在于受访者与计划主体的学业、生活、工作联系非常紧密，通过长期的日常交流，对计划主体有较为深入的了解，能够用相对精炼的关键句评价计划主体、提供参考建议，"一语中的"感比较强烈；而不足之处可能也比较突出，即对于计划主体高度概括之后会显得数据与例证支撑不足。所以，在实践中，这两种方法需要综合使用，弥补各自的不足。

【体验互动】

上次课结束前,已经要求同学们自测性格特征与职业倾向,现在请每组选取 1 人向大家汇报自己通过定量与定性的分析方法得出的个性特征与职业倾向。

小组选派代表做不超过 3 分钟发言,教师点评。

## 二、职业认知与环境评估部分

在这一部分,计划制定主体需要完成两方面的任务,第一,明确自身的目标职业,了解目标职业的工作内容、工作环境、典型生活方式,了解目标职业的待遇、未来发展趋势,对目标职业的行业现状、前景及就业需求有清晰了解,清晰了解目标职业的进入途径、胜任标准,以及对生活的影响。第二,客观分析社会的整体就业趋势,尤其是大学生就业现状,对目标职业的行业现状、前景及就业需求有清晰的认识。

一般来说,目标职业既需要与学科背景相关,也要与自身的个性特征、职业倾向匹配。比如,同样进行汉语言文学专业学习的大学生,可能会因为职业倾向的不同而适合不同的岗位。如霍兰德职业倾向测试的 SEI 型适合从事文学或语言学的专门研究,而 SCI 型适合从事语文课程的教学与普及工作。当然,在实践中的确存在着部分大学生的个性特征、职业倾向、学科背景、目标职业两两矛盾,甚至彼此矛盾、无法匹配的情况。这种时候,计划主体便必须对自己能掌控的某些要素进行调整,或者努力尝试改变个性特征以适应学科背景的需要,或者通过认真学习,改变专业,或者突破传统的职业领域,开创适合自身个性特征与学科背景的职业发展道路。在明确目标职业的过程中,可以采用典型分析法(含人物和单位)、访谈、文献法、实习与见习等方法了解目标职业的基本状况。

分析社会的整体就业趋势,尤其是具体到大学生群体和计划主体选定的目标职业的就业现状、前景等并非易事。大学处于社会中,作为社会人的大学生对于社会的整体状况、专业就业现状等是有基本了解的,但如果想要进行更深入的了解,为撰写职业生涯规划书做准备,就必须阅读大量的文献,并进行身体力行的实践,才能够得出比较符合实际的结论。在阅读文献方面,每年"两会"上发布的《政府工作报告》及《人民日报》《光明日报》

《半月谈》等理论报刊、本学科领域的专业期刊都是文献阅读的范畴；而每年团中央组织的暑期社会实践、各学校自行组织的调研、阶段实习等更是亲身体验目标职业状况的最好机会。

## 三、确定职业目标部分

在明确了自身特点和职业状况、外部因素后，需要制定短中长期的职业目标。需要注意的是不同时期的职业目标要符合实际、可执行、可实现，有延续性，能够体现计划主体在垂直方向上的提升。目标是现实与未来存在的距离，达成目标需要一系列的主客观条件，其中，有些条件是计划主体已经具备的，有些可能目前还不具备；在达成目标的过程中可能既面临机遇，又有诸多困难与挑战。因此，进行SWOT分析十分必要。SWOT最初是指评价企业的优势（strengths）、劣势（weaknesses）、竞争市场上的机会（opportunities）和威胁（threats），用以在制定企业的发展战略前对企业进行深入全面的分析及竞争优势的定位。后来被广泛应用于管理学与成功学中，成为一种极常用的分析模型。表7-2-1是1位立志从事小学英语教学工作的同学对小学英语教学领域的SWOT分析结果。

表7-2-1　　　　×××同学职业目标SWOT分析

| | 对达成目标有帮助（helpful） | 对达成目标有害（harmful） |
| --- | --- | --- |
| | 优势（strengths） | 劣势（weaknesses） |
| 内部（internal） | 英语专业能力较强，语音标准；性格活泼，具有亲和力，善于交际、调动气氛 | 经验不足；非师范类学生；尚无教师资格证 |
| | 机遇（opportunities） | 威胁（threats） |
| 外部（external） | 家长普遍对孩子的英语学习较为重视 | 对学历要求较高，竞争激烈 |

## 四、实现路径与监控方式部分

在职业目标的实施路径上，比较常见的方法是分阶段法。在校大学生可以将其分为准备阶段—适应阶段—发展阶段—稳定阶段，部分学生还会考虑稳定阶段之后的退出阶段。而相对应的个人目标则是努力学习专业知识—获得初级岗位—取得中级岗位—上升至中高级岗位—退休。在每一个阶段，都需要设置具有阶段性特点的可执行、可实施的具体任务。比如，在准备阶段，就需要对照个性特征、职业倾向、劣势与挑战等因素，增强自身达成既定目标的综合能力。而在适应、发展、稳定等阶段，则可以根据自身实际和工作特性，制定三年或五年计划，每一个阶段包含一个或多个计划周期，分别完成不同的任务。比如，学金融学专业的小C制定了如下计划：

准备阶段：11年（本科4年+硕士3年+博士4年）。初步具备金融学的专业能力与思维方式，获得国内一流高校的金融学博士学位，争取在国内一级B类核心期刊发表1~2篇论文，在二级期刊上发表2~3篇论文；在国内高校获得一份教职。

适应阶段：5年。适应所在学校的教学规范、科研要求，能够完成教学、科研工作量，适当参与管理工作，弥补自身长期读书所欠缺的管理能力；出版博士论文，顺利晋升为副教授；增强第一外语和第二外语能力，努力争取到国外访学、短期交流的机会，为发展阶段的学术研究积累资料。

发展阶段：20年。本阶段分为4个五年计划。第一个五年计划期间继续进行学术能力的积累，必须完成至国外进行访学的任务；按要求完成教学、科研工作量，如有可能，申请晋升为教授。第二个五年计划期间是学术科研成果集中展现的时期，应以规定为基础，在国外主流学术期刊上发表1~2篇论文，在国内一级A类期刊发表2~3篇论文，在本学科领域具有一定的学术专长；教学成果优秀，得到学生、其他老师的一致好评，成功晋升为教授。第三个、第四个五年计划期间，基本保持上一个五年的学术和教学活力。

稳定阶段：10年。本阶段基本上已经到了教学、科研的总结期，努力思考本学科领域的某些全局性、根本性问题，如有可能，尝试从宏观上对自身的学术体系中某些不适应形势发展的问题做出修补或完善。

监控是促成计划能够按时完成的有效手段，大致可以分为动力因素与控制因素两种。动力因素包括榜样的力量、适当奖励、积极暗示等；控制因素包括阶段性的检查与评估，自律与他律，适当惩罚等。在职业生涯的准备和适应阶段，两种因素的作用更为突出，需要综合使用，发挥最佳效果。相对来说，在发展和稳定阶段，由于职业生涯已经走上正轨，监控手段仍在发挥作用，但更多的是依靠职业发展自身的力量推动计划主体前进。

## 五、备选方案

在职业生涯规划书中，备选方案是指在职业生涯的各个阶段既定的目标没有实现或者遇到巨大困难时需要采取的补救措施。这一部分可以放在确定职业目标中，也可以单列，这要根据实际情况确定。如果既定目标与现实状况跨度不大，则不需要单独列出；如果实现各个阶段的既定目标存在较大的困难，则需要专门表述。在制定备选方案的时候同样要注意和自身的个性特征、职业倾向相匹配，应与第一目标拉开适当的距离，便于执行；同时，还要尽可能围绕第一目标展开，以便于未来在适当的时候能够重新回到既定的目标体系中，实现自身的第一目标。

此外，在职业生涯规划书的写作中，还有如下注意事项：

第一，内容合理，篇幅适中。任何一篇文章都要主次分明，突显最为核心的思想。紧密围绕"职业生涯规划"这一主题展开，少写空话、大话，是职业生涯规划书的核心。在实际操作中，部分同学会在环境评估部分无限扩大"环境"的内涵，如果处理不好，会显得大而无当，反而影响了规划书本身的作用与功能。职业生涯规划书的篇幅也不宜过大，1.5万字左右能够保证正文各部分表达得完整、到位，也不会因为篇幅过长而使人产生难以卒读之感。

第二，文章结构合理，中心句呈现方式恰当。由于总分结构对于构建紧密的逻辑关系最有帮助，所以它是各类应用文体中最常用、最有效的结构。典范意义的总分结构大致如下：全文总分——开头是总，主体部分是分；主体部分总分——段首句是总，段落内部是分；层层叠加，形成一个类似于金字塔的结构形态。居于金字塔顶端的是全文的核心思想，塔身是各部分的中心句，这样的结构便于读者阅读，对其明确文章主旨也具有非常重要的意义。同时，在中心句的呈现方式上也有技巧。通常中心句的呈现方式有置于段首；置于段末；未呈现，由读者归纳三种形式。在职业生涯规划书中，尤其是参加各类职规大赛的职业生涯规划书中，最有效的方式还是置于段首，这种方式便于评委的评审、读者的阅读，也能显示出作者清晰的思路，在同等条件下，将能获得更为优秀的成绩。

第三，版式设计与文章风格协调一致。从实践来看，部分参赛的职业生涯规划书过于追求版式上的华丽与铺张，与文章本身存在一定程度的脱节感。当然，参赛作品追求形式上的美观无可厚非，也体现出了作者对比赛的重视程度，但过度的追求难免不会走向反面，以形式的华美代替了规划书本身应有的思想性与实用价值，这就与职业生涯规划大赛的初衷相违背了。因此，版式设计应以服务于规划书本身为目的，实现风格的总体协调。当然，对于具备设计类、广告类专业背景的同学来说，版式设计本身就是专业能力的体现，合理使用将使规划书增色不少，取得更好的效果。

职业生涯规划书是本书各章节的总结，它不是为了完成任务或参加某个比赛；而是要真正帮助每一位计划主体了解自己的特点，明确自己的方向，树立合理的职业目标，实施具体的步骤，为实现个人发展发挥作用。它的撰写不是一蹴而就的，需要我们反复地修改、提炼。"艰难困苦，玉汝于成"，相信只要我们每一位同学认真对待它，最终所收获的将不仅仅是一篇优秀的职业生涯规划书，而会有更多。

【任务布置1】

假定各位同学的目标职业均是成为本专业领域的高校教师，请选取你们所在学院最有代表性的老师进行访谈、分析，以小组为单位，形成一篇分析报告，下次课上课时上交。注意：报告中需要涉及受访者为什么选择高校教师作为自己的职业，本专业高校教师的工作内容、工作环境、进入途径分别是什么，前景怎样，具备怎样的条件才能胜任这项工作。

【任务布置2】

各小组课下进行一次"脑风暴"：列举创业者应该具备哪些特点和素质？

【拓展阅读】

### 职业生涯规划书的评分标准

职业生涯规划书是各级职业生涯规划大赛的比赛载体，自然也存在评价标准的问题。第二届全国大学生职业生涯规划大赛的评分标准如表7-2-2所示。浙江省第三届职业生涯规划大赛书面作品（即职业生涯规划书）的评分标准如表7-2-3所示。

表 7-2-2　第二届全国大学生职业生涯规划大赛的评分标准

| 要素 | 评分要点 | 具体描述 |
| --- | --- | --- |
| 职业规划设计内容 | 自我认知（10 分） | 1. 自我分析清晰、全面、深入、客观，能清楚地认识到自己的优势和劣势 |
| | | 2. 将人才测评量化分析与自我深入分析进行综合，客观地评价自我，职业兴趣、职业能力、行为风格、职业价值观分析全面、到位 |
| | | 3. 从个人兴趣爱好、成长经历社会实践中分析自我 |
| | | 4. 自我评估理论、模型应用正确、合理 |
| | 职业认知（10 分） | 1. 了解社会的整体就业趋势，并且了解大学生就业状况 |
| | | 2. 对目标行业发展前景及现状了解清晰，并且了解行业中的就业需求 |
| | | 3. 对行业内标杆组织的人力资源管理战略、企业文化等的分析，做到"人企匹配" |
| | | 4. 对目标职位的工作职责、任职者所需技能等的分析，做到"人岗匹配" |
| | | 5. 通过对外部环境的分析，能清楚认识到自己面临的机会、挑战，以及对职业发展产生的影响 |
| | | 6. 环境评估理论、模型的应用 |
| | 职业目标路径设计（15 分） | 1. 职业目标确定和发展路径设计要符合外部环境和个人特质（兴趣、技能、特质、价值观），还要符合实际、可执行、可实现 |
| | | 2. 职业发展路径符合逻辑和现实、对实习目标而言，具有可操作性和竞争力 |
| | | 3. 要用长远的眼光设定职业目标，并将总目标划分成几个阶段性目标来实现 |
| | 规划与实施计划（30 分） | 1. 行动计划清晰、可操作性强 |
| | | 2. 行动计划对保持个人优势、加强个人不足、全面提升个人竞争力有针对性、可操作性 |
| | | 3. 近期计划详尽、中期计划清晰并具有灵活性、长期计划有方向性 |
| | 评估与备选方案（10 分） | 1. 对行动计划和职业目标设定评估方案，如要达到什么标准，评估的要素是什么 |
| | | 2. 对职业路径进行可行的、与时俱进的灵活调整，备选方案也要充分根据个人与环境的评估进行分析确定，备选路径设计与主路径要有相关联系性 |
| 参赛作品设计思路 | 作品完整性（10 分） | 内容完整，对自我和外部环境进行全面分析，提出自己的职业目标、发展路径和行动计划 |
| | 作品思路和逻辑（10 分） | 职业规划设计报告思路清晰、逻辑合理，能准确把握职业规划设计的核心与关键 |
| | 作品美观性（5 分） | 格式清晰，版面大方美观，创意新颖 |

表 7-2-3　　浙江省第三届职业生涯规划大赛书面作品 A 类
（即职业生涯规划书）评分标准

| 评分要素 | 评分要点 | 具体描述 |
| --- | --- | --- |
| 职业规划设计书内容（60分） | 自我认知 | 1. 自我分析清晰、全面、深入、客观，自身优劣势认识清晰 |
| | | 2. 综合运用各类人才测评工具评估自己的职业兴趣、个性特征、职业能力和职业价值观 |
| | | 3. 能从个人兴趣、成长经历、社会实践和周围人的评价中分析自我 |
| | 职业认知 | 1. 了解社会整体就业趋势与大学生就业状况 |
| | | 2. 对目标职业的行业现状、前景及就业需求有清晰的了解 |
| | | 3. 熟悉目标职业的工作内容、工作环境、典型生活方式，了解目标职业的待遇、未来发展趋势 |
| | | 4. 清晰了解目标职业的进入途径、胜任标准，以及对生活的影响 |
| | | 5. 在探索过程中应用文献检索、访谈、见习、实习等方法 |
| | 职业决策 | 1. 职业目标确定和发展路径设计符合外部环境和个人特质（兴趣、技能、特质、价值观），符合实际、可执行、可实现 |
| | | 2. 对照自我认知和职业认知的结果，全面分析自己的优、劣势及面临的机会和挑战，职业目标的选择过程阐述详尽，合乎逻辑 |
| | | 3. 备选目标要充分根据个人与环境的评估进行分析确定，备选目标职业发展路径与首选目标发展路径要有一定的相关性 |
| | | 4. 能够正确运用评估理论和决策模型做出决策 |
| | 计划与路径 | 1. 行动计划要发挥本人优势、弥补本人不足，具有可操作性 |
| | | 2. 近期计划详尽清晰、可操作性强，中期计划清晰、具有灵活性，长期计划具有导向性 |
| | | 3. 职业发展路径充分考虑进入途径、胜任标准等探索结果，符合逻辑和现实 |
| | 自我监控 | 1. 科学设定行动计划和职业目标的评估方案，标准和评估要素明确 |
| | | 2. 正确评估行动计划实施过程和风险，制定切实可行的调整方案 |
| | | 3. 方案调整依据个人与环境评估分析确定，并考虑首选目标与备选目标间的联系和差异，具有可操作性 |
| 参赛作品设计思路（40分） | 作品完整性 | 内容完整，对自我和外部环境进行全面分析，明确提出职业目标、发展路径和行动计划 |
| | 作品逻辑性 | 职业规划设计报告思路清晰、逻辑合理，能准确把握职业规划设计的核心与关键 |
| | 作品美观性 | 结构清晰，版面大方美观，创意新颖 |

尽管两份评分标准的具体内容有某些差异，但基本的方向还是一致的，即重视职业决策与实施路径。这也是职业生涯规划书中最为重要的组成部分。

## 第三节　职业素质培养

### 一、职业素质的概念和分类

**（一）职业素质的概念**

职业素质与个人的职业生涯发展密不可分，职业的成功是个体因素和社会环境交互作用的结果。职业素质是在先天和后天共同作用下形成的，是与职业发展相关的各种影响因素的综合，是包括内在素质（如认知能力、情感态度、意志、需要、动机、兴趣、性格、气质等智力因素和非智力因素）和外部因素（如社会、经济背景、机遇、努力程度、健康状况等）有机结合的复杂整体。职业素质有丰富的内涵和外延。就其内涵而言，职业素质反映的是人们在某一时期内的职业能力、性格和气质发展水平，是人们进一步职业发展和从事工作的条件和保证。就其外延而言，职业素质包括人们所有的工作活动过程和外部环境条件。

**（二）职业素质的特征**

一般说来，职业素质具有下列主要特征。

1. 职业性

不同的职业，职业素质是不同的。对建筑工人的素质要求，不同于对护士职业的素质要求；对商业服务人员的素质要求，不同于对教师职业的素质要求。如李素丽的职业素质始终是和她作为一名优秀的售票员联系在一起的，正如她自己所说："如果我能把10米车厢、三尺票台当成为人民服务的岗位，实实在在去为社会做贡献，就能在服务中融入真情，为社会增添一份美好。即便有时自己有点烦心事，只要一上车，一见到乘客，就不烦了。"

2. 稳定性

一个人的职业素质是在长期执业中日积月累形成的。它一旦形成，便产生相对的稳定性。比如，一位教师，经过三年五载的教学生涯，就逐渐形成了怎样备课、怎样讲课、怎样热爱自己的学生、怎样为人师表等一系列教师职业素质，于是，便保持相对的稳定。当然，随着他继续学习、工作和环境的影响，这种素质还可以继续提高。

3. 内在性

职业从业人员在长期的职业活动中，经过自己学习、认识和亲身体验，觉得怎样做是对的，怎样做是不对的。这样，有意识地内化、积淀和升华的这一心理品质，就是职业素质的内在性。

4. 整体性

一个从业人员的职业素质是和他整体素质有关的。我们说某某同志职业素质好，不仅指他的思想政治素质好、职业道德素质好，而且还包括他的科学文化素质好、专业技能素质好，甚至还包括身体心理素质好。一个从业人员，虽然思想道德素质好，但科学文化素质和专业技能素质差，就不能说这个人整体素质好。相反，一个从业人员科学文化素质和专业技能素质都不错，但思想道德素质比较差，同样，我们也不能说这个人整体素质好。所以，职业素质一个很重要的特点就是整体性。

5. 发展性

一个人的素质是通过教育、自身社会实践和社会影响逐步形成的，它具有相对性和稳定性。但是，随着社会发展对人们不断提出的要求，人们为了更好地适应、满足、促进社会发展的需要，总是不断地提高自己的素质，所以，素质具有发展性。

### （三）职业素质的分类

一个人的素质可以分为已经具备的竞争能力和尚待开发的潜力两部分。

1. 已经具备的竞争能力

对于任何人来说，在特定时期都存在一定的素质，一般有客观的材料给予证明。例如，具有大学本科会计学专业的学历证书，或英国皇家注册会计师执业资格证书（ACA）。一方面，这成为用人单位对人才录用和培养选拔的选择依据。另一方面，这也证明了一个人的竞争能力。这种竞争能力是个人获得职业生涯成功的重要条件。

2. 尚待开发的发展潜力

人是可塑的，人的能力是有着很大潜力的。人的潜力的发现与发挥，需要一定的环境与条件，如经验的积累、兴趣的引导、外部的压力、紧急的形势等。现代管理学注重人的潜能的开发，采用角色扮演、案例分析等方法，甚至运用极限训练、魔鬼训练等拓展训练方法，目的就是开发人的潜能。

3. 达姆洛斯的成功公式

美国学者达姆洛斯提出了人的职业生涯成功的公式。该公式为：

$$成功 = [(EE + CT + SP) \times DD] \times b \qquad (7-1)$$

公式（7-1）中各个项目的含义是：EE 指教育和工作经验；CT 指创造性思考；SP 指推销自我的能力；DD 指目标和驱动力；b 指个人的机遇。从中可以看出，前面三个因素对人的成功有一定的作用，但并不是必需的，即某一个以致两个因素缺少时（即数据为 0），仍然能够使人成功。当然，在这种情况下，成功的水平要降低。而后的"目标"和"驱动力"两个因素是缺一不可的，因为某个因素为 0 时，整个公式的数值也就为 0，绝无"成功"可言。最后一个因素——指数 b 则可能大、可能小、也可能为 0。显然，在该指数大于 1 时，外部提供的"机会"就能够发挥较大的作用。

【案例分析 7-1】

## 葛学姐的故事

葛学姐是一个学习刻苦、成绩优异的学生；一个踏实肯干、勇于创新的学生干部；一个热心公益、求实创新、全面发展的当代大学生。敢于挑战自己的葛×玲学姐，在四年的大学生活中，她将自己的时间填满，除了平时的学习上课外，还带领班级同学们攻克得分较难学科，并顺利取得学分；积极参与学生会、社团、金融学会等各类活动组织，担任各类重要角色，协调活动的开展；在志同道合的学长、学姐的共同协作下，创办了创业实践园，积极为同学们对接校外各类实践机会，实践园得到了校方老师们的一致肯定。

2009 年 7 月，当很多大学生盲目寻找单位实习的时候，三年的专业知识让葛学姐第一次感受到了金融的魅力，她渴望将书本的理论知识融入实践工作中，从而大三的暑期实习她毅然选择了券商。虽然还有大四的学分未修完，需要回归学校，但她选择边读书边实习，当大家还在学校里为就业选择而困惑时，她已加入了早高峰挤公交的队列。往返于学校与公司，公司中专业的人才让她深深感受到理论和实践的差距，让她更加看透自己身上专业能力的缺失，充分有效地针对自己的短板做最快最有效的填充。除此之外，葛学姐还辅修了计算机语言和各类办公软件的实用技巧。2010 年，她签订了正式的工作合同，开启了艰辛的业务开拓之路。没有资源、没有背景，被无数的人拒绝、责备，伤心得偷偷哭过，但始终未想过放弃，毅力和初心让她不断地提升自己。一日三省，用成倍的时间来填充自己，深耕专业知识，学习沟通交谈，自修营销学和心理学。入职3年因各方面表现优秀，被调任于各重要岗位之间。2014年挑战代理市场部经理，因市场团队绩优，从而再次新组建公司第一支财富管理团队，葛学姐担任财富部经理，并在2015年创出了全国前三名的佳绩。2017年4月在市场机遇下，新加入长城证券，构建营业部新平台，以专业服务构建营业部财富、机构客户的多元化发展为基准，再次启航。

【体验互动】

1. 是什么原因致使葛×玲学姐的成功呢？
2. 她有什么与众不同的素质？
3. 你认为要在职业上取得成功，最重要的素质是什么？

同学分组讨论后，推选代表作1分钟发言。教师点评。

### （四）成功职业生涯的素质条件

1. 成功素质具有多维性

影响人们职业生涯成功的素质具有多方面的内容。不仅是指智力因素，同时包括多种内容。联合国在《21世纪全球开发计划》中指出："智力并非一个单向度概念，除了基本智商（IQ），它还包含了人的更多能力：成就智商（AQ）、道德智商（MQ）、情感智商（EQ）、体能智商（PQ）……"

2. 成功素质条件的结构

从整体上看，人的职业素质包括能力素质、人格素质、理念素质、健康素质、环境素质五大要素，每个要素之中又有若干子要素，这些要素的不同组合就形成了各种不同的素质。成功的素质在于关系着一个人特定的生涯发展、事业成功所必需的各种要素齐备，并且有着科学、合理的组合。这种组合也反映了成功素质的多维性。从一般的角度看，人的成功素质结构如图7-3-1所示。

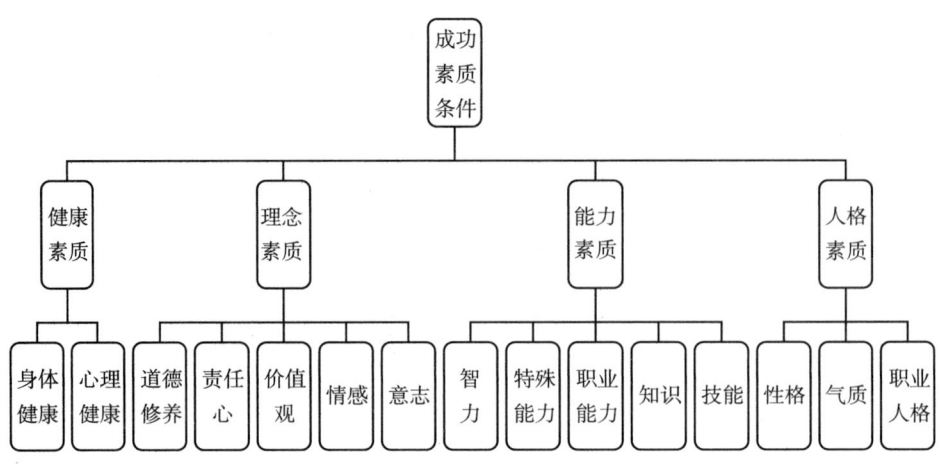

图 7-3-1 成功的职业素质因素

视频 7.2 敬业精神

## 二、职业素质的内容

进入职场以后的大学生就成了一名职业人,一个人职业素养的高低,直接关系到他一生的成就。能力和专业知识固然对每一个人都很重要,但要在职场中取得成功,最关键的还是在于职业素养。要成为一流的员工,就需要具有以下六大职业素养。

### (一)敬业精神

敬业精神是人们基于对一件事情、一种职业的热爱而产生的一种全身心投入的精神,是社会对人们工作态度的一种道德要求,它的核心是无私奉献的意识,具体而言,就是在职业活动领域,树立主人翁精神,培养认真踏实、恪尽职守、精益求精的工作态度,力求"干一行、爱一行、专一行",摆脱单纯追求个人和小集团利益的狭隘思想,保持高昂的工作热情、务实苦干,把对社会的奉献和付出看作无上光荣。曾经感动和激励了无数人的畅销书《邮差弗雷德》讲述的是一个普普通通的邮差弗雷德,但他却用自己的快乐、敬业和周到体贴的服务赢得了无数人的尊敬,美国邮政协会还专门设立了弗雷德奖,奖励那些在投递行业认真工作,在服务、创新和尽责上具有同样精神的员工。大学生也应尽早树立起负责、敬业的工作观。

### (二)诚信

诚信是关乎职业操守的问题。工作和生活中的点点滴滴中都可以体现出一个人的诚信,比如约会准时、信守承诺、客观评价他人等;相反,有一些事情是违背诚信的，比如，简历作假、与企业签约后随便毁约等。

### （三）做事积极

在世界著名的兹·卡尔顿酒店里发生过这样一个故事：一名行李员接到一个电话，原来有一位刚刚离开的客人将他的一份文件落在了酒店里。第二天早上9点，这位客人出庭的时候将要用到这份材料。而无论他回来取或者派人送到机场去都已经不可能了，因为再有半个小时这位客人就要登上从华盛顿飞往纽约的飞机了。听着电话里客人焦急的声音，行李员下决心在开庭前一定要将材料送到客人手中，于是自费买了一张机票，搭乘当晚最后一班飞机飞往纽约！做这样的决定并不容易，因为他知道酒店是不可能给他出路费的，而且在工作时间自作主张跑到纽约去，他可能会因此被炒鱿鱼。但他认定了帮助这位客人也是他工作的一部分，虽然员工守则中并没有注明行李员要这样做。客人在法庭门口接过文件时，那份感动和感激无法用语言来表达。当服务生忐忑不安地回到酒店时，迎接他的却是最隆重的接待：总经理、部门经理都站在门口列队等候。原来那位客人打电话到了酒店，表达了自己的感激之情，说像行李员这样具有主动服务意识的员工真的很难得，并且表示以后到华盛顿去，一定还要住在拥有这样优秀员工的里兹·卡尔顿酒店里。这件事后来被《纽约时报》的一位记者知道了，于是写了一篇非常感人的报道，一时间，大家都知道里兹·卡尔顿酒店有这样一位主动帮助客人、积极服务的员工。声名为此大振的里兹·卡尔顿酒店特别开展了向这位普通员工学习的活动。这位行李员的身上体现出来的主动精神，值得每一位职场人士学习。只有真正将自己当成职位的主人，才能不斤斤计较，自动自发地做好每一件事情。

### （四）勇于承担责任

在职场中，责任感和发展的空间和机会往往是成正比的，也就是说，越敢于承担，越有大的发展。从法律的角度，对于任何一个社会人来说，权力可以放弃，但是责任和义务必须要履行。在工作当中首先要明确你的岗位职责，明确你与上级、同级、下级的责任界定与划分。一旦出现问题，不找借口、不推诿责任，而是主动承担，并懂得反思，避免同样的错误再次出现，不能让自己的责任成为别人的负担，影响整个团队的效率。敢于担当的人，才能真正挑起大梁，获得更大的发展机会。

职业人的责任意识，不仅是为自己负责，更重要的是对事业负责。无论是对个人还是对组织负责的态度,都会对你的职业生涯有很大的影响。不负责任的态度,不仅会影响个人的发展,对组织的事业发展也会带来危害。

### (五) 执行力

所谓执行力指的是贯彻战略意图,完成预定目标的操作能力。执行力是所有企业都非常看重的能力,这也和每一位职业人士的发展密切相关。要想保证完成任务,就要做到四个到位,也就是:"心态到位,姿态到位,行动到位,方法到位。"所谓心态到位,才能在思想上认真投入,心无旁骛地专心将事情做成。要有不达目的不罢休的态度。姿态到位,就是为了达到目标,要有百折不挠的信心和穷尽一切可能的勇气。行动到位,也就是为了达到目标,要付诸怎样的实际行动,如量化自己的工作,比如今天必须要完成多少稿件,要打多少个电话,访问几位客户……技巧到位,就是要有方法,运用智慧,使工作能够高效的完成。在这个世界上,人之所以有优秀与一般的区别,在于优秀者更有实现构想的能力,这就是一个人的执行力。

### (六) 优秀的品德

微小的胜利可能仅需我们的智慧便可争取,而大的胜利和发展则必须依靠我们的品德。纵观那些杰出的成功人士,或许他们成功的过程各不相同,但有一点却是相同的:优秀的品德。在职场中,凭借着一些小聪明或者是小谋术,或许能够取得一时的成绩,但要想获得真正大的发展,则必须以"德"服人。

## 【案例分析 7-2】

## 裘学长的故事

2010年1月,正值大四的裘学长,凭借个人的努力,来到萧山农资公司开始实习。他秉承业精于勤、行成于思的工作态度,践行潜心做事的工作理念,从零开始,熟悉业务,积累经验。在6月顺利毕业以后,正式转正,成为一名化肥业务员,专门负责萧山大江东区域的业务。

面对陌生的环境,全新的市场,裘学长每天穿梭于各条乡道,一家一家拜访,为店家介绍产品特性、优点,陪客户下田地做试验,认真记录客户需求,做好每一次回访,不放过任何一条有效的信息。经过不断的努力,2013~2016年,他实现了从0到80多家新终端的开发,达到了年销售额1000余万元的目标,为公司开拓新市场打下了坚实的基础,也为自己的实力做出了最为有力的证明。

## 【案例分析 7-3】

### 朱学长的故事

2015年,从上海回到绍兴后,朱学长开始踏入一个全新的陌生行业——纺织领域。继承父亲的企业,他经历了从无到有,从不懂到精通,从工厂到贸易公司的转变,经过三年时间的积累与沉淀,改革和创新,终于将原企业完美转型蜕变,并成立了自己独立运作的贸易公司——绍兴布禅进出口有限公司。

工作之初,从产品报价到跟单再到整个合同的完成,需要独当一面时,朱学长承受了巨大的压力。白天,他正常上班,在厂里学习报价、生产等产业链实操知识,到了晚上则去培训班上课,学习该领域的专业知识。用了两个月的时间,朱联对公司业务及领域专业知识有了一定的了解。之后,他开始制订企业销售计划,致力于用销售带动生产。

## 【案例分析 7-4】

### 江学长的故事

大学的专业教育或多或少地对每一位大学生的职业都产生着影响。江学长也不例外。大四那年,凭借自己在校期间优异的学习成绩和丰富的学生干部经历,他决定进入保险行业发展。他第一步职业规划实现了,并进入上海国泰人寿保险公司实习。保险公司除了严格、规范的员工培训,还给他安排了一位资深的师傅,他一身活力,积极投入学习和实践当中。公司给实习生的工作目标任务其实是不重的,但是江学长却把自己当作一名正式员工来要求自己。于是"奇迹"发生了,他以一名在校实习生的身份拿下一个大单,并在实习结束前签下了好几个保险合约。江学长毕业后直接进入这家优质的保险公司就职。

**【案例分析 7-5】**

## 彭学长的故事

彭学长是杭州人，却远赴江西省南昌市做志愿者，他表示，虽然身边很多人都不能理解，但志愿者助人为乐、无私奉献的精神感召着他做出这个选择。彭学长是中国注册志愿者，初中毕业后就在浙江省自然博物馆从事日常服务，为游客做讲解。在东方学院，他既是一名普通的志愿者，也是青年志愿者协会的会长，在他的影响下，青志协会长期为海宁三院、仰山小学提供志愿服务，在社区实行"伙伴计划"志愿者活动。

**【练习一下】**

通过上述故事，结合本章内容，谈谈对你有何启示？并总结一下学长学姐的成功之道吧！

同学分小组讨论后发言，教师点评。

### 三、大学生职业素质的培养

视频 7.3
可迁移能力

根据"素质冰山"理论的说法，个体的素质就像水中漂浮的一座冰山，水上部分的知识、技能仅仅代表表层的特征，不能区分绩效优劣；水下部分的动机、特质、态度、责任心才是决定人行为的关键因素，用于区分绩效优秀者和一般者。

对于大学生来说，职业素质也可以看成一座冰山：冰山浮在水面以上的只有 1/8，它代表大学生的形象、资质、知识、职业行为和职业技能等方面，是人们看得见的、显性的职业素质，这些可以通过各种学历证书、职业证书来证明，或者通过专业考试来验证。而冰山隐藏在水面以下的部分占整体的 7/8，它代表大学生的职业意识、职业道德、职业作风和职业态度等方面，是人们看不见的、隐性的职业素质。显性职业素质和隐性职业素质共同构成了所应具备的全部职业素质。由此可见，大部分的职业素质是人们看不见的，但正是这 7/8 的隐性职业素质决定、支撑着外在的显性职业素质，显性职业素质是隐性职业素质的外在表现。

所以，大学生职业素质的培养应该着眼于整座"冰山"，并以培养显性职业素质为基础,重点培养隐性职业素质。当然,这个培养过程不是学校、学生、企业任何一方能够单独完成的,而应该由三方共同协作,实现"三方共赢"。大学生在大学期间应该学会自我培养。

**(一)职业意识的培养**

清华大学的樊富珉教授认为,中国有 69%～80% 的大学生对未来职业没有规划,就业时感到压力较大。2018 年,郑州大学曾进行过一项调研,数据表明在就业压力感知方面,高达 92.92% 的受调查大学生表示存在或大或小的就业压力,其中,表示就业压力"非常大"(25.07%)和"比较大"(31.06%)的合计达 56.13%,表示没有压力的仅为 7.08%。而在调研中,47.14% 的受调查大学生认为"自我定位不清晰,就业方向不明确"是造成就业压力大的可能因素之一。实际上,缺失目标、造成压力的根源,往往是因为大学生在入校时,缺乏对职业意识的培养。

培养职业意识就是要对自己的未来有规划。每个大学生在大学期间应明确:我是一个什么样的人?我将来想做什么?我能做什么?环境能支持我做什么?每个大学生应该充分认识自己的个性特征,包括自己的气质、性格和能力,以及自己的个性倾向,包括兴趣、动机、需要、价值观等,并作为依据来确定自己的个性是否与理想的职业相符,对自己的优势和不足有一个比较客观的认识,结合环境如市场需要、社会资源等方面,确定自己的发展方向和行业选择范围,明确职业发展目标。

**(二)知识、技能等显性职业素质的培养**

学校的教学及各专业的培养方案是针对社会需要和专业需要制订的,旨在使学生获得系统化的基础知识及专业知识,加强学生对专业的认知和知识的运用,并使学生获得学习能力及良好的学习习惯。大学生应该配合学校的培养任务,完成知识、技能等显性职业素质的培养。

首先,要制订合理的专业学习计划。在明确了自己的职业发展目标之后,要做好计划,为实现自己的目标而努力。大学生要明确专业学习目标,也就是通过专业学习达到预期的结果,在专业基本理论、基本知识和基本技能方面达到应有的水平,在专业能力方面和实际应用方面达到一定的要求。在完成学习计划时,应该注意的是,计划中除了有专业学习时间外,还应有学习其他知识的时间和进行社会工作、为集体服务的时间;有保证休息、娱乐、睡眠的时间;要脚踏实地完成学习任务、掌握课程进度,妥善安排时间，不使自己的计划受到"冲击"；做到适时调整，每一个计划执行结束或执行到一个阶段，就应当检查一下效果如何，如果效果不好，就要找找原因，进行必要的调整；要具有一定的灵活性，计划不要太满、太死、太紧，要留出机动时间，使计划有一定的机动性、灵活性。

其次，能力的自我培养。大学生在大学期间就应注重能力的自我培养，力争具备工作岗位所要求的能力。要特别注意四个方面：第一，积累知识。知识是能力的基础，勤奋是成功的钥匙。离开知识的积累，能力就成了"无源之水"，而知识的积累要靠勤奋的学习来实现。大学生在校期间，既要掌握书本上的知识和技能，也要掌握学习的方法，学会学习，养成自学的习惯，树立终身学习的意识。第二，勤于实践。善于学习是培养能力的基础，实践是培养和提高能力的重要途径，是检验学生是否学到知识的标准。因此，大学生在校期间，既要主动积极参加各种校园文化活动，又要勇于参与一些社会实践活动，积极参与校内外相结合的科学研究、科技协作、科技服务活动，参加以校内建设或社会生产建设为主要内容的生产劳动，又要热忱参加教育实践活动，参加学校举办的各种类型的学习班、讲学班等。第三，发展兴趣。兴趣包括直接兴趣和间接兴趣。直接兴趣是事物本身引起的兴趣。间接兴趣是对能给个体带来愉快或益处的活动结果发生的兴趣，人的意志在其中起着积极的促进作用。大学生应该重点培养对学习的间接兴趣，以提高自身能力为目标鼓励自己学习。第四，发展自身优势能力。作为一名大学生，应当注意发展自己的优势能力，但仅有优势能力是不够的，大学生必须对已经具备的能力有所拓展，不管其发展程度如何，这是自身今后生存、发展的需要。

由此可见，大学生应该积极配合学校的培养计划，认真完成学习任务，锻炼实践能力，发展自身的兴趣和优势能力，增强自身的核心竞争力，为将来职业的需要做好准备。

### 【案例分析 7-6】

## 胡学长的故事

在大学里，我们时常会有迷茫感，有时候甚至会质疑自己，质疑生活，当你找不到方向时，你就会失去努力的动力，可是时间依旧在流逝，就算再迷茫，也不能停下逐梦的脚步。

"当你迷茫时，就行动起来，比如去考取证书，虽然不会决定你的人生,但是它能帮到你,一方面,可以减少你的失落感;另一方面,可以让你多一个就业方向。"在大学期间,胡学长考取了会计证,英语四级证书等。他认为,考证是大学生必须做的事情,多学一两门知识只有好处没有坏处,还能扩大将来的就业范围。而正是大学期间他从考证中获取的行业知识、专业技能,对他后来的求职道路有很大的帮助。

【体验互动】

1. 是什么原因促使胡＊斌学长的成功呢?
2. 他有什么与众不同的素质?
3. 你认为要在职业上取得成功,最重要的素质是什么?

学生分组讨论后,推选代表作1分钟发言。教师点评。

### (三) 职业道德、态度、作风等隐性职业素质的培养

职业素质既有知识与技能的显性职业素质,也有独立性、责任心、敬业精神、团队意识、职业操守等隐性职业素质,隐性职业素质同样是大学生职业素质的核心内容。很多时候,用人单位在招聘大学生时更注重学生的态度和责任心等综合素质,因为大学生在学校所学的专业知识和经验距离企业的实际需求有很大差距,企业在招聘大学生时看重的并不是成绩单上的分数,而是他们学习和融入新环境的速度,这种速度很大程度上与隐性职业素质有关。

目前来看,由于很多大学生都是独生子女,因此在独立性、承担责任、与人分享等方面都不够好,相反他们爱出风头、容易受伤。因此,大学生应该有意识地在学校的学习和生活中主动培养独立性、学会分享、感恩、勇于承担责任,不要把错误和责任都归咎于他人。自己摔倒了不能怪路不好,要先检讨自己,承认自己的错误和不足。

### (四) 身心素质的培养

身体素质和心理素质合称为身心素质。身体素质是指大学生应具备的健康的体格,全面发展的身体耐力与适应性,合理的卫生习惯与生活规律等。心理素质是指大学生应具备稳定向上的情感力量,坚强恒久的意志力量,鲜明独特的人格力量。

首先,稳定向上的情感力量。情感智力即情商,是人们对自己情绪、情

感的更高认识、理解和利用。1995年10月，美国《纽约时报》专栏作家戈尔曼在其出版的《情感智商》一书中，把情感智商概括为五个方面的能力，即认识自身情绪的能力、善于管理情绪的能力、自我激励的能力、认识他人情绪的能力、处理人际关系的管理能力。戈尔曼所提及的这五种能力说明情感智力在人生成长道路上的重要性。疾病都与情绪有关，长期的思虑、忧郁，过度的气愤、苦闷，都可能导致疾病的发生。大学生希望有健康的身心，就必须经常保持乐观、良好、稳定向上的情绪，在学习、生活和工作中有效地驾驭自己的情绪活动，自觉地控制和调节情绪，这样才能获得永远向上的动力源泉。

其次，坚强恒久的意志力量。意志是人们自觉地确定目的，并支配与调整自己的行动去克服各种困难，从而达到预定目的的心理活动。意志是与克服困难相联系的概念。意志品质是衡量意志健全、意志力量的主要依据。人的意志品质主要包括人的意志自觉性、意志果断性、意志坚持性、意志自制力。意志自觉性是人对自己的行动目的有着正确而又充分的认识。能主动支配自己的行动，以达到预期的目的。与之相反的是盲目性。意志果断性是指人们善于明辨是非，把深谋远虑和当机立断结合起来，及时地做出决定并执行决定。它以正确和勇敢的行动为特征，与之相反的是优柔寡断与草率行事。意志坚持性是指一个人能长时间专注和控制行动去符合既定目的而表现出来的个性坚强的毅力，与此相反的是意志薄弱、浅尝辄止、半途而废。意志自制力是指一个人在行动中善于控制自己的情绪，约束自己的言行；与此相反的是感情冲动、意气用事。

第三，鲜明独特的人格力量。人的人格力量主要是指一个表现在外的形象力量。它主要包括人的品行素质、思维素质和行为素质。品行素质是人们的道德品性、行为修养素质。思想和思维是个体个性的最主要的表现因素。只有有思想的人才能显示出其个性，也才符合素质教育尊重个性、崇尚个性发展的要求。人格力量也是身心素质的一个重要的体现。

【思考习题】

1. 职业生涯规划书的功能是什么？

2. 根据本章第二节内容，以自己为计划主体，拟订一份职业生涯规划书。要求写出各部分要点即可，字数不超过5000字。

3. 假如你申请了10天的假期，准备在繁忙的工作之余好好地放松一下。但就在你出发前一天，所负责的某项公司业务出现了一点问题急需解决，但你的上司却坚持让你去度假，他认为你难得休假一次，可以让其他人来解决这一问题，你如何处理这个问题？

4. 小王作为公司的一名新进员工，在工作中尽心尽力，经常为了完成一项工作任务自愿加班加点，但是他却发现有些同事用嘲讽的眼光看待他。他们认为小周做这么多工作，报酬却没有增加，不值得。如果你是小周，你会怎么办？

5. 客户老张向某公司订购了一批产品，在发货时，质检员小龚发现这批产品中存在着次品，于是将产品的实际情况告诉了顾客，使得公司失去了这项订单。小龚的上司批评他缺乏敬业精神，使公司的利益受损。你怎样看待小龚和他上司的行为？

# 第八章 创业指导

【学习目标】

1. 了解创业的概念,分辨广义创业与狭义创业。
2. 明确创业者通常具备的素质和能力,感悟创业精神、培育创业精神及创业能力。
3. 了解创业驱动力、创业类型,明确创业的意义。
4. 掌握创业团队组建的方法及新企业创办流程,掌握新企业生存管理的策略。

## 第一节 创业概述

视频 8.1
创业的优势
与风险

### 一、创业的概念

创业,在《新华字典》里定义的是"开创事业"。而"事业"是指人所从事的,有一定目标、规模和系统,并对社会发展有影响的经济活动。《辞海》对"创业"的解释是:创立基业。"基业"是指事业的基础。可见,如何理解创业的"业",是理解创业含义的关键。创业有狭义和广义之分,狭义的创业即创办新企业(startup),是指创业者的生产经营活动,主要是开创个体或团队的小业。广义的创业是指创业者的各项创业实践活动,并赋有创新与创业精神(entrepreneurship)的内蕴,其功能指向是成就个人、团队,乃至国家、社会的大业。

创业是一种创新性活动,它的本质是独立地开创并经营一种事业,使该事业得以稳健发展、快速成长的思维和行为的活动。走上创业之路,是人生的一大转折,它是成就自己事业的过程,是自我价值和能力的体现。创业,要直接面向社会，直接对顾客负责，个人的收入直接与经营利润连在一起。其实，创业的过程就是解决一个接一个矛盾的过程。有人认为："创业最大的好处，就是可以当自己的主人。"

创业是一个从无到有、从0到1的过程。科学和合理地理解创业，要把握三个要点：一是创业是创业者对自己拥有的资源或通过努力对能够拥有的资源进行优化整合，从选择一个创业项目开始，通过对创业项目的认识、理解、通透和把握，从而创造出更大经济或社会价值的过程。二是创业是一种劳动方式，是创业者的一种自主性行为，是创业者生活方式的一种选择。三是创业管理不同于企业管理。创业管理研究的是创业行为，是一个企业从无到有的创办过程；企业管理是以企业存在为前提的，研究的是如何才能发展得更好的问题。

**【视野拓展】**

### 创业是个不断试错的过程[①]

现在中国互联网创业浪潮中，更多的是"准创业者"而不是创业者。"准创业者"的特征是，害怕失败，理想丰满，知行不合一，道听途说，每天都有一个新想法，有一份不错的工作，没有冒险精神。如果你有其中一项特征，那么很抱歉地告诉你，其实你不太适合成为一名真正的创业者。你可能永远都只是一名"准创业者"，一直想着把创业作为一个兼职，而迟迟不肯下决心颠覆自己现有的生活，把自己从一个每天按点上下班、领工资的打工人士，变成一个三餐不定、上下班时间不定、收入支出不确定的创业者。试问连自己的生活都不敢去颠覆，还谈什么颠覆互联网，颠覆传统行业，颠覆整个世界呢？

成功的创业者更多的是，当他心里有一个小想法的时候，就已经开始行动了，无论是在线旅游、车联网、手游或者是做软件外包、设计外包，甚至是修理手机。这些都能成为他们创业的一个点，而不是动辄嚷嚷自己是微信第二、淘宝第二、京东第二、小米第二这种不靠谱的空喊。在自己一步一个脚印的节奏上，以最初的目标作为切入点，创业过程中不断地试错—实践—修正—试错—实践—修正，做一个良性循环。而这一切在互联网创业者中体现得淋漓尽致。

---

① 黄健铭. 一位天使投资人的感悟：何谓创业精神 [EB/OL]. (2014-11-13) [2021-1-10]. https://wenku.baidu.com/view/e3eb2a4a5901020207409c95.html.

奇虎的周鸿祎从雅虎走出来，还是想做一个搜索社区，包括像现在百度百科一样的问答式搜索，但是在创业探索过程中，以一个查杀流氓软件插件作为切入点，改变路径，以免费杀毒直接颠覆了这个几十亿元价值的"收费杀毒"市场，也成为百度、阿里巴巴、腾讯（BAT）之外最具影响力的互联网企业之一。久邦数码的张向东，从3G门户（WAP网站），到"手机心脏"（塞班系统的手机软件），再到"GO桌面"（安卓端的APP）。曾经3G门户观看火箭图文比赛的在线用户达到上百万人，但也未能给久邦数码带来太大的利益，直到GO桌面，在试错、走过弯路之后，以一款应用从海外开始，终于成功上市。博雅互动的张伟，"死磕"腾讯坚持做了聊天室7年，最终转身投向棋牌游戏的怀抱，坚持七年的东西，谁又能轻易做到放弃，但是团队还在，大家信念一致，再次转换战场，从脸书（Facebook）的第一转回到国内移动端棋牌游戏的老大，最终实现在香港上市。

这三个例子并不是告诉大家，创业最终上市了才是成功，而是这三个例子在"试错—实践—修正—试错—实践—修正"这个路径中更具有代表性。创业的成功，上市从来不是标准。成功有大成，也有小成，当一家创业公司每月的净利润达到200万元的时候，他们十几个人的团队，已经过得非常滋润，养活自己，并有多余的资金能做一些更加不同的创新，这也是创业公司成功的一种。任何成功的创业公司，都在改变中成功，你不变，在这个瞬息万变的互联网时代，已经落后了许多。

如果你一直在"想"创业，那你真的不适合创业，即使"流血创业"也不会成功。相反，那些已经在行动、在试错的创业者，即使遭遇一时的困难，也请坚持下去，你们会是未来互联网的中坚力量。

## 二、创业者的含义及特点

【小贴士】

创业前先问三个为什么？
➢ 为什么想创业（即创业的动机是什么）？
➢ 为什么可以创业（即创业的机会是什么）？
➢ 为什么能够创业（即创业的能力是什么）？

## (一) 创业者的含义

"创业者"英文为 entrepreneur,与"企业家"为同一词,是指在没有拥有多少资源的情况下,锐意创新,发掘并实现潜在机会价值的个体。

创业者可以分为传统创业者和技术创业者。传统创业者是指那些对传统的行业,如餐饮、房地产、服装等筹集资金投资、建立工厂、生产产品,为顾客提供产品或服务的创业者。而技术创业者以突出技术为主,创办的企业一般比较小,产品的技术含量高,附加值比较高,利润空间比较大。

创业者是承担风险和不确定性,创建一个新企业,通过确定机会,组织必要资源,利用机会来实现赢利的人。现代管理之父彼得·德鲁克的定义是:创业者是那些能寻找变化,并积极反应,把它当作机会充分利用起来的人。从某种意义上讲,雇员不拥有公司,而是为拥有公司的人工作;创业者,既是雇员也是雇主,对经营的成功和失败负责。

## (二) 创业者特点

## 【案例分析8-1】

### 狼人张一鸣:字节跳动一路狂奔①

张一鸣的野心从字节创立开始,就晒到阳光底下。业务扎进红海市场,后续瞄准国际化,用今日头条书写全新的算法时代。1988年,伊查克·爱迪思(Ichak Adizes)写了《企业生命周期》一书,揭示了企业难以摆脱的"宿命",但是,创业者的果敢和专注,追求极致,却恰恰是企业"延缓衰老",甚至"涅槃重生"的基因。2016年,张一鸣持续创新发力短视频,抖音、火山、西瓜视频同时启动上线。字节跳动在收获了今日头条后的第二条增长曲线——抖音。随后继续推陈出新,在内涵段子被永久关停后,又快速复制出搞笑类内容产品「皮皮虾」和电商 App「值点」,以及对标小红书的移动产品「新草」。而游戏和教育业务也延续了这种模式。2018年,字节跳动员工总规模超过3万人。

2016年,张一鸣首次提出将全球化作为公司战略,旗下多个 App 推出

---

① 资料来源:引自"工商管理者之家"2021-2-25日发布的数字经济与商业模式,作者王江。

海外版。2017年,字节跳动与快手遭遇,但张一鸣敢于重金砸下8亿美元收购北美视频社交产品Musical.ly,并接受Musical.ly天使投资人傅盛的附加要求,再花8660万美元买下News Republic,给Live.me投去5000万美元。随后将Musical.ly与抖音海外版(TikTok)合并。这次收购加快了TikTok的国际化发展,助推字节估值起飞(见图8-1-1)。据Sensor Tower数据显示,从2020年第一个月开始,TikTok力压WhatsApp、Facebook、YouTube和Instagram四大软件,成为全球下载排名第一的App。

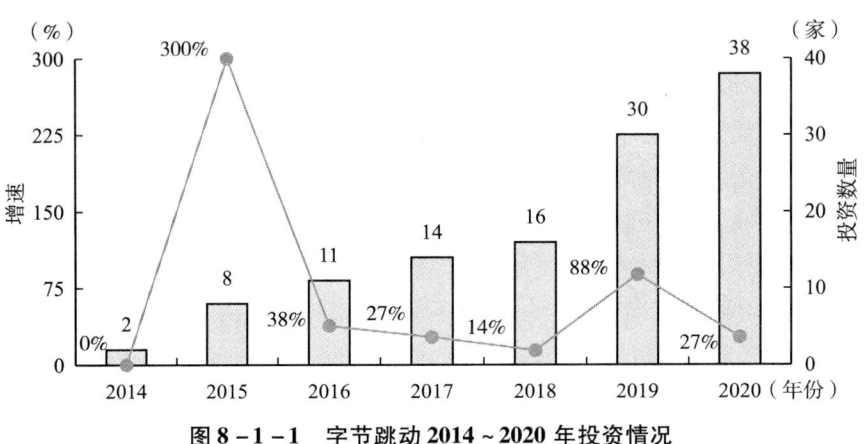

图8-1-1 字节跳动2014~2020年投资情况

2019年,字节跳动员工总规模超过6万人;2020年,员工总规模超过10万人。中美科技巨头里,用时最短的京东用了17年才完成"1到10万"。微软、苹果等先驱则用了近40年(见图8-1-2)。Facebook和腾讯至今也没达到过字节跳动的规模。以今日头条为起点,在短短8年时间里,今日头条、抖音、TikTok引领赛道(见图8-1-3),旗下产品覆盖内容生态、搜索、社交、游戏、教育,以及电商业务,内容生态囊括内涵段子、西瓜视频、抖音、TikTok、懂车帝、皮皮虾等,电商产品则有值点、新草、抖音小店等,社交产品包括飞聊、多闪,办公软件还有飞书,产品生态已然形成。查尔斯·汉迪在《第二曲线:跨越"S形曲线"的二次增长》一书中指出,如果组织和企业能在第一曲线到达巅峰之前,找到带领企业二次腾飞的"第二曲线",并且第二曲线必须在第一曲线达到顶点前开始增长,弥补第二曲线投入初期的资源(金钱、时间和精力)消耗,那么企业永续增长的愿景就能实现。字节跳动依靠产品矩阵,多元化布局,不断孵化、打造企业第二条、第三条等多条增长曲线。

王兴曾经评价张一鸣,"非常理性。比绝大多数人都更早明白这是一个什么事情，这是一个多大的事情，这事情关键是什么。而且提前几年就反复地积累，而不是在做了之后才开始。"

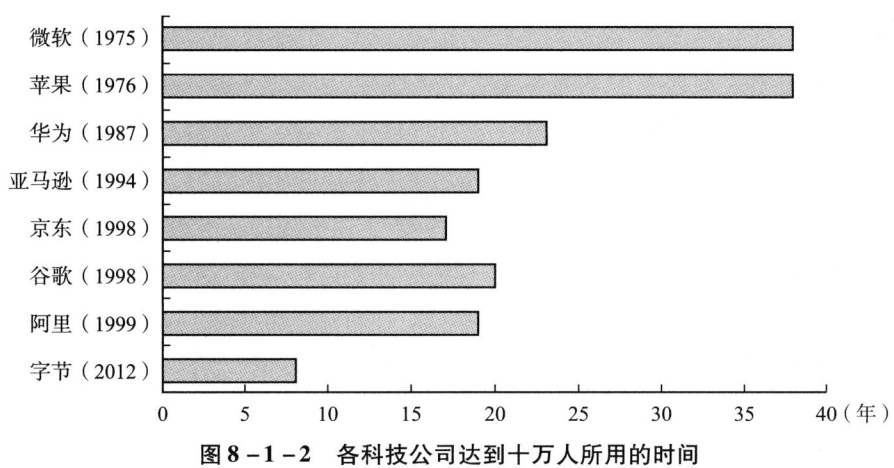

图8-1-2　各科技公司达到十万人所用的时间

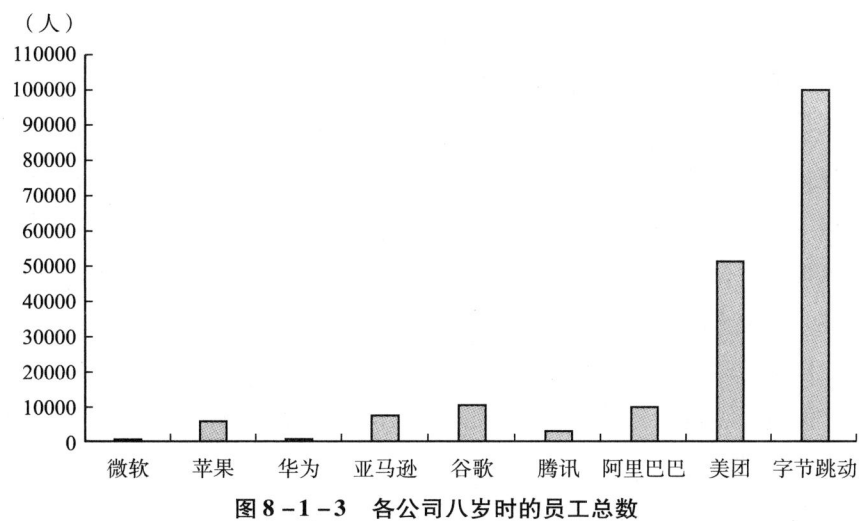

图8-1-3　各公司八岁时的员工总数

从张一鸣的字节跳动可以看出，一位真正成功的创业者必须要有商业意识、开拓创新能力、团队意识、坚韧抗压能力、正确决断能力等。

1. 商业意识

商业意识是一种能够贯穿于商业诸多环节的思维想法。通常被认为是一种商业上超前的意念和想法。通过对商业未来的展望和对过去的商业经验的利用，从而取得相应的进步。商业意识一般包括以下三点：市场洞察力（发现商机或者发现问题）；反应能力（制定相应策略）；执行力（策略制定后强大的后期执行能力）。

（1）市场洞察力：狐狸是一种狡猾的动物，在险象环生的森林中，一个猎物被发现了，狮子没有吃，狐狸首先想到的不是如何吃这个猎物，而是狮子为什么不吃。是肚子不饿、不合胃口、猎物太小不屑一顾，还是猎物有毒，根本不能吃？如果是狮子嫌猎物太小不屑一顾，狐狸就可以上去饱餐一顿，否则，后果只能是被毒死或反被狮子吃掉。

创业者在创业前，需要了解自己的项目所在的行业中是否有多个实力雄厚、占绝对优势的行业霸主存在？如果有，他们为什么不做该项目？如果是他们认为"盘子"太小，不值得做；或是事情太麻烦，不好做；又或是他们判断失误，没有发现其中的价值，那么该项目就有可能成为创业的商机，否则就要小心行事。

（2）反应能力：新的创业企业不仅面临来自提供相同产品的对手的竞争，也面临来自替代品、供应商、顾客，以及其他新进入者的竞争，甚至还可能与行业外的公司争夺人才和资金。这些情况的发生，往往具有突发性。因此，需要创业者具有面对复杂局面且没有充足时间分析的情况下，迅速做出决策的能力。

（3）执行力：执行力可以理解为有效利用资源，保质保量达成目标的能力。执行力指的是贯彻战略意图，完成预定目标的操作能力，是把企业战略、规划转化成为效益、成果的关键。执行力包含完成任务的意愿，完成任务的能力，完成任务的程度。对个人而言，执行力就是办事能力；对团队而言，执行力就是战斗力；对企业而言，执行力就是经营能力。而衡量执行力的标准，对个人而言是按时、按质、按量完成自己的工作任务；对企业而言就是在预定的时间内完成企业的战略目标，其表象在于完成任务的及时性和质量，但其核心在于企业战略的定位与布局，是企业经营的核心内容。

2. 有成就欲望

成就欲望通常也被称作"野心""事业心"等。成就欲望很强的人，在工作时会更投入，对于一些创造性的、具有挑战性的工作，交给成就欲望强烈的人，通常会取得更好的效果，而一些重要的领导岗位，更是需要担任者具备强大的成就欲望。本章拓展阅读的测试，为人才招聘和选拔提供了依据。

3. 开拓创新能力

> "不要安于书本上给你的答案，要去尝试发现与书本上不同的东西，这种素质可能比智力更重要，往往是最好的学生和次好的学生的分水岭。"
> ——著名物理学家、诺贝尔奖学金获得者温柏格

开拓创新能力是指人们根据确定的目标与需要灵活地、创造性地运用已知的一切知识与信息产生出某种具有独到见解的、新颖的、具有开拓性且富有积极社会价值的精神产品或物质产品的能力。其实质是一种综合能力，它是各种智力因素和能力品质在新的层面上融为一体、相互作用、有机结合所形成的一种合力。日本不少企业聘用员工时总要聘用一些与学历无关、与在校成绩无关但具有鲜明个性的学生，这些都是在寻求具有开拓创新能力人才的一种尝试。

4. 有团队意识

大学生们常常怀抱着一种对未来美好的渴望，投入到创业中来，但现实的洪流却常常无情地把他击垮。据统计显示，90%的新生创业企业都会在5年内夭折。在幸存下来的10%的企业中，又有90%会在第二个5年内结束生命。也就是说，大约99%的新创企业活不过10年，大学生创业的企业尤其为甚。

因为，我们的学校总是把学生练习成善于打工的职员，而不是善于创造工作机会和开办企业的创业者。事实上，在目前的中国，做老板的人大多都不具有大学学历。

创业前对自己要有一个清醒的定位，这个定位不仅是对自己能力的定位，还要对创业成功与失败都要有一个清醒的定位。

在做一件事时，我们首先看的是合不合法，然后考虑的是经济上行不行得通，最后是这个团队能不能承接，这是一个步骤。但往往由于我们太急于把这个事情做成，或说前两个因素太好了，就忽略了最后团队的问题。而最后恰恰是这个因素使项目功亏一篑。

所以对合作伙伴的性格特性及能力一定要有清楚的认识，这对于团队的核心人物来说至关重要，让合适的人坐上合适的位置。

团队意识是一种主动性的意识，将自己融入整个团体对问题进行思考，想团队之所需，从而最大限度地发挥自己的作用。团队意识表现为企业这个整体的一种集体力，即"1+1>2"的结合力，或叫"系统效应"。团队意识表现为企业全体成员的向心力、凝聚力，"心往一处想，劲往一处使"，真正把自己看成是企业的一部分。

5. 有坚韧抗压精神

创业是一条崎岖路，虽然荆棘，但有梦想和有坚毅精神的人总有一天会成功！就像马云说的，成功的人一定会见到后天升起的太阳！

6. 有正确果断决策的能力

> 不先商议，所谋无效；谋士众多，所谋乃成。
> ——旧约箴言
> 抓住时机并快速决策是现代企业成功的关键。
> ——斯坦福大学教授艾森哈特
> 世界上每100家破产倒闭的大企业中，85%是因为企业管理者的决策不慎造成的。
> ——世界著名的咨询公司兰德公司

决策是企业经营管理活动中最普遍、最经常的事情，相当于企业家生活的家常便饭，决策可大可小，大至放弃旧业务，小到改良一个工序，介于二者之间的很多重大问题，如设立新部门，开发新业务，技术的革新，环境的改善，聘用新人等都属于决策。从某种意义上可以说管理就是决策，就是吸取众家之长，从各种方案中选择最好的。

## 三、创业类型及意义

### （一）创业的类型

创业类型的选择与创业动机、创业者风险承受能力密切相关，也会影响创业策略的制定。一份对106位创业者的问卷调查，针对个人、组织、环境、过程等4个方面进行研究，发现创业类型可以分为8种：

（1）离职创立新公司，新公司与原任职公司属于不同的行业性质，新公司也必须立即面对激烈的市场竞争。

（2）新公司由原行业精英人才组成，企图以最佳团队组合，集合众家之长来发挥竞争优势。

（3）创业者运用原有的专业技术与顾客关系创立新公司，并且能够提供比原公司更好的服务。

（4）接手一家营运中的小公司，快速实现个人创业梦想。

（5）创业者拥有专业技术，能预先察觉未来市场变迁与顾客需求的新趋势，因而决定把握机会，创立新公司。

（6）为提供特殊市场顾客更好的产品与服务而离职创立新公司，机关报公司具有服务特殊市场的专业能力与竞争优势。

（7）创业者为实现新企业的理想，在一个刚萌芽的新市场中从事创新，企图获得领先创新的竞争优势，但相对的不确定性风险也比较高。

（8）离职创立新公司，产品或服务和原有公司相似，但是在流程与营销上有所创新，能为顾客提供更满意的产品与服务。

克里斯琴（Christian，2000）认为，创业依照其对市场和个人的影响程度，可以区分为4种类型：

（1）复制型创业。复制原有公司的经营模式，创新的成分很低。例如，某人原本在餐厅里担任厨师，后来离职自行创立一家与原服务餐厅类似的新餐厅。新创公司中属于复制型创业的比率虽然很高，但由于这种类型创业的创新贡献太低，缺乏创业精神的内涵，不是创业管理主要研究的对象。这种类型的创业基本上只能称为"如何开办新公司"，因此很少会被列为创业管理课程学习的对象。

（2）模仿型创业。这种形式的创业，对于市场虽然也无法带来新价值的创造，创新的成分也很低，但与复制型创业的不同之处在于，创业过程对于创业者而言还是具有很大的冒险成分。例如，某一纺织公司的经理辞去工作，开设一家当下流行的网络咖啡店。这种形式的创业具有较高的不确定性，学习过程长，犯错机会多，代价也较高昂。这种创业者如果具有适合的创业人格特性，经过系统的创业管理培训，掌握正确的市场进入时机，还是有很大机会可以获得成功的。

（3）安定型创业。这种形式的创业，虽然为市场创造了新的价值，但对创业者而言，本身并没有面临太大的改变，做的也是比较熟悉的工作。这种创业类型强调的是创业精神的实现，也就是创新的活动，而不是新组织的创造，企业内部创业即属于这一类型。例如，研发单位的某小组在开发完成一项新产品后，继续在该企业部门开发另一项新产品。

（4）冒险型创业。这种类型的创业，除了对创业者本身带来极大的改变，个人前途的不确定性也很高；对新企业的产品创新活动而言，也将面临很高的失败风险。冒险型创业是一种难度很高的创业类型，有较高的失败率，但成功后所得到的报酬也很惊人。这种类型的创业如果想要获得成功，必须在创业者能力、创业时机、创业精神发挥、创业策略研究拟订、经营模式设计、创业过程管理等各方面都有很好的搭配。

## （二）创业的意义

随着高等教育从"精英教育"向"大众教育"迈进，高校毕业生就业形势日益严峻,大学毕业生数量将远远超过空缺岗位的数量。因此,在今后很长一段时期内,大学生将面临更为严峻的就业形势。大学毕业生创业具有现实意义。

**【案例分析 8-2】**

## "创客"创业"创"出金融新梦想①

蒋某是浙江财经大学东方学院 2008 届金融与经贸分院经济学专业毕业生,在校期间曾担任学生会企划部部长,创办了学生菁英话剧社并担任社长,还是大学生创业实践园发起人之一。他创办的杭州亿龙科技有限公司,连续两年夺得杭城数码连锁销售冠军。目前,他已经拥有两家创业公司和一家风险投资公司。他擅长资本运作和商业模式优化,成功主导物联网、云计算、大数据、人工智能等领域多个项目的早期投资,其中,龙旗科技、立芯科技被评为浙江省优秀股权投资案例。他积极参与母校的发展与建设,多次组织校友活动和创业沙龙,为母校的建设付出良多。

蒋某是一个目标非常明确的人,在校期间就对自己的未来发展有着清晰的规划。从刚入学时兼职办信用卡业务,到电脑市场业务员,再到做浙江民营经济论坛的会场承包。他的大学生活忙碌而充实,很早他就懂得只有让员工赚到钱才能把生意做到足够大,个人才有更高的事业平台。不仅如此,他还积极参加校内活动,筹建了菁英话剧社、贝斯特创业社(创业实践园的前身),并且在学生会担任要职。大二时在杭州百脑汇开出了属于自己的"亿龙电脑商行",辉煌时期在杭州有 4 家连锁店,后续事业版图拓展到餐饮及广告服务。

蒋某说:"因为我学的是经济学专业,东方学院本身也是以财经、管理类学科见长的学校,所以在大三时我就开始创业。一开始投入的资本很小,但是因为这个创业的尝试,我发现自己需要学习的东西很多。所以在创业的过程中结合创业实践,同时加强经济、管理类课程的学习。学校的创业实践园和创业导师也为我的创业提供了很多帮助。在我毕业之后,我一边继续经营我的公司,同时,还进入了大型公司从最基础的工作做起,来积累经验。在毕业后的一年半时间里,我从天堂硅谷公司最普通的员工做到了投资经

---

① 资料来源:数字经济与商业模式,作者王江。

理。然后我跳槽到了海邦人才基金，并通过自己的努力，在两年中做到了投资总监的岗位。但是自始至终我都没有放弃我要成立风险投资公司的梦想，在我积累了资金和人脉之后，我作为创始合伙人创立了厚实资本风险投资公司，并已经成功投资了6个项目，其中，3个项目从投资到现在，公司价值已经增长了5倍。"

他常常回馈母校，担任东方学院校友协会副理事长，并多次组织母校校友活动和创业沙龙，不仅乐于分享自己成功的经验，同时，也给予在校的学弟、学妹或已工作的校友一些非常中肯的建议和意见，为母校的建设付出良多。

1. 大学生创业可以为社会和个人创造财富

大学生创业有利于激活人才资源和科技资源，从而促使许多新创意、新科技能够迅速实现应用，为社会带来巨大的财富和价值。与传统就业相比，创业具有较高的风险，但也有较高的回报。现实生活中很少有人仅仅依靠为别人工作而变得非常富有，创业是最有希望实现致富目标的方式之一。

2. 大学生创业有利于实现自我价值

创业会促使大学生不断创新、超越自我、充分运用个人能力，将聪明才智最大限度地转化为社会的需要，从而获得成功。创业是大学生谋求生存乃至自我价值实现的途径之一。

3. 大学生创业有利于大学生自身的成长

创业的过程，也是锤炼大学生意志品质的过程，会促进大学生更快成长和更加成熟。创业可以使大学生全方位地投入社会实践，使大学生获得宝贵的社会经验，弥补以往经验不足的缺点；创业的大学生能够自己控制自己的工作，自己决定何时何地怎样工作，有助于大学生锻炼自我管理能力。即便创业失败，带来的有益经验也会促使创业者比同龄人更快地成长。

【本节拓展训练】

环顾四周，把看到的物体记下来（不用想太多，随意写下）。然后围绕3个物体进行大量联想——有哪些创业机会？尽可能多地记录下你想到的创业机会，无论有多么天马行空。看看谁想到的最多？看看哪个想法最具创意？

物体1：
创业想法：

物体2：
创业想法：

物体3：
创业想法：

对你而言，在上述创业机会中，最可能成功的想法是哪个？为什么？

分享创意，在你听到的所有机会中，你认为哪一个最有价值，为什么？

## 第二节 创业精神与创业特质

视频 8.2
创业潜力
与素质

### 一、创业精神

**（一）什么是创业精神？**

创业精神是指在创业者的主观世界中，那些具有开创性的思想、观念、个性、意志、作风和品质等。哲学层次的创业思想和创业观念，是人们对于创业的理性认识；心理学层次的创业个性和创业意志，是人们创业的心理基础；行为学层次的创业作风和创业品质，是人们创业的行为模式。

创业精神的概念最早出现于 18 世纪，其含义一直在不断演化。很多人仅仅把它等同于创办个人工商企业。但大多数经济学家认为，创业精神的含义要广泛得多。

对某些经济学家来说，创业者是指在有盈利机会的情况下自愿承担风险创业的人。另一些经济学家则强调，创业者是一个推销自己新产品的创新者。还有一些经济学家认为，创业者是那种将有市场需求却尚无供应的新产品和新工艺开发出来的人。

经济学家约瑟夫·熊彼特（Joseph Schumpeter）专门研究了创业者创新和求进步的积极性所导致的动荡和变化。熊彼特将创业精神看作一股"创造性的破坏"力量。创业者采用的"新组合"使旧产业遭到淘汰。原有的经营方式被新的、更好的方式所摧毁。

管理学专家彼得·德鲁克（Peter Drucker）将这一理念更推进了一步，称创业者是主动寻求变化、对变化作出反应并将变化视为机会的人。只要看一下传播手段所经历的变化——从打字机到个人电脑再到互联网，这一点便一目了然。

今天的大多数经济学家都认为，创业精神是在各类社会中刺激经济增长和创造就业机会的一个必要因素。在发展中国家，成功的小企业是创造就业机会、增加收入和减少贫困的主要动力。因此，政府对创业的支持是促进经济发展的一项极为重要的策略。

诚如经合组织商务产业咨询委员会（Business and Industry Advisory Committee to the Organization for Economic Cooperation and Development）于2003年指出："培育创业精神的政策是创造就业机会和促进经济增长的关键。"政府官员可以采用优惠措施，鼓励人们不畏风险创建新企业。这类措施包括实施保护产权的法律和鼓励竞争性的市场机制。

社会群体文化也与创业精神相关。创业精神在不同文化中的差异在某种程度上取决于创业所能得到的回报。看重社会地位和专业经验的文化可能不利于创业，而推崇通过个人奋斗取得成功的文化或政策则很可能鼓励创业精神。

（二）创业精神的内涵

【案例分析】

## 马云和他的十八罗汉

阿里巴巴是由马云在1999年一手创立的企业（B2B）对企业的网上贸易市场平台，目前已经成为全球最大的电子商务平台。阿里巴巴是借着全球互联网和电子商务的迅速发展而快速扩张的，然而，阿里巴巴的成功也是马云从一开始18人的小团队开始的。现在回头去看阿里巴巴保存的一段录像，会觉得很有意思。录像记录的是1999年春阿里巴巴刚成立时，在杭州湖畔花园的马云家，马云妻子、同事、学生、朋友共18个人围着马云，听马云慷慨陈词：从现在起，我们要做一件伟大的事情。我们的B2B将为互联网服务模式带来一次革命！

类似的话于1998年底在北京，马云已经讲了一次。当时，在下定离开北京回杭州的决心后，马云和跟随着他从杭州到北京打拼的兄弟们说："我近来身体不太好，打算回杭州了。你们可以留在这里，在北京的收入也非常不错；你们在互联网混了这么多年，都算是有经验的人，也可以到雅虎，雅虎刚进入中国，是家特别有钱的公司，工资会很高，每月几万元的工资都有；也可以去刚刚成立的新浪。这几条路都行，我可以推荐。反正我是要回杭州了。"

接着马云又说："你们要是跟我回家二次创业，工资只有500元，不许打的，办公就在我家那150平方米里，做什么还不清楚，我只知道我要做一个全世界最大的商人网站。如何抉择，我给你们三天时间考虑。"像当年离开中国黄页一样，马云的决定又一次在他的团队里引起轩然大波。所不同的是，这次没有人哭。大家讨论时，很多人不能理解马云的决定，也有人坚决反对这个决定。不过，5分钟后，所有人都表达了一个共同的意愿，跟着马云回杭州。

1999年是中国互联网的第一波高峰时期，有经验的互联网从业人员是稀缺资源，很容易找到高薪工作，与500元相比，月收入上万元还是很有诱惑力的。至于为什么这些人会一致地选择跟随马云南下，日后马云的一次内部讲话多少能说明一些问题。"现在互联网江湖很昏暗，谁也不知道未来是什么，这个时候你可以去找一份收入不错的工作，但很可能你几年后还得换地方。现在，我们用一支团队的力量在这片江湖里拼杀，十几个人在一起还有什么可怕的，拿着大刀片子往前冲即可"。

财经作家郑作时为此感慨："这一团队和马云之间建立了超越利益之上的联系，既然几万元的月薪都可以放弃，那还有什么力量可以让他们分开。"关系再好的团队，由于朝夕相处，不免还是会有磕磕碰碰的地方。从创业一开始，马云的团队就定下了一些原则，从某种意义上说，这些原则是马云团队最终并肩走得足够远的保证。这些原则中，与团队有关的最重要的一条是解决矛盾的原则。从一开始，马云和他的创业伙伴就定下原则，团队中任何两个人发生矛盾，必须由他们自己互相面对面地解决。只有在双方都认为对方无法说服自己的情况下，才引入第三者作为评判。简单、开放议事原则的提出和确立，对于阿里巴巴团队建设至关重要。它使阿里巴巴杜绝了"办公室政治"，大大减少了交流沟通成本，减少了内耗，大大增强了团队的凝聚力和战斗力。

不要小看这个原则，对一个创业团队来说，矛盾是不可避免的，但如何解决矛盾是一个问题，在马云团队看来，办公室政治在于矛盾的不断累积。如果没有这个原则存在，没有因这个原则长期坚持而自然形成的简单开放的价值观，阿里巴巴18罗汉打天下的故事很有可能不能圆满，至少华星时代的创始人风波很难过去。

2000年，成功拿到高盛等500万美元的风险投资后，阿里巴巴从湖畔花园拥挤的居民楼搬到华星大厦宽敞的办公楼，随着空间环境的变化，阿里巴巴创业者们的心态也发生了微妙的变化。搬到华星之后，随着公司正规化建设的开始，划分部门、明确分工都是自然而然的事，而有了部门就得有负责人，于是提干就是顺其自然的事。在18个创始人中，第一批提干的有3人：孙彤宇、张英和彭蕾，职务都是部门经理。于是原来的18个创业者分成了两拨：4个官和14个兵。从北京EDI时代起，这支团队就习惯了只有一个头，那就是马云，其他人都是平等的兵。湖畔花园时代也是如此。到了华星时代，这种人们已经习惯了的现状突然改变了。

搬到华星大厦后不久的一个晚上，除马云、张英、孙彤宇、彭蕾之外的14位创始人来到一家名为名流的咖啡馆聚餐。大家一开始说好不谈工作只叙旧，但谈着谈着就说到公司说到工作，所有的不解、疑惑和怨气都发泄出来了，一直谈到半夜。团队里的老大哥楼文胜首先倡议："说了这么多，屁股一拍就走，于事无补，我们应该写出来送给马云。"大家纷纷响应。于是由楼文胜执笔，大伙儿补充，整整写了一大张纸。散伙之后，楼文胜回家将这份东西整理成一封写给马云的长信，然后发给了马云。第二天傍晚，马云收到信后立即把18位创始人召集到一起，大家围着圆桌坐下后，马云说："今天大家不用回去了，既然你们有那么多怨恨，很多人有委屈，现在当事人都在，都说出来，一个个骂过来，想哭就哭，所有都摊在桌面上，不谈完别走！"那天的会从晚上9点一直开到凌晨5点多。那是一次彻底的宣泄，也是一次彻底的灵魂洗礼。会上许多人情绪激动，许多人痛哭失声。整整一夜，这些跟随马云浴血奋战了少则2年多则5年的老战友，吵过、喊过、哭过之后，一切疑虑都已消散，一切误解都已消除，一切疙瘩都已消解。

华星时代创始人风波的导火索是那封写给马云的信。事后十八罗汉之一的吴泳铭说："我们能写出来告诉马云，说明我们是一支很好的团队。"如果那14位创始人不这样做，而是任其发展，让误解和矛盾蔓延下去，那么18位创始人团队的分崩离析是早晚的事。

创业精神的内涵非常丰富，最重要的是八种精神。

1. 果敢精神

创业要投入财力、人力和物力，虽然赔了夫人又折兵的可能性始终存在，但仍必须要有果敢精神。一般人宁愿不发达也不愿失掉既得利益，年龄越大，生活现状越好的人，越缺乏创业精神。俗话说，"舍不得孩子套不到狼。"没有破釜沉舟的精神，没有舍弃传统生活方式的决心，没有放弃既得利益的勇气，就很难迈出关键的第一步，就很自然地断了后路。一些下海的创业者自己放弃了稳定的工作和丰厚的收入，从有安全感转向无安全感，这是需要勇气和魄力的。

2. 科学精神

要创业就要投资，要投资就有两种、甚至多种可能的结果，创业者总是以自己的科学精神抓住机遇、躲避风险、减少风险、战胜风险。所以，果敢精神是以科学精神为基础的,离开了科学精神就没有果敢精神,那只是盲目蛮干。科学精神要求决策有理性,而不要单凭感觉,不要盲目跟着感觉走。科学精神要求唯物、客观,不要凭想当然做事。知己知彼,百战不殆,这是创业决策的真理。知己不易,知彼更难,需要做大量具体的细致的工作,容不得半点疏忽。地方行业与市场、中国行业与市场、世界行业与市场的动态必须及时把握,对自身的优势与劣势也必须了解得十分清楚。

3. 务实精神

务实就是要求真理,少盲从。敢于说"不",不要人云亦云,不要因面子牺牲事业。创业者要用老实人,老实人中用能人,用比自己本事更大的人。但是绝不盲从,要有独立见解,凡事经过自己独立思考,自己没弄明白的事绝不盲目按他人意志拍板。

务实就是要办事踏实,避免浮躁。大事不放松不大意,做事细致、认真、一丝不苟。管理要精密严细,纸上谈兵,必败无疑。经营和管理无小事,一个小火星即可毁掉一座造纸厂。做事既要大刀阔斧,又要如履薄冰;既要一泻千里,又要稳扎稳打。

4. 决战精神

军队打仗不怕以弱对强,就怕陷入被动。一旦陷入被动就可能会全军覆没。争取主动权、机动权是作战的重大原则。创业也是如此。企业工作千头万绪,不仅内部运作常常陷入被动,与供应方和需求方及竞争对手之间更容易陷入被动,甚至战略性的被动,造成日益亏损,坐吃山空,资不抵债的严重局面。在这种形势下,决心和毅力往往起决定性作用。不仅要能坚决地扛住,不让人心涣散,造成兵败如山倒之势,而且要有破釜沉舟,拼死决胜的勇气、意志和谋略。一些企业不是被竞争对手击倒的,而是被末日之势吓倒的。创业需要有不成功便成仁的气概。

要沉稳,遇事不慌。心情不好的情况下不轻易决策,睡一觉再思考,冷静下来再决定。一切都是过程,一切都会好转,天无绝人之路。确实回天乏术,也要拿得起,放得下。

要顽强,百折不挠。成功常常属于能坚持到最后一分钟的人,失败总是跟随那些半途退却的人。要有耐性、有韧性、有毅力、有恒心。成功往往深藏在"再坚持一下的努力之中"。要培养忠诚的助手、忠诚的团队,荣辱携手、苦乐同舟,团队同心协力就没有越不过的火焰山。

5. 创新精神

创新精神是创业的核心资源,不仅创业者本人,而且整个企业的员工都要具备创新精神。培育企业的创新观念、创新风尚、创新文化，这是企业的生命之源。

要创新观念、勇于开拓。思想是行为的先导，只有创新观念，才能创新技术、创新产品、创新业务、创新管理。要解放思想，更新观念，树立市场观念、竞争观念、系统观念、人才观念、民主观念、新经济观念；要树立改革意识、开放意识、科技意识、危机意识、战略意识；放弃一切旧意识、旧观念，努力学习和开拓未知领域。

要创新技术和产品，把握命运。技术和产品创新超前，则生；技术和产品创新落后，则死。谁的技术先进，谁便具有实力，落后就会陷入被动局面，就会面临淘汰出局的风险。技术和产品创新不能有二心。创新难，不创新更难。站在半路比走到目标更辛苦。

要创新体制和管理。体制是一种物质力量，不同体制下造就不同的思维方式、工作方式、行为方式，进而产生不同的活力、创造力，不同的效率和效益。因此，创业者要不断创新体制，包括领导体制和管理体制。管理出效益，先进的技术离开了科学的管理，不会自动创造效益。管理无定法，要不断创新管理方法，促进企业效率和效益提升。

6. 超越精神

晨鸣纸业集团18年前是一个县办小造纸厂，年营业额800万元；18年后，成为中国五百强企业之一，年营业额42亿元。

超越必须立志。志者，心之向也，气之帅也。"志当存高远""一览众山小"。目标大小，影响成就大小。志向是胜利之本，懒惰是万恶之源。

超越必须战胜自我。最大的敌人是自己，最大的胜利是战胜自己的惰性和惯性；能战胜自己的人，才能成就大业。

超越必须拼搏。你前进，别人也前进，你要追上别人，就要使出比别人更多的智慧和气力；你要超过别人，就要付出更大的精力，把别人的睡眠时间都用于追赶、超越。

超越必须有恒。要立恒志，勿恒立志。做事持之以恒，不怕慢，就怕站；不怕难，就怕变，怕不坚持到底；不怕事多，就怕用心不专，专心才能事半功倍；不怕事小，就怕不为，小事不做，大事难成，不积涓流，无以成江海。耐心与持久胜过激烈与狂热。

7. 合作精神

没有合作精神的人无法创立大业，大业都是协同的结果。合作精神弱是农民意识，是小生产者观念。在北京的中关村产业园区里，有不少企业是由几个合伙人共同创业，"穷合作，富分家"，都想独自当老板，分家以后全垮台。合作精神的思想基础是诚信。诚则心凝，伪则心散，精诚所至，金石为开。言必信，行必果；一言既出，驷马难追。强化他人对自己的信任度。

合作精神的精神基础是宽容、顾全大局、不斤斤计较、为人豁达，不因利益分配上的枝节纠缠不休、耿耿于怀。合作精神的物质基础是目标一致性，合作者要有共同目标，这种目标不是一方的利益，而是合作各方的共同利益，利益分配的界定明晰。这样才能心往一处想，劲往一处使。

8. 学习精神

现代创业依靠丰富的知识，创业者不可能是诸多学科的专家，但是却可以成为杂家，成为通才，向书本学、向专家学、向实践学，日理万机，夜读百卷。

创业的大敌是不懂装懂，大忌是不求甚解。许多企业不是死于市场，而是死于创业者的无知。由于信息爆炸，知识更新过快，创业者不仅要勤于学习，而且要善于学习。人的精力是有限的，创业者必须学会排除一些信息，避免这些信息占用过多的精力，留出足够的精力汲取必要的信息，要做到能够把数十条信息凝聚成一个概念，这样学习才会有效率。

在有创业精神的同时，经营管理者必须有很高的素质。火车跑得快，全靠车头带。管理者的政治、业务、文化、作风、道德素质对企业的发展至关重要，企业管理者特别是法人代表必须是德才兼备的高素质人才。

## 二、创业素质

### （一）创业素质

1. 自信

相关词：激情、自尊、乐观、决心。

一个创业者如果缺乏信息，很难做到下面所说的坚韧、冒险，以及展开创业行动，即便勉强行动，也必会畏首畏尾。此外，自信能打动客户，激情能感染团队与员工。

2. 坚韧

相关词：坚持、坚忍、钝感力、毅力、吃苦耐劳。

有商业头脑者可以趁势创业，但创业征程一样是逆流而上，可以利用的是机会窗，无法避免的是艰难险阻与险恶江湖。所以，在路上需要坚韧不拔的意志，麻木迟钝的心理，吃苦耐劳的皮囊。

3. 冒险精神

相关词：气魄、胆识、决断、勇气。

市场不存在无风险的收益，宏观的、微观的、市场的、非市场的风险总会围绕在创业者周围。除此之外，创业者总要在各种诱惑、选择中做出艰难抉择。所以，一个创业者如果没有一点冒险精神，没有敢于决断的胆识与魄力会错失发展的机遇。

4. 行动能力

相关词：执行力。

创业是商业活动，实现目标的唯一方法就是积极展开行动。上面所说的自信、坚韧、冒险精神都能促进行动的展开。

5. 商业头脑

相关词：商业嗅觉、商业眼光。

大家都说市场充满机会，但市场里早已站满了人，要想挤进去占有一席之地，就要有发现空隙的过人眼光。创业也好，人生也好，都要有过人的眼光才能发现"机会窗"的存在，而在机会窗开启时能抢先通过，方可事半而功倍。

6. 学习能力

相关词：学习力。

在快速变化的世界里，在竞争激烈的市场中，要想不被淘汰出局，只有持续不断地提高自己，善于学习、勇于实践。

### （二）如何培养创业者的创业素质

谁也不是天生就会创业的，谁也不是生下来就注定会创业成功的。金无足赤、人无完人，那些成功的创业家们，在创业之初也一样并不具备创业必需的所有素质或技能，但他们依然获得了成功。所有这些成功的条件都是可以自我修炼的，技术可以学习，素质可以培养，条件可以改善……因此，创业新手们，在创业之初及创业过程中，可以有针对性地对自己的不足之处加强学习、克服弱点，以强化自己的创业条件，不断增强自己的创业能力。

提高创业能力，要先从全面认识自己开始，重新认识自己，了解自己目前真实的状况，然后重点提高。

1. 通过别人对自己的态度和评价认识自己

心理学家指出，别人对自己的态度是一面认识自己的"镜子"。每个人都处在一定的社会关系中，通过与他人相处，从他们对自己的态度中可以看到自己的形象，为自我评价、认识自己提供基础。当然，他人的态度及对自己的评价并非都是一致的，别人的态度可能由于偏爱或成见，难免会有夸张和歪曲。此时，别人的态度只能作为认识自己的参考。如果是父母、教师、上级或自己所尊敬的人所作出的评价，即使与自我评价不一致，仍然值得注意和重视，好的方面要继续发扬，不好的方面则要加以修正。

2. 通过类比分析认识自己

除了听取别人对自己的评价外，还可以通过与社会上和自己条件类似的人进行比较来认识自己，并以别人的行为作为确定自己位置与形象的参照物。当看到别人的长处和短处时，就应该想想自己是否有同样的长处和短处。恰如孔子所说"见贤思齐焉，见不贤而内自省也"。如果能常常将自己与周围的人相比，不仅有助于认识自己，也有助于提高自己的水平，激励自己奋发向上。

3. 从实践中认识自己

要想正确认识自己，发现自己是否具有创业的能力，洞悉自己的缺点和不足，还必须参加实践活动，在实践中认识自己，发挥特长，暴露弱点，从而扬长避短，成为自己命运的主人。一个人只有在实践活动中，通过无数次的成功与失败，才能更准确地了解自己的水平；通过预期目的与实际结果的比较，才能检验自己的预想是否准确，从而提高自己的判断能力，了解自己的创业能力，确立适当的自信心。所以正确的自我认识是在创业实践生活中逐步形成的，而不是生来就有的。

一个人要迅速提升自身素质和能力是不现实的事情，知识、能力和素质的提高需要长时间的锻炼和积累。然而对于创业者来说，在创业机会稍纵即逝的时候，必须能够紧紧抓住机遇。面对机会，再去提升自己，那就是空谈。所以，创业者应该在日常生活中，工作实践中要有意识地学习，使自己逐渐成长起来——机会永远属于有准备的人。

（1）努力学习相关知识。

知识可以促进能力的发展。任何能力的形成和提高都是在掌握和运用知识的过程中完成的，创业能力也不例外。一方面，创业者要加强专业意识的培养，要精通和创业相关的专门知识和技能，并需要不断吸收新技术、新知识；另一方面，还应培养良好的社会意识，主要包括与人协调合作，集体工作的意识和强烈的社会责任感，以及竞争意识、环境意识、质量意识、品牌意识、安全意识等，这是提高创业能力极其重要的社会基础。

（2）实践是提高创业能力的唯一途径。

创业能力的形成和提高必须在创业实践中才能实现。创业者应根据自身特点和专业特点，在培养自己强烈的创业意识、成功意识，认真学习专业文化知识的基础上，积极参与创业实践活动。

（3）向成功的创业者求教。

真心诚意地向成功人士求教，学习他们坚定的信念、处理问题的方式，吸取经验、教训，学习他们前瞻性的眼光和超前的意识，以及明确的目标等。这样可以少走一些弯路，更快走向成功。

（4）迅速提升自我的小技巧。

①善于集中别人的智慧，使自己变成最聪明的人；

②与有能力、有素质的人士合作；

③知人善用，将各种不同特点的人组合成团队；

④要想事业成功，并持续发展，要做到"找替手"；

⑤不懂就问，不会就学；

⑥可以交一些"顾问型"的朋友。

【体验互动】

请各位学员思考，如果你作为一名企业业主，你认为应该如何管理企业和员工？如何选择人才到合适的岗位？

【本节拓展训练】

许多人都希望拥有一份属于自己的事业，做一个创业者。你是否适合创业？有无创业潜力？做这个测试看一看吧。

本测试由一系列问句组成，请根据实际情况，从是与否中选择最符合自己特征的答案。在选择时，一定要根据第一印象回答，不要做过多的思考。如果你还没有工作经历，可把表8-2-1中的"工作"理解为社会实践或学习任务。

表8-2-1　　　　　　　　　　创业特质测试

| 序号 | 问题 | 是/否 |
|---|---|---|
| 1 | 是否曾经为了某个理想而设下两年以上的长期计划，并且按计划进行直到完成 |  |

续表

| 序号 | 问题 | 是/否 |
|---|---|---|
| 2 | 在学校和家庭生活中,你是否能在没有父母及师长的督促下,就可以自动地完成分派的工作 | |
| 3 | 是否喜欢独自完成自己的工作,并且做得很好 | |
| 4 | 当你与朋友在一起时,你的朋友是否会经常寻求你的指导和建议,你是否曾被推举为领导者 | |
| 5 | 求学时期,你有没有赚钱的经验?你是否喜欢储蓄 | |
| 6 | 是否能对个人兴趣专注地投入连续10个小时以上 | |
| 7 | 是否有习惯保存重要资料,并且井井有条地整理,以备需要时可以随时提取、查阅 | |
| 8 | 在生活中,你是否热衷于社会服务工作,你是否关心别人的需要 | |
| 9 | 是否喜欢音乐、艺术、体育,以及各种活动课程 | |
| 10 | 在求学期间,你是否曾经带动同学,完成一项由你领导的大型活动,如运动会、歌唱比赛等 | |
| 11 | 是否喜欢在竞争中生存 | |
| 12 | 当你为别人工作时,发现其管理方式不当,你是否会想出适当的管理方式并建议改进 | |
| 13 | 当你需要别人帮助时,是否能充满自信地要求,并且能说服别人来帮助你 | |
| 14 | 在募捐或义卖时,是否充满自信而不害羞 | |
| 15 | 当你要完成一项重要工作时,是否总是给自己足够的时间仔细完成,而绝不会让时间虚度,在匆忙中草率完成 | |
| 16 | 参加重要聚会时,你是否准时赴约 | |
| 17 | 是否有能力安排一个恰当的环境,使你在工作时能不受干扰,有效地专心工作 | |
| 18 | 你交往的朋友中,是否有许多有成就、有智慧、有眼光、有远见、成熟稳重型的人 | |
| 19 | 你在工作或学习团体中,是否被认为是受欢迎的人物 | |
| 20 | 你是否自认是一个理财高手 | |
| 21 | 是否可以为了赚钱而牺牲个人娱乐 | |
| 22 | 是否总是独自挑起责任的担子,彻底了解工作目标并认真完成工作 | |
| 23 | 在工作时,是否有足够耐心与耐力 | |
| 24 | 是否能在很短的时间内,结交许多朋友 | |

现在请根据自己的回答打分，选择"是"得1分，"否"不记分。

统计分数，计算你有几分创业特质。

以下观点仅供参考，无论你得了多少分，都应该继续认真学习创业知识，努力提升自己的创业素质与能力。

> 0~5分：目前不适合自己创业，应当训练自己为别人工作，并学习技术和专业。
>
> 6~10分：需要在其他人的指导下创业，才有创业成功的机会。
>
> 11~15分：非常适合自己创业，但是在否的答案中，必须分析出自己的问题，并加以纠正。
>
> 16~20分：个性中的特质，足以使你从小事业慢慢开始，并从妥善处理中获得经验，成为成功的创业者。
>
> 21~24分：有无限的潜能，只要懂得掌握时机和运气，将是未来的商业巨子。

视频8.3
创业机会发掘

## 第三节　如何创办企业

**【案例分析】**

### 雷神小微企业创办过程案例分享①

**雷神是什么**

2013年12月，电脑创业平台的雷神团队通过网络交互，了解到游戏笔记本电脑市场需求的空白点，迅速推出雷神游戏笔记本产品，在不到半年的时间内，两次迭代。雷神游戏笔记本颠覆了传统的笔记本生产与销售模式，将粉丝而非产品置于核心地位，以用户交互指导产品开发，做出了一个真正属于粉丝的品牌。截至目前，已拥有粉丝数70万人（贴吧28万人，微博13万人，微信30万人），活跃粉丝数10000人（QQ群+贴吧）。

**雷神团队组建过程**

雷神的诞生起源于对整个笔记本市场的分析及用户的使用痛点。在对整

---

① 资料来源：笔者根据2019年暑假对海尔集团本部内部调研的资料整理而成。

个市场进行分析时，李宁发现，2013年整个PC市场均呈现萎缩的态势，但对于游戏笔记本来说，这一年确是发展相当迅速的一年。不仅如此，由于购买笔记本的人群普遍为游戏玩家，他们更强调产品性能，而非价格，因此，这类笔记本在售价和利润方面也普遍高出其他类型的产品。

正是有了这样的分析，李宁才有了将方向定位于游戏笔记本电脑业务的想法，2013年7月，他拉上了对上游环境很熟悉的"85后"李艳兵，以及善于跟用户零距离沟通的"90后"李欣，组建了海尔内部全新的小微创客团队——"雷神"。

### 雷神笔记本诞生之路

2013年9月，笔记本创新利共体的李宁与李艳兵，提出了推出一个高性价比游戏笔记本品牌的创业思路。在搜集用户对各高性能笔记本的评价之后，汇总了目标用户群的3万余条相关差评，并统计出13个主要问题。

李宁和李艳兵在电商网站中搜集了关于各类型游戏本的3万余条差评，最后将差评结果归纳为散热慢、易死机、蓝屏、键长短等13条问题，而雷神笔记本解决的正是用户的这些使用痛点。

### 雷神的交互有哪些特点

按照集团无交互不引领的战略，雷神自然是交互用户需求的产物，而交互的路径及方式主要有四点：

首先，是让粉丝形成情感认同。粉丝与用户的区别的关键在于粉丝对产品和品牌的情感链接。由用户到粉丝的转变，是一个与用户交心的过程。"粉丝经济"要求与用户交朋友，建立一种平等、相互尊重和信任的关系；要求用平常心与用户互动，与用户共同成长。雷神粉丝社区的成长，经历了"拉—夯—自拉—自夯"的演进过程。

其次，从"铁粉"做起。雷神通过随产品赠送的VIP号码，在第一批500名用户中建立起交流平台。雷神在与这些用户的交流中，做到了及时、真实的互动，获得了用户的认可，有一半以上的首批用户转化为雷神的粉丝。这一阶段的粉丝互动，基本上集中于贴吧和QQ群两大交流平台，交流的话题从安装系统、硬件配置到家长里短，无所不包。通过不断地交流，雷神团队一方面解决了大量的售后与服务问题；另一方面，与这些用户建立了深厚的友情，逐渐将这些粉丝"夯实"成为"铁粉"。

再次，"粉丝"扩散。不仅雷神对粉丝的了解在逐渐加深，粉丝之间的感情也在日益加深，粉丝对社区的结构渐趋稳定。在这个过程中，粉丝的社会化传播力量开始显现。很多雷神粉丝将雷神介绍给自己的同学、朋友和同事，自觉自愿地为雷神做宣传。雷神百度贴吧的小吧主（负责管理分版块的粉丝），前后已经为雷神"拉"来了41个用户，并且明确表示不需要物质奖励。甚至，在雷神受到一些不正当竞争方式的威胁时，这些粉丝会主动挺身而出，以现身说法的方式为雷神正名。对于这些粉丝来说，雷神已经如同他们自己的产品一样，多一个人购买雷神，就是多一份对他们的认可，这比物质奖励更令他们感到满足。

最后，自运转的粉丝圈。雷神现在已经建立了4个用户QQ群、2个贴吧，以及1个微信公众号，目前，活跃粉丝已经从几百人增加到1万人。但是，由于前期"夯实"了粉丝社区的基本结构和机制，新增粉丝并没有给雷神团队带来更大的工作量。粉丝社区已经具备了自运转的能力，老资历的粉丝主动帮助新进粉丝解决问题、熟悉相关的规则，粉丝已经具备了"自我夯实"的能力。具备自我运转、自我治理能力的粉丝群，将为雷神下一步的成长提供强有力的支撑。

**雷神发展中遇到哪些问题，是如何解决的**

Logo变徽章。第一批雷神游戏笔记本电脑的出厂时间落后于计划，原本设计中的A面立体logo来不及粘贴。雷神团队决定放弃粘贴logo的设计方案，将雷神标志作为徽章随笔记本一起发货。这本是应对危机的无奈之举，用户反响却出乎意料的热烈。很多用户没有将徽章贴在logo的位置，而是贴在了自己的车上，甚至收藏了起来。将logo变成徽章，既使用户获得了DIY的乐趣和表现个性的机会，也增强了对雷神这一标志的认同。这一危机，本来有可能坐实"雷神游戏本是山寨货"的偏见，结果却变成了增强用户认同与黏性的创意活动。从此，单独附赠的徽章成为雷神产品的一个标志。

亮点的救赎。第一批雷神笔记本用户反映屏幕出现亮点问题。国家的相关标准是一块液晶屏存在3个以下的亮点不属于质量问题，不必退换。雷神产品的亮点问题没有超过国家标准。其他笔记本厂商同样面临亮点问题，行业普遍做法是低调处理。但是用户对这一问题的重视程度超出预料，通过用户交互得出的主要原因是亮点问题严重影响使用体验，这促使雷神团队重新开始思考这一问题。雷神首先为所有出现亮点问题的用户提供解决方案，可以选择换屏或现金补偿。更换屏幕的成本是1300元左右，外加人工成本和管理成本，雷神为用户提供完全免费的上门更换服务。第二步，雷神在粉丝中发起投票：为保证100%无亮点的完美屏幕，需要在组装流程中加入人工检验，这将导致每台游戏本成本上升300元左右；是选择加价还是保持现有的检验标准，保留一定亮点比例？绝大多数用户选择了完美屏幕方案。雷神笔记本自此作出100%完美屏承诺，保证杜绝亮点问题。就这样，雷神化解了质量危机，并为自己建立了重视产品体验和用户意见的形象。

雷神遭遇春运。2014年1月15日发售第二批雷神笔记本，发货时间正值春运期间，物流运输速度受到影响，造成迟滞。有一名用户为了等待收货，不得不一再改签，最终只买到1月22日的火车站票。雷神团队得知后，为他购买了回家的机票，让他和他的雷神笔记本一起回家。这一事件在粉丝圈中迅速扩散，雷神获得了粉丝一致的认同与赞扬，用户对雷神团队身份的认识也逐渐从产品生产商开始向朋友转变。

迈过这三个大坑的雷神，获得了"神级服务"的美誉。"神级"的背后，是雷神对用户的全面的关心与关注，是从用户角度出发、用户全程参与产品决策的机制。

**雷神的市场表现**

雷神1代：仅仅是高性能的笔记本解决了部分游戏爱好者的抱怨。

业绩结论：41096人预约，抢购500台，粉丝500人。

雷神2代：改进了首批500台所有粉丝的意见与抱怨。

业绩结论：18万人预约，限量抢购3000台，粉丝3万人。

雷神3代：单月销量突破7000台，粉丝突破25万人。

雷神4代：雷神911小批收发1秒钟500台。

业绩结论：突破交钱预约预售2510台，粉丝突破35万人。

随着销量的增加，雷神的用户也在迅速增长。2014年3月8日，雷神粉丝会在北京举行，粉丝与"雷公""护法"同台游戏，面对面交流，线上互动与线下互动首次实现对接。4月，雷神与腾讯旗下游戏地下城与勇士（DNF）进行合作推广，平台的联合行动带来了关注度的激增，雷神的微信交互用户数量迅速突破15万人。

**雷神团队的商业发展规划过程**

第一阶段：内部孵化。电脑创业平台的创业项目，要经历三个阶段的孵化过程，每个过程都有标志性的节点，而每个节点实际上就是一个"抢"或"赛"的机制。雷神项目，就是在电脑创业平台的众多创意中"赛"出来的。创意能否进入孵化程序，取决于FU的路演，如果在路演PK中输给了其他创意，那么这个项目是无法落地实施的。通过路演的项目，才算正式进入了第一个阶段：内部孵化。

在内部孵化阶段，电脑平台为创业团队提供超利分享的激励措施，团队中每个人的命运都与项目息息相关。同时，创业平台为小微企业提供了一系列的资源支持，帮助他们将精力集中于做好产品、做大粉丝量上。一旦产品获得成功，在粉丝数量上出现"拐点"，小微企业就进入了下一个孵化阶段：内部独立运营。应该说，在这个阶段，判断机制主要在于小微企业有没有成功"抢入"市场、"抢"到粉丝。

第二阶段：内部独立运营。在内部独立运营的阶段，在财务上小微企业更加独立，自主程度更高。同时，团队成员也被要求对创业项目进行跟投，并以一系列的分红机制进行约束。这种做法保证了创业人员对项目的高承诺和注意力的集中。

第三阶段：导入 VC/PE。当小微企业进一步发展，能够"抢"来外部 VC 或 PE 的投资时，这个小微企业就进入了最后一个孵化阶段。此时，已经具备了完全独立运营能力的小微企业，将根据其与整个集团的战略契合程度决定去留。

大家阅读完这个案例后，相信对如何创办自己的企业已经有了一个初步的概念。

## 一、打造创业团队

企业人员的组成。小微企业规模不大，一般可由业主，即企业创办者；企业合伙人；员工组成。不少大学生初创企业时，是在创业导师的带领和指导下进行运作，故而有企业顾问一职。有些初创企业人手较紧，企业合伙人也即员工。

### （一）业主

大多数小微企业中，业主是经理，也是项目的具体实施者和管理者。业主需制定目标和计划，组织和管理员工实施计划，并确保计划的执行，以达到预期目标。

【体验互动】

请各位学员思考，如果你作为一名企业业主，你认为应该如何管理企业和员工？如何选择人才到合适的岗位？

小组代表发言；教师点评。

## （二）企业合伙人

一般而言，大学生创办的小微企业不止一个业主，公司的业主则以合伙人的身份共享收益，共担风险。在此团队中，各业主将决定彼此分工，各司其职，实现共同管理。这样的企业即为普通合伙企业，由普通合伙人组成，合伙人对合伙企业债务依照《中华人民共和国合伙企业法》规定承担无限连带责任。普通合伙人，是指在合伙企业中对合伙企业的债务依法承担无限连带责任的自然人、法人和其他组织。合伙人对合伙企业债务依法承担无限连带责任，法律另有规定的除外。无限连带责任包括两个方面：一是连带责任。二是无限责任。

【体验互动】

要管理好一个合伙企业，合伙人之间一定要权责清晰。决定者和执行者要明确到位。实践表明，不少合伙人意见相左往往是造成企业运营失败的主要原因之一。请各位学员思考，应当如何管理和协调好业主和合伙人之间的关系，应该运营何种现代企业管理办法进行行之有效的管理和决策？在出现意见不一致或是冲突时，应该如何解决这样的矛盾？

小组代表发言，教师点评。

## （三）员工

企业的员工是企业不可或缺的重要组成部分，尤其在分工越来越精细化的社会背景下，业主鲜有时间和能力把全部工作承接下来，以前由一个人"包打天下"的创业情况将越来越少。因此，根据自身企业实际需要，选聘数名合适的员工就显得尤为重要。

【体验互动】

选聘员工的要素。请各位学员考虑，选聘员工的条件和步骤分别是什么？

小组代表发言，教师点评。

一是应该根据所创办企业的构架，罗列出企业主营业务与分工；二是要根据分工，明确业主自身权责，尤其是哪些工作是自己无法完成的，须由专人从事；三是要根据分析出的业务需求明确员工人数及技能要求，并制定出相应的岗位职责和薪酬待遇。

当你知道你需要雇佣员工后，要把岗位的工作职责写出来。岗位职责规定了某一特定领域里要做的工作。这样做有如下好处：

——员工将确切知道企业需要他们做什么工作。

——作为经理，你将用其衡量员工的工作绩效。

要根据岗位职责来聘用企业员工。能雇用到有适当技能，有工作积极性的员工对你来说是很重要的。在录用员工前，你要面试所有的应聘人选。提问很有技巧，通过向参加面试的人员提问下面这些问题，你可以掌握应聘人员的大量情况：

——你原来在哪里工作？具体做什么工作？

——你为什么想来本企业工作？

——你希望得到什么职位？

——你认为你有哪些优点和弱点？

——你怎样支配业余时间？有什么兴趣爱好？

——你喜欢和别人一起工作吗？如果有人对你态度不友好，你会做出怎样的反应？

要多提一些问题，以便了解应聘人员更多的情况。面试结束后，应向所有参加面试的人员发通知，不论他们是否被录取。

（四）企业顾问

各种咨询意见对所有企业家都有意义。因为你不可能是所有企业事务方面的专家和万事通。认准那些对你有过帮助而且将来还可能扶持你的行业专家，包括专业协会会员、会计师、银行信贷员、律师、咨询顾问和政府部门专家等。你可以考虑从一些企业、贸易和教育机构那里获得帮助、信息、咨询意见和培训。大多数小微企业的雇员不多，组织结构很简单。规模大一些或复杂一些的企业也许要建立若干部门。

## 二、市场调研与分析

（一）细分市场

就是通过市场调研，依据消费者的需求特点和购买行为及购买习惯等方面的差异,把某种商品的整体市场划分为若干个消费者群的一种市场分类方法。

通过市场细分划分出的每个消费者群就是一个子市场。每个子市场都是由具有相同或类似需求倾向的消费者构成的群体。

进行科学的市场细分有利于发现市场机会、有利于集中人力、物力和财力来生产经营适销对路的商品,有利于制定和调整市场营销策略。

（二）目标客户分析

目标客户分析：目标市场在哪？在开发客户之前,我们从何处去了解所要开发的目标客户及这些潜在目标客户的基本资料。

目标客户从何而来呢？是漫无目的拜访当地所有的工商企业、行政事业单位,浪费着宝贵的时间、金钱和精力；还是根据"我们的客户集中在哪里",并结合产品定位、市场情况及经验,划定一个大概的客户范围,在此范围内寻找客户。

（三）市场定位

主要是通过广告策划和广告宣传在消费者的大脑中定位。没有最好的产品,只有最好的概念。

【体验互动】

市场定位需要回答：
定在哪些"市场""场合"？
选择哪些消费群体？
销售本企业的产品,是在南方市场还是在北方市场？
在沿海市场还是在内地市场？
是在城市市场还是在农村市场？
是在大城市市场还是在中小城市市场？
大型商场还是在中小型商店？
选择高档饭店还是中低档饭店？
小组代表发言,教师点评。

## 三、项目确定

### （一）SWOT 分析工具

【小贴士】

SWOT 分析在战略管理领域中被广泛运用。SWOT 分别代表：
- 优势（strengths）
- 劣势（weaknesses）
- 机会（opportunities）
- 威胁（threats）

SWOT 分析通过对优势、劣势、机会和威胁加以综合评估与分析得出结论，然后再调整企业资源及企业策略，来达成企业的目标。

SWOT 分析实际上是将对企业内外部条件各方面内容进行综合和概括，进而分析组织的优劣势、面临的机会和威胁的一种方法。通过 SWOT 分析，可以帮助企业把资源和行动聚集在自己的强项和有最多机会的地方。

### （二）用 SWOT 分析法验证你的项目

根据表 8 - 3 - 1 和图 8 - 3 - 1，运用 SWOT 分析法验证你的项目。

表 8 - 3 - 1　　　　　　　　　　SWOT 分析法

| 优势（strength） | 劣势（weakness） |
| --- | --- |
| 1. 擅长什么<br>2. 组织中有什么新技术<br>3. 能做什么别人做不到的<br>4. 和别人有什么不同<br>5. 顾客为什么来<br>6. 最近因何成功 | 1. 什么做不到<br>2. 缺乏什么技术<br>3. 别人有什么比我们好<br>4. 不能够满足何种顾客<br>5. 最近因何失败 |
| 机会（opportunity） | 威胁（threat） |
| 1. 市场中有什么适合我们的机会<br>2. 可以学什么技术<br>3. 可以提供什么新的服务<br>4. 可以吸引什么新的顾客<br>5. 怎样可以与众不同<br>6. 组织在 5~10 年的发展 | 1. 市场最近有什么改变<br>2. 竞争者最近在做什么<br>3. 是否赶上顾客需求的改变<br>4. 政经环境的改变是否会伤害到组织<br>5. 是否有什么事情可能会威胁到组织的生存 |

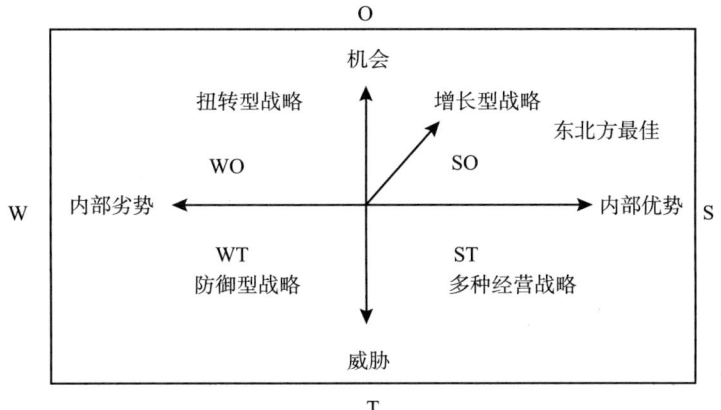

图 8-3-1 SWOT 分析法示意图

SO 战略：依靠内部优势，利用外部机会。WO 战略：利用外部机会，克服内部弱点。ST 战略：利用内部优势，回避外部威胁。WT 战略：减少内部弱点，回避外部威胁。

### （三）创业项目的主要来源

一是实验及研究成果。实验及研究成果是指高校或各大研究机构自主研究开发的成果。选择这些成果作为创业项目将大大推进研究、教学和企业生产的衔接，加快实验及研究成果的转化进程。

二是大学生创业构思及创业计划大赛。大学生的创业构思是创业项目的重要来源。现阶段许多机构都在举行大学生创业计划大赛，这不但有利于激发大学生们的创业意识、培养他们的创新能力，而且促进了一些创业构思的诞生，还有利于大学生创业计划的实施。当前，有一些大学生创业公司的前身便是大学生创业计划大赛的小组。

三是各种发明和专利。发明和专利也是创业项目的重要来源。发明和专利都是具有特创的设想，它如果被开发出来进行产业化生产，将会带来巨大的社会财富。现在各个国家为了激励发明创造，纷纷制定了《专利法》来保护发明者，并取得较好的成效。当然，也并不是说所有的发明和专利都能顺利地转化为实际的大规模生产，因为，要实现产业化还受到许多条件和环境的制约。

四是根据实事求是的原则和可行性原则来选择创业形式。

### （四）选定创业项目需要考虑的因素

1. 个人兴趣与特长

一个人只有选择了他喜欢做又有能力做的事情，他才会自觉地、全身心地投入到工作中去,并忘我地工作,才有可能在遇到困难和挫折时百折不挠、勇往直前,千方百计地克服困难,实现创业目标。所以,选择自己感兴趣、有特长的项目是创业成功的基础。

2. 对拟选行业的熟悉程度

一般来说,创业者应在自己熟悉的行业里选择创业项目,这样才能提高创业成功的把握度。大量的经验证明,许多工作需要的是熟悉,譬如开饭店、开茶馆、经营服装鞋帽、开办文化娱乐业等,要深入地了解、熟悉,动动脑筋就可以总结出行业的规律,就可以找到经营的窍门,再加上勤奋和信心就能够取得创业的成功。

3. 市场机会及利用能力

选择创业项目在考虑了个人的兴趣与特长和对拟选项目是否熟悉之后,要认真调查分析拟选项目是否有市场机会,以及你本人是否有能力利用这个市场机会。比如,你准备开办服装店经营服装,经过调查后会发现,很多老年女性喜欢穿大襟的布衫,而当地市场上没有人经营这种服装。也就是说,老年女性对这种服装的需求尚未达到满足,这就是一个市场机会。对于创业者来说,这种客观存在的市场机会并不一定会成为你的创业机会。因为市场机会成为创业机会是有条件的,第一,创业者必须具有利用该机会的资源能力和技术能力;第二,创业者利用该机会能够足以实现其经营目标。

4. 能够承受的风险

创业是有风险的,因为创业过程中存在着许多不可控制的因素的影响,一旦把资金投入进去,谁也不敢保证一定能够成功、一定能够赚钱、一定能够长盛不衰。因此,在你选择创业项目投资之前,无论你对该项目多么有把握,都必须考虑"未来最坏的情况可能是什么""最坏的情况发生时,我能不能承受"等问题,如果以上的答案是肯定的,那么,只要项目的预期报酬率符合你的预期目标,就可以投资。

5. 国家的相关政策与法律

选定创业项目必须考虑国家相关政策和法律的因素,包括两个方面:一是拟选定的项目是否属于国家政策和法律禁止或限制的范围;二是拟选定的项目是否属于国家政策和法律鼓励的范畴。

(五) 创业项目选择的原则

创业投资项目从计划到实施能否顺利进行,在很大程度上取决于此创业项目能否吸引风险投资。一般而言,创业学生很难有足够的资金来进行投资，于是就有了风险投资和为学生想得周到的"孵化器"。但风险投资又不是轻易可以获得的，所以，在项目的选择上一定要科学合理、细致全面、小心谨慎。

1. 创业项目的立意要新颖，选择的角度要独特

创业投资并不是盲目地乱投资，它对项目可行性的要求近乎苛刻。据统计，有95%以上的创业计划是因为不能得到风险投资者的支持而无法实施。风险投资是一种追求高利润回报率的资金，投资者在愿意承担风险的同时要的是极高的投资回报率。风险投资寻找的就是一些有新意的项目和一些从来没有出现过的项目。如果一个创业计划立意平平、没有什么独特之处，很难想象它将会得到风险投资。

2. 创业项目必须有市场前景

一般而言，创业项目要有较高的技术含量，风险投资基金和孵化器所感兴趣的项目主要有网络技术、软件信息、新材料、新能源、机电一体化、节能领域、生物医药及精细化工等，这些项目有较高的技术含量，而且发展前景也较好。

3. 创业项目要符合国家的产业导向

我国目前还处在工业化程度逐步加深的阶段，但必须要注意到一些西方国家，特别是美国已经进入了后工业化阶段，即所谓的信息经济阶段。为了不落后于西方国家，我国大力扶持发展高科技产业，并给予政策和经济上的帮助。如果一个创业项目符合国家的产业导向，它成功的机会将会大大提高，反之则很容易夭折。项目的选择是一个非常复杂的系统工程，以上所说的要点只是一些最基本的要求。要做好项目的选择工作还要做许多技术性工作，如在预选一个项目后所要进行的市场调查、市场预测，以及项目的评估。因为项目最终能否成功还是要看有没有市场，市场对项目产品的需求才是创业能否成功的根本。

### （六）大学生创业项目选择方向

1. 高科技领域

推荐商机：软件开发、网页制作、网络服务、手机游戏开发等。

2. 智力服务领域

推荐商机：设计工作室、翻译事务所等。

3. 连锁加盟领域

推荐商机：快餐业、家政服务、校园小型超市、数码快印站等。

4. 开店

推荐商机：校园内部及周边地区的餐厅、咖啡屋、美发屋、文具店、书店等。

## 四、公司注册

### （一）确定企业名称

1. 企业名称格式

企业名称一般格式为：地域名+字号+行业名+企业类型名。

2. 企业命名的原则

不违反法律规定；有利于宣传、记忆；容易被公众接受和认同。

3. 企业名称的重要意义

企业的商号；企业的品牌；代表企业的业务范围。

4. 确定企业名称的注意事项

确定企业名称，应从法律、营销、文化等方面注意：一是要符合法律法规的要求，符合工商部门的要求；二是要符合消费者心理，易被公众接受，有利于宣传；三是要体现企业的个性化特点，反映企业文化，体现企业素质，符合产品特点；四是要有高品位的文化内涵，符合中国的道德伦理观念。

### （二）企业的不同法律形态

中国民营企业的主要法律形态如下：

股份有限公司、有限责任公司、外资企业、中外合资企业、中外合作企业、乡镇企业、股份合作制企业、合伙企业、个人独资企业、个体工商户、农村承包经营户等。

小微企业最常见的法律形态是：个体工商户、个人独资企业、合伙企业和有限责任公司。

不同的企业法律形态有不同的要求，从而会对企业产生诸多影响，这些影响包括：开办和注册企业的成本；开办企业手续的难易程度；业主的风险责任；寻求贷款的难易程度；寻找合伙人的可能性；企业的决策程序；企业利润所得。

## （三）各类企业法律形态的特点

不同的企业法律形态都有各自的特点（见表8-3-2），了解它们，有助于为自己的企业选择适当的法律形态。

表8-3-2　　　　　　　　　　企业法律形态

|  | 业主数量和注册资本 | 成立条件 | 经营特征 | 利润分配和债务责任 |
|---|---|---|---|---|
| 个体工商户 | 业主是一个人或一个家庭 无资本数量限制 | 成立条件简单，业主只要有相应的经营资金和经营场所就可以了，个体工商户可以起字号 | 资产属于私人所有，自己既是所有者，又是劳动者和管理者 | 利润归个人或家庭所有，由个人经营的，以其个人资产对企业债务承担无限责任；由家庭经营的，以家庭财产承担无限责任 |
| 个人独资企业 | 业主是一个人，无资本数量限制 | 投资人是一个自然人，有合法的企业名称，有投资人申报的出资，有固定的生产经营场所和必要的生产经营条件，有必要的从业人员 | 财产为投资人个人所有，业主既是投资者，又是经营管理者 | 利润归个人所有，投资人以其个人资产对企业债务承担无限责任 |
| 合伙企业 | 业主两个人以上，无资本数量限制 | 有两个以上合伙人，并且都依法承担无限责任，有书面合伙协议，有合伙人的实际出资，有合伙企业的名称，有经营场所和从事合伙经营的必要条件 | 依照合伙协议，共同出资，合伙经营，共享收益，共担风险 | 合伙人按照合伙协议分配利润，并共同对企业债务承担无限连带责任 |
| 有限责任公司 | 由2个以上50个以下的股东组成，注册资本因不同经营内容立出法定下限 | 股东符合法定人数，股东出资达到法定资本最低限额，股东共同制定公司章程，有公司的名称，建立符合有限责任公司要求的组织机构，有固定的生产经营场所和必要的生产经营条件 | 公司设立股东会、董事会和监事会。并由董事会聘请职业经理管理公司经营业务 | 股东按出资比例分配利润，并以出资额为限承担有限责任 |
| 股份合作制企业 | 股东包括全体企业成员，无资本数量限制（有地方规定的例外） | 无具体规定 | 企业成员入股，一般实行全员入股，建立资本金制度，职工既是参股人，又是劳动者 | 股东按出资比例分配利润，并以出资额为限承担有限责任 |

续表

|  | 业主数量和注册资本 | 成立条件 | 经营特征 | 利润分配和债务责任 |
|---|---|---|---|---|
| 中外合作经营企业 | 投资人至少包括一个中方投资者和一个外方投资者，无特殊的注册资本限制，是有限责任公司形式的，注册资本按有限责任公司的规定执行 | 申请设立合作企业，应当将中外合作者签订的协议、合同、章程等文件报请国务院对外经济贸易主管部门或者国务院授权的部门和地方政府审查批准，无具体人数和注册资本限制 | 企业设董事会或者联合管理机构，依照合作企业合同或者章程规定，决定合作企业的重大问题。中外合作者的一方担任董事长或主任，由另一方担任副董事长或副主任 | 中外合作经营企业按照合作合同分配利润，并以其全部资产承担债务责任 |
| 中外合资经营企业 | 投资人至少包括一个中方投资者和一个外方投资者，属于有限责任公司形式，注册资本按有限责任公司的规定执行 | 申请设立合资企业，应当将中外合资者签订的协议、合同、章程等文件报请国务院对外经济贸易主管部门或者国务院授权的部门和地方政府审查批准，并符合有限责任公司的设立条件，外国合资者的投资比例一般不低于25% | 合资企业设董事会，人数由投资各方协商，中外合资者的一方担任董事长，由另一方担任副董事长。正副总经理由合资各方分别担任 | 股东按出资比例分配利润，并以出资额为限承担有限责任 |

### （四）注册公司的流程

为深化简政放权、放管结合、优化服务改革的部署要求，国务院规定我国从 2016 年 10 月 1 日起正式实施"五证合一、一照一码"的公司注册登记制度。

"五证合一"，新公司注册流程如下：

（1）核准注册公司名称。公司注册的第一步就是要核准公司名称，名称核准可以自己在工商网站上核准，也可以到工商局现场核准。提交相关资料，市场监管登记窗口收到申请人的申请资料后，经审核，申请资料齐全并符合法定形式的，应向申请人出具"'五证合一'受理通知书"，并及时将相关申请信息录入企业注册登记系统。

（2）部门审核。市场监管登记窗口在承诺时间（内资企业 2 个工作日，外商投资企业 3 个工作日）内完成营业执照审批手续后，将申请资料和营业执照信息传至平台。

（3）及时办结。综合窗口收到各相关部门核准（或确认）登记信息后，在"五证合一"系统平台上打印出载有注册号、组织机构代码、税务登记证号、社会保险登记证号和统计登记证号的营业执照。

（4）一窗发证。申请人凭"'五证合一'受理通知书"或有效证件到综合窗口领取"五证合一"营业执照。申请资料原件由市场监管部门保存，在申请人需要向有关部门提交资料原件时，可向市场监管部门查询、复印。

【视野拓展】

创业者该缴纳哪些税

在2016年5月的全面营改增后，中国的税共有17种，费则可能达到上百种之多，例如，房地产企业就至少涉及11种税和56种费。以下是目前中国开征的税种，共5类17种：

1. 商品和劳务税类：增值税、消费税、关税。
2. 所得税类：企业所得税、个人所得税。
3. 财产、行为税类：房产税、车船税、印花税、契税。
4. 资源税类：资源税、土地增值税、城镇土地使用税。
5. 特定目的税类：城市维护建设税、车辆购置税、烟叶税、船舶吨税、耕地占用税。

然而，创业者也不必惊慌，对于一般的创业公司而言，缴纳的税费只有6～10种，除去不经常发生且税率较低的税种外，普通创业者需要重点关注的只有3种，分别是增值税、企业所得税，以及个人所得税。

增值税属于商品和劳务税类，顾名思义是因销售商品或提供劳务而征收的税种，随着"营改增"的全面实施，所有公司都属于缴纳增值税的纳税人。

企业所得税是对企业所得征税。只要是公司制的企业，无论什么行业，都应按规定申报并缴纳企业所得税。

个人所得税征税范围较为广泛，当你不创业、不经营公司、不出售房产的时候，可能只有"工资、薪金所得"与你有关。而一旦成为创业者，整天与公司业务打交道的时候，我们就不能再无视个人所得税中其他的征税项目了。

以上3种税是绝大多数公司都能遇见的税种，无论对企业还是财政收入来说，都是名副其实的"大税"。除此以外，城市维护建设税、教育费附加、地方教育费附加、印花税等"小税种"也较为常见，但它们税负水平较低、计算简单、税收筹划空间小，创业者也大可不必为之操心。

总而言之，创业者来自各行各业，不可能要求每个创业者都精通会计和税法。也没有必要系统地学习相关的财税知识，但基本的财税常识是必不可少的。财税常识是每个创业者的必修课，在税法面前，创业者切不可心存侥幸，过早地树立财税风险意识会让大家的创业路走得更远。

### （五）确定企业组织构架和部门职责

1. 组织机构设置的方式

确定部门设置——选择合适的组织结构；

确定岗位设置；

人员招聘方式——模拟招聘：推荐、自荐；

初定部门职责；

2. 部门经理任职条件

表8-3-3简要地注明经营性企业部门经理的职责。

表8-3-3　　　　　　　企业组织构架和部门职责

| 部门 | 个性特征 | 共性要求 |
|---|---|---|
| 市场部 | 1. 热情、开朗的外向型性格<br>2. 工作积极主动，富有激情<br>3. 社交能力强。开拓创新意识强 | 1. 勤奋敬业，工作责任心强<br>2. 富有奉献精神，能承受较大的工作压力<br>3. 团队意识强烈，善于与人合作<br>4. 遵纪守法、忠诚守信、严守职业道德<br>5. 管理能力强 |
| 财务部 | 1. 性格稳重、理智<br>2. 工作仔细、严谨、稳健<br>3. 理财能力强、风险意识强 | |
| 行政部 | 1. 性格温和、庄重、成熟<br>2. 知人善用、乐于助人、耐心细致<br>3. 写作能力强。全局意识强 | |
| 采购部 | 1. 性格稳重、理智<br>2. 工作严谨、做事稳健、意志坚定<br>3. 社交能力强、全局意识强 | |

3. 制定部门职责的注意事项

制定部门职责时要避免部门间、部门内职责交叉重复，各部门职责项目排序须分清主次；确定各部门经理及部门员工人选时，应根据特长、专业背景、兴趣爱好、性格气质等来确定。招聘时，员工可根据对岗位的理解和认识，自荐加入感兴趣的岗位。

## 第八章 创业指导

**【拓展训练】**

一、创办一家企业

同学们分为 4 个组，分别模拟创业团队、工商局、企业顾问、其他相关部门。各组在活动前，要查阅相关制度和规定，准备好表格、文件等资料。安排好成员扮演各类角色。

你的小组将扮演：

你们做了哪些准备：

由创业团队组决定他们将创办何种类型的企业，模拟企业注册、税务登记、银行开户等一系列过程，企业顾问组可随时进行帮忙，力求顺利完成所有程序，成功创办一家企业。

活动中，是否出现了你们之前没有预料到的问题？通过这次模拟，你得到什么启示或感悟？

二、新企业的第一次会议

根据团队的创业项目（如果还没有创业项目，由教师指定一个项目），假设你们已经成功创办了一家有限责任公司（股东及其权益已确定），现在是你们的第一次会议。

每组展开"无领导小组讨论"，每个人都可以提出自己的观点。请每个人先独自设想下，团队将会讨论到哪些内容？

会议结束后，你们得到了哪些"成果"？与其他团队进行分享，选出会议成果"最全面"和"最深入"的两组。

想一想，哪些问题是应该在"第一次会议"之前就解决的？如果你是"第一次会议"的主持人，请给这次会议确定一个主题。通过这次活动，对新企业的管理，你有什么新的感悟吗？

**【思考习题】**

1. 什么是创业？大学生自主创业对于就业有何意义？你如何看待大学生在当今创业热潮中扮演的角色？

2. 创业者需要具备哪些创业精神和素质？你最崇拜的创业者是谁，他的哪些事迹让你最为敬佩，你要学习他的哪些精神？请你列出当前自己具有的创业精神和创业素质？

3. 巴尔扎克说过：机会的获得是极不容易的，需具备三大条件，那就是：像鹿一般会跑的腿，逛马路的闲工夫，犹太人那样的耐性。你如何理解这句话?

4. 你知道什么是"痛点"吗?如何利用"痛点"来识别创业机会?

5. 如果你打算创业,你更愿意进入"红海"还是"蓝海"?你选择的理由是什么?

# 参考文献

[1][美]本·霍洛维茨（Ben Horowitz）.创业维艰：如何完成比难更难的事[M].北京：中信出版社，2015.

[2]成杰.永不放弃：马云给创业者的24堂课[M].北京：中国华侨出版社，2011.

[3][美]莱斯.精益创业[M].吴彤，译.北京：中信出版社，2012.

[4][美]彼得·戴曼迪斯，史蒂芬·科特勒.创业无畏：指数级成长路线图[M].贾拥民，译.杭州：浙江人民出版社，2015.

[5]李志刚.创京东：刘强东亲述创业之路[M].北京：中信出版社，2015.

[6][日]稻盛和夫.稻盛和夫的实学：经营与会计[M].曹岫云，译.北京：东方出版社，2013.